UND WIEDER KORNKREISE

UND WIEDER KORNKREISE

Die Suche nach Fakten.
Und Begegnungen der dunklen Art.

Herausgegeben von Jürgen Krönig

Mit Beiträgen von
Michael Chorost, Diana Clift, Andrew Collins, Beth Davis,
Brian Grist, Gary Hardwick, Montague Keen, Jürgen Krönig, John Macnish,
John Michell, Ralph Noyes, Lucy Pringle.

Übersetzungen aus dem Englischen
von Ulrike Bischoff und Annemarie Telieps.

Mit 82 meist farbigen Fotos und 8 Zeichnungen.

Zweitausendeins

Deutsche Erstausgabe.
1. Auflage, Juli 1993.

Ulrike Bischoff übersetzte die Kapitel:
Auf der Jagd nach den Kreismachern, Kreise und Wirkungen 2, Argus in Wiltshire, Die vertrackte biologische Diskussion, Kreise in den Feldern – UFOs am Himmel, Lichter über Beckhampton, Alchimie und Chaos, Ein Apfelmännchen im Korn.
Annemarie Telieps übersetzte die Kapitel:
Die Tempelmacher im Korn, Kreise und Wirkungen 1, Ein Vorgang jenseits unserer Kontrolle.
Annette Gabriel-Reinecke übersetzte die Texte im Schaubild auf Seite 150.
Die Bildnachweise finden Sie am Ende des Buches.

Lektorat Andreas Jonda.
Satz, Layout und Herstellung
Dieter Kohler & Bernd Leberfinger, Nördlingen.
Gesetzt aus der Times und Futura.
Lithographie Repro-Technik G. Mayr, Donauwörth.
Druck Appl, Wemding.
Einband G. Lachenmaier, Reutlingen.
Gedruckt auf chlor- und säurefreies BVS matt,
geliefert durch SchneidersöhnePapier, Kelkheim.
Printed in Germany.

Dieses Buch gibt es nur bei Zweitausendeins
im Versand (Postfach, D-60381 Frankfurt am Main) oder
in den Zweitausendeins-Läden in Berlin, Essen, Frankfurt, Freiburg, Hamburg, Köln, München, Nürnberg, Saarbrücken, Stuttgart.

In der Schweiz über buch 2000, Postfach 89, CH-8910 Affoltern a. A.

ISBN 3-86150-023-X

DANKSAGUNG

Vielen Menschen, die mir bei diesem Buch
geholfen haben, fühle ich mich zu Dank verpflichtet.
Nennen möchte ich nur Katharina Krönig;
ihr möchte ich herzlich danken für Rat, Hilfe und nicht zuletzt für die Geduld,
die sie für meine Ausflüge in die gelegentlich bizarre Welt
der Kreise aufgebracht hat.

J. K.

INHALT

VORWORT

Seine Unschuld hat das Kreisphänomen wohl schon lange verloren. Die Saison 1992 lieferte dafür einen eindrucksvollen Beleg und es sieht so aus, als würde 1993 nicht viel anders werden – Täuschungsmanöver und Verschwörungsobsessionen, Fälschungen und kulthafter Glaube, scharfe persönliche Auseinandersetzungen und die bittere Erkenntnis, daß ein Großteil der Gebilde in Gerste, Raps und Weizen von Menschenhand stammt. Ist damit bereits die endgültige Lösung des Rätsels im Korn gegeben? In diesem Buch werden ganz unterschiedliche Meinungen und Erkenntnisse präsentiert: Montague Keen und Michael Chorost beleuchten das Ringen um die wissenschaftlichen Beweise; Diana Clift und Lucy Pringle berichten über die physiologischen und psychischen Auswirkungen der Kreise; Ralph Noyes geht der Frage nach, ob es einen Zusammenhang zwischen »Objekten und Lichtern« am Himmel und den Kreisen gibt. John Macnish hat Doug und Dave unter die Lupe genommen – jene beiden älteren Herren, die sich als die Erfinder der Kreise bezeichnen und die Kreiswelt in tiefe Verwirrung und Zweifel gestürzt haben. In anderen Kapiteln werden Augenzeugenberichte vorgestellt, über die Jagd auf die Kreismacher berichtet, das Innenleben der »Kreisszene« ausgeleuchtet und ein Zusammenhang hergestellt zu den Bemühungen um eine neue Weltsicht. Die Frage, was die Realität der Kreise ist, muß schließlich doch unbeantwortet bleiben. Ein wenig erinnert die Beschäftigung mit dem Kreisphänomen an das Realitätsproblem der modernen Physik. Die Quantenphysik sagt uns, daß Objekte nicht unabhängig vom Beobachter existieren. Die Kreiswelt ist wie eine »Virtual Reality«, in die Menschen ihre Hoffnungen, aber auch ihre Ängste projizieren. Vielleicht ist »Fin de Siècle-Landart«, Landschaftskunst einer Wendezeit eine treffende Bezeichnung für das Phänomen, das Hunderttausende von Menschen in vielen Ländern der Welt weiterhin in seinen Bann schlägt.

Jürgen Krönig
Wiltshire, im April 1993

Jürgen Krönig

DIE WELT DER KREISE

Fälschung, Ernüchterung und Glaube

Die Saison 1992 erwies sich für die Kornkreisszene als eine wahre Tortur. Alles schien sich gegen sie verschworen zu haben. Mit dem Wetter fing es an; nach 4 Jahren trockener, heißer Sommer, die die Suche nach neuen Figuren im Korn zu einem angenehmen Ausflug in reizvoller Landschaft gemacht hatten, bot sich der englische Sommer von seiner schlechtesten Seite dar: Regen, Stürme und einer Serie schwerer Gewitter zogen über Südengland hinweg; in vielen Feldern wurden schwere Schäden angerichtet und die »Kreismacher« so ihres Mediums beraubt. Auch die Stimmung der Farmer hatte sich gewandelt. Viele waren weniger freundlich und nicht mehr ohne weiteres bereit, Zugang zu ihren Felder zu gewähren, ob nun mit oder ohne Eintrittsgeld. Das warme, feuchte Wetter ließ das Korn schneller reifen, die Bauern nutzten jede Gelegenheit, die Ernte einzufahren, zur Enttäuschung vieler ausländischer Reisender; sie trafen Ende Juli oder im August in Südengland ein, voller Enthusiasmus und hochgesteckter Erwartungen. Statt wogender Kornfelder boten sich ihnen Stoppelfelder dar. Ihre Stimmung wurde nicht besser durch die Berichte, die sie vernahmen. Die dramatische Evolution des Phänomens war ausgeblieben, die Zahl der Kreise und Piktogramme blieb insgesamt gesehen hinter den beiden vorausgegangenen Jahren zurück. Dabei hatten doch viele Kreisfaszinierte so inbrünstig auf eine dramatische Evolution gesetzt, die die Skeptiker zum Schweigen bringen und eine ignorante Welt aufrütteln würde.

Statt dessen hatte sich die Szene selbst erheblich verändert. Weitgehend unschuldig, freundlich und idealistisch hatte sie sich in den Jahren zuvor dargeboten. Jetzt dominierten Mißtrauen, Verunsicherung und sogar Paranoia.

Die Diskussion konzentrierte sich vornehmlich auf die Frage, wer die Fälscher waren. Die Szene mußte ohne jene vertrauten, hoch geschätzten Elemente früherer Jahre auskommen. Japanische Fernsehgesellschaften hatten sich, verschreckt durch die Doug 'n Dave-Story, zurückgezogen, niemand anders sprang für sie in die Bresche und sorgte für die beliebten High-Tech-Überwachungsoperationen wie Blackbird, White Crow oder Chameleon, bei denen vor allem junge Kornkreisfans das Angenehme mit dem Nützlichen verbinden konnten; sie wurden noch dafür entlohnt, daß sie das taten, was sie ohnehin vorgehabt hätten, sich nämlich die Nächte um die Ohren zu schlagen, um dem Geheimnis der Kreise auf die Spur zu kommen. Bis auf das Wissenschaftsprogramm Equinox von Channel 4, dem vierten britischen Fernsehkanal, blieben die großen britischen, amerikanischen und anderen ausländischen Fernsehgesellschaften der Szene fern oder sie beschränkten sich darauf, ihre Kamerateams zum Kornkreiswettbewerb zu schicken, den der Biologe Rupert Sheldrake angeregt hatte. Die schwindende Bereitschaft der Fernsehgesellschaften, aufwendige Projekte zu finanzieren, bedeutet einen herben Schlag für Kreisfans wie Experten, hatten ihnen doch die Kornkreis-Programme immer wieder kurze Augenblicke des Ruhmes beschert.

Nicht wenige Mitglieder der Kornkreisgemeinde deuteten die Entwicklung auf metaphysische Weise: Das Phänomen »strafe die Ungläubigen« und reagiere auf all die »negativen Gefühle«, die im Umlauf seien. Wenn »der Glaube fehlt«, so hörte ich von mehreren prominenten Damen und Herren der Szene, sei es nicht verwunderlich, daß sich das Phänomen zurückziehe. Für einen Hauch von wissenschaftlichem Glanz sorgte einzig Operation Argus; die Mitglieder dieses angloamerikanischen Gemeinschaftsunternehmens sammelten unermüdlich und ohne Ansehen des Kreises, das heißt unbeirrt von Zweifeln über »echt« und »falsch«, Boden- und Kornproben, die sorgfältig verpackt und so schnell wie möglich zur Untersuchung in verschiedene Laboratorien gebracht wurden. Über die Resultate von »Argus« wird an anderer Stelle dieses Buches ausführlich berichtet. Die Bereitschaft verschiedener Wissenschaftsinstitutionen, den Kreisforschern zu helfen und ihre Laboratorien zur Verfügung zu stellen, war im Vergleich zu früheren Jahren erstaunlicherweise beträchtlich gewachsen. So bot etwa das Atomforschungszentrum der britischen Regierung in Harwell noch am gleichen Tag telefonisch seine Hilfe an, nachdem eine entsprechende briefliche Bitte im Wissenschaftsmagazin *New Scientist* veröffentlicht worden war. Der Vorgang zeigt, daß in Großbritannien, den Vereinigten Staaten und auch in Deutschland wissenschaftliche Einrichtungen durchaus bereit waren und sind, genauer hinzuschauen. Nur ziehen sie es vor, dies im Stillen zu tun; sie möchten den hämischen Kommentaren jener Medienvertreter entgehen, die es für eine Todsünde halten, wenn jemand es wagt, Anomalien offen und neugierig anzugehen.

Besonders hart wurde die Kornkreisszene ironischerweise vom Rückzug Terence Meadens getroffen, jenes Meteorologen und Physikers, der all die Jahre vielen Kornkreisfaszinierten ein Dorn im Auge gewesen war; denn Meaden hatte alle parawissenschaftlichen Ansätze stets mit Verachtung bedacht und statt dessen versucht, eine harte wissenschaftliche Theorie zu zimmern. Erst jetzt wurde klar, daß Meadens Präsenz für die gesamte Kreiswelt immer so etwas wie eine Rückversicherung gewesen war. Seine Plasmavortex-Theorie war von den Befürwortern parawissenschaftlicher Erklärungen stets belächelt worden, nicht zuletzt wegen seiner gelegentlichen beinah komischen Anstrengungen, mittels kleiner »Tochter und Sohn-Vortices« auch noch die kompliziertesten Gebilde in den Feldern zu erklären. Zugleich aber wirkte Meadens Theorie elektrisch aufgeladener Wirbel als Verteidigungsposition gegen jene Kräfte, die sich zuletzt immer stärker dem Treiben in den Feldern Südenglands zugewandt hatten – den Skeptikern und Kämpfern gegen »Aberglauben und Irrationalismus«, die entschlossen waren, die »Gläubigen« das Fürchten zu lehren und ihnen mit dem Glauben an die Kreise auch noch alle anderen möglicherweise vorhandenen Flausen ein für allemal auszutreiben. Terence Meadens Präsenz erlaubte es den Anhängern gewagterer Kreiserklärungen zu sagen: »Seht her, das Phänomen existiert, selbst ein Wissenschaftler nimmt es ernst, auch wenn er nicht den Mut besitzt, weit genug zu gehen und über den Tellerrand seiner Disziplin und der wissenschaftlichen Orthodoxie hinauszuschauen.« Nun wurden sie von Zweifeln und Ängsten geplagt. Wurde Meaden nur übervorsichtig, nachdem ihm die »Wessex Sceptics«, eine Wissenschaftlergruppe der Universität Southampton in Zusammenarbeit mit der Fernsehgesellschaft »Channel 4« eine Falle gestellt und nachgewiesen hatten, daß seine Kriterien zur Beurteilung von echt oder falsch doch nicht hieb- und stichfest waren? Inzwischen hat Terence Meaden seine Position erheblich korrigiert. Er distanzierte sich von den Erklärungen, die noch in seinen Büchern aus den Jahren 1991 und 1992 (»Circles from the Sky« und »The Goddess of Stone«) nachzulesen sind. In »Circles from the Sky« (Kreise vom Himmel) feiert er Piktogramme wie jenes von Alton Barnes 1990 geradezu als Bestätigung seiner Theorie. Nun aber gelten ihm nur noch einfache Kreise als Manifestation des echten Phänomens, ja, er geht so weit, einzuräumen, daß er in all den Jahren seiner Forschung womöglich nicht mehr als 5 oder 6 echte Kreise gesehen hat. Den Grund für die drastische Kursänderung haben Doug 'n Dave geliefert. Meaden hat sich ihr Beweismaterial angeschaut. Er ist bereit, die Kernaussage ihrer Geschichte zu akzeptieren, auch wenn er nach wie vor davon überzeugt ist, daß es ein echtes

Phänomen gibt. Für ihn waren die beiden älteren Herren aus Southampton wichtige Mitspieler im großen Kreise-Theater, aber nicht, wie sie behaupten, die Urheber der Kreise selbst. Der Abschied von der Szene wird ihm, so hofft Dr. Meaden, Gelegenheit geben, seine Jagd nach den flüchtigen, schwer greifbaren Plasmavortices in Ruhe fortzusetzen, ohne von Fälschern und »UFO-Gläubigen«,wie er den Rest der Kreis-Gemeinde gern abfällig nennt, gestört zu werden. Ermutigt fühlt er sich aus zwei Gründen. Einmal wurden in der Umgebung britischer Flughäfen zuletzt mehrfach Schäden an Hausdächern und in Gärten gemeldet; verursacht wurden sie offenbar durch einen speziellen Typ von Vortices, von Wirbelwinden. Eine Erklärung ist, daß sie durch startende und landende Flugzeuge erzeugt werden. Zum anderen häufen sich Berichte, vor allem von Farmern, die Kreise bereits vor 40, 50 Jahren in ihren Feldern gesehen haben. Sie maßen dem Phänomen damals keine große Bedeutung bei und nahmen die Kreise als Erscheinungen ihrer Umwelt hin, die nicht weiter hinterfragt wurden.

Für die Mehrheit der Kreisforscherinnen und -forscher waren jedenfalls die Zeiten ungetrübter Freude endgültig vorbei, gleich, welchen Erklärungen sie anhängen mochten. Manche zogen es vor, sich 1992 nach den bitteren Erfahrungen des Vorjahres bedeckt zu halten; so zum Beispiel Pat Delgado, einer der Veteranen der Kornkreisforschung. Nachdem er zu Beginn der Saison 1992 sehr genau und mißtrauisch hingeschaut und die neuen Formationen unter die Lupe genommen hatte, zog er sich zurück; auch gibt er nicht mehr seinen regelmäßigen Rundbrief heraus, den er, zunächst vorläufig, eingestellt hat. Er sagt, das Phäomen sei durch ein Übermaß an »Fälschungen« kontaminiert worden; jetzt gelte es erst einmal, Ruhe einkehren zu lassen und auf bessere Zeiten zu warten. Die Kreise seien für ihn wie für viele andere Menschen »ein Tor zu einem neuen Denken gewesen«. Das hält Pat Delgado für wichtiger als alles andere.

Andere Experten lebten ständig in der Sorge, ebenfalls reingelegt oder, freundlicher ausgedrückt, auf ihre mangelnden diagnostischen Fähigkeiten hingewiesen zu werden. Fast ist es zu einem Indiz dafür geworden, zur »Elite« der Kornkreiswelt zu zählen, wenn jemandem eine Falle gestellt wurde. »Wenn niemand versucht hat, Dich reinzulegen«, so könnte das Motto lauten, »dann hast Du es noch nicht geschafft.« Die dunklen Ahnungen manches Prominenten sollten sich bestätigen; am Ende der Saison 1992 stand fest, daß tatsächlich niemand in der Lage ist, einen »echten« von einem »gefälschten« Kreis zu unterscheiden. Nach wie vor existiert kein »Lackmus-Test«, der unfehlbar wäre. Pessimisten sind sogar der Ansicht, daß es niemals gelingen wird, einen solchen Test zu entwickeln, und sei es nur deshalb, weil es nie echte Kreise gegeben hat.

Die Kreise zogen auch 1992 ein buntes Vielvölkergemisch an. Die Interessierten kamen aus Frankreich, der Schweiz und den Beneluxländern; viele Deutsche tauchten im Kreisland auf, nicht zuletzt gut ausgerüstete und vorbereitete Mitglieder der FGK, der Forschungsgruppe Kornkreise, die sich in Ermangelung einer nennenswerten Zahl von deutschen Kreisen um so stärker England zuwandten. Aber die amerikanische Nation war so stark vertreten wie keine andere. Vor allem Amerikanerinnen waren fest entschlossen, sich durch Gerede über Fälschungen nicht beirren zu lassen und die Gebilde in Weizen und Gerste zu genießen.

Mehr und mehr wurde die Kornkreisszene auch zum Tummelplatz der Ufologen; unter ihnen waren alle Fraktionen vertreten: die »Abductees«, die von UFOs und Aliens entführten, die »Contactees«, die Kontaktler und jene, die sich, wie die Autorin Linda Moulton Howe auf die Erforschung jener grausigen »Cattle Mutilations«, der Viehverstümmelungen spezialisiert haben, die schon seit Jahren Farmer, Polizei und Kongreßabgeordnete in den USA beschäftigen. (Mittlerweile hat dieses dunkle, periodisch wiederkehrende Phänomen auch in England Einzug gehalten. Im Winter und Frühjahr 93 wurden in Südengland Dutzende von Fällen grausamer Mißhandlungen und auch Tötungen von Pferden gemeldet – trotz erhöhter Wachsamkeit von Polizei, Farmern und Pferdefreunden sind die Täter bislang nicht ertappt worden.) Viele amerikanische Ufologen bevorzugen die »Nuts and Bolts«-

Erklärung, die UFOs als handfeste Raumschiffe außerirdischer Intelligenzen versteht. Für diese Ufologen sind Kreise und Piktogramme Versuche der Kontaktaufnahme und/oder Botschaften. Unbeabsichtigt trugen die Ufologen dazu bei, die Verwirrung noch zu erhöhen. Im Juli 1992 lief die Operation CE5 (Close Encounter – Nahbegegnungen) von Dr. Steven Greer an, dem Gründer einer Organisation mit dem Namen CSETI. Das Kürzel steht für »Center for the Study of Extraterrestrial Intelligence«. CSETI hat sich den »Versuch der Kontaktaufnahme mit außerirdischen Intelligenzen« zum Ziel gesetzt, wobei Greer voraussetzt, daß die Erde derzeit von solchen Intelligenzen beobachtet und gelegentlich auch besucht wird. Dr. Greer schlug sein Hauptquartier auf Woodborough Hill auf, einem Hügel in der Nähe des »Mekkas der Kornkreise«, Alton Barnes, in der Grafschaft Wiltshire. An der Operation war maßgeblich auch der Kornkreisveteran Colin Andrews beteiligt, der sein Hauptquartier inzwischen in die USA verlagert hat und sich dort offenbar stärker auf das unerschöpfliche UFO-Thema konzentrieren will. Steven Greer kam mit der Hypothese nach England, daß »Kornkreise eine ›intelligente Kommunikation außerirdischen Ursprungs‹ sind«. Auf Woodborough Hill sollte der Beweis geliefert werden, daß Kreise »unter intelligenter Kontrolle entstehen« und eine Art Kommunikationsaustausch bedeuten. Zu diesem Zweck wurden mit Hilfe von starken Scheinwerfern bestimmte Lichtmuster in den Himmel gestrahlt und durch, wie Steven Greer erklärte, Gedankenprojektionen unterstützt. Der Leiter der CSETI-Organisation, von Beruf praktizierender Arzt, selbstbewußt, von seiner Sache vollkommen überzeugt, besitzt durchaus einen Schuß Charisma. Der Eindruck eines gestrengen Kultführers wird durch seine Vorliebe für eine asketische Gefolgschaft von Nichtrauchern und Abstinenzlern unterstrichen. Weil die meisten der gut gelaunten, abenteuerlustigen Menschen, die sich auf dem Hügel versammelten, gar nicht die Absicht hatten, abstinenzlerischen Erwartungen zu entsprechen und die nächtliche Wartezeit mit Genüssen verschiedenster Art überbrückten, zog sich der Amerikaner gelegentlich leicht pikiert in die Felder der Umgebung von Woodborough Hill zurück oder meditierte in Kornkreisen, an denen es in dieser Gegend wahrlich nicht mangelte. Auch auf den benachbarten Hügeln, die das Tal von Pewsey säumen, Knap Hill, Golden Ball Hill und Milk Hill, herrschte in den CSETI-Tagen reges Treiben. Dort versammelte sich ebenfalls ein multinationales Publikum, um zumindest von der Ferne jenes »große Ereignis« mitzuerleben, das Colin Andrews zusammen mit Reg Presley, dem Sänger der »Troggs«, einer Rockband der späten 60er Jahre, in verschiedenen Sendungen des BBC-Fernsehens mit dramatischer Geste und in dem für ihn so typischen Ingenieursjargon zu Beginn des Monats Juli verkündet hatte: »Es wird zwischen dem 20. und 30. Juli eine Begegnung mit in der Luft befindlichen Komponenten stattfinden, das heißt mit dem, was wir all die Jahre ungenau als UFOs bezeichnet haben.« Nach dieser Aussage war nicht nur klar, daß eine große Gemeinde voller Erwartungen ins nächtliche Wiltshire pilgern würde; andere verstanden die Ankündigung als Aufforderung, für entsprechend eindrucksvolle Erscheinungen zu sorgen. Verschiedene Gruppen versteckten sich in umliegenden Wäldern, um den erwartungsvollen Himmelsbeobachtern etwas zu bieten. Die Methoden variierten, entsprechend waren die Ergebnisse von unterschiedlicher Qualität. Mal wurden Taschenlampen auf Drachen gerichtet; für den fernen Betrachter wird selbst mit dieser vergleichsweise simplen Methode ein durchaus eindrucksvoller Effekt erzielt. Hin und wieder stiegen in der Nähe von Milk Hill und dem weiter entfernt gelegenen prähistorischen Hillfort von Oliver Castle Leuchtsignale auf, die zumindest für ungeübte Augen oder Menschen im Zustand hoher Erwartung geheimnisvoll und aufregend wirken konnten. Eine andere Gruppe bediente sich ausgefeilterer Methoden; sie ließ einen kunstvoll geformten Heißluftballon mit zahlreichen Lampen südlich von Woodborough Hill aufsteigen, in einer regnerischen Nacht, in der die meisten Beobachter den Hügel geräumt und sich zum Schlafen ins Trockene zurückgezogen hatten. Handelte es sich bei diesem UFO-Schwindel um jenes vielzitierte »structured craft«, jenes handfeste Flugobjekt, etwa 30 m im Durchmesser, das Chris Mansell als erster sah? Ich habe mich lange mit Chris Mansell unterhalten. Er ist ein Landschaftsgärtner und Hobby-Archäologe, der schon seit Jahren viel Zeit in den prähistorischen Landschaften von Wiltshire und Hamsphire, dem altenglischen Königreich Wessex, verbringt. Sein Interesse gilt eigentlich nicht den Kreisen, sondern den Monumenten der Megalithzeit. In die Kreis- und UFO-Szene geriet er nur »durch Zufall« herein, im Sommer 1992. Er ist ein glaubwürdiger Zeuge, so weit sich solch ein Urteil auf der Basis einiger längerer Unterhaltungen abgeben läßt; er ist keiner der vielen »Geschichtenerzähler« und Wichtigtuer, von denen es rund um die Kreisfelder mehr als genug gibt. Chris Mansell und seine Freundin Anick entschlossen sich, ihre Schilderung publik zu machen, um Legendenbildungen zu verhindern. Bereits am nächsten Morgen begannen abenteuerliche Versionen zu kursieren – Raumschiffe wären gelandet, es hätte einen direkten Kontakt gegeben, die 4 Augenzeugen hätten Aliens gesehen. »Die Leute begannen, in unser Erlebnis das hinein zu projizieren, was sie zu hören wünschten«, sagte Mansell, der sich auch von Stephen Greers Deutung distanziert: »Ein netter, kluger Mann, aber ein Mann mit ausgeprägtem Ego und einer Mission.« Ich hatte nach unserem Gespräch keinen Grund, daran zu zweifeln, daß er, Steven Greer und zwei weitere Zeuginnen ein »structured craft« gesehen haben, mit zylindrischem Aufsatz und verschiedenen Lichtern. Auch hat nicht nur Steven Greer mit einem Suchscheinwerfer mehrfach Signale in Richtung des Objektes geblinkt, sondern die Signale scheinen in der Tat im gleichen Rhythmus beantwortet worden zu sein. Die Frage ist nur, ob es, wie Greer sagt, ein »Raumschiff« war, das da langsam, dicht über dem Boden entlangschwebte, bevor es nach rund 12–15 Minuten wegflog; oder hat es sich um jenes »Schwindel-UFO« gehandelt, das eine Gruppe von Leuten hatte aufsteigen lassen, um zu demonstrieren, wie leichtgläubig und hysterisch die UFO/Kreisgemeinde ist? Die Namen der drei, die in dieser Nacht aktiv waren, sind in der Kreisszene im Verlauf des Jahres 1992 weithin bekannt geworden, wenn auch nicht unbedingt im erfreulichen Sinne, wie sich denken läßt.

Chris Mansell war von seinem Erlebnis tief beeindruckt; nie zuvor, sagt er, habe er so etwas gesehen. Aber er räumt ein, daß er natürlich nicht wisse, um was es sich wirklich gehandelt habe. »Ich will nicht behaupten, daß es unmöglich ist, so etwas zu fabrizieren – wenn es Menschen waren, dann stellt das eine beachtliche Leistung dar; sie hätten es per Fernbedienung steuern müssen.« Die Episode unterstreicht die Schwierigkeiten, denen unvoreingenommene Beobachter der Kreis- und UFO-Szene ständig ausgesetzt sind. Es mag durchaus sein, daß während der Nachtwachen im Juli 92 auch echte, rätselhafte Lichterscheinungen beobachtet wurden, so z. B. das große, orangefarbene Licht, das insgesamt dreimal von verschiedenen Augenzeugen völlig unabhängig voneinander gesehen wurde, und die offenkundig auch auf das Interesse von drei Militärhubschraubern stießen. Es sei gleich hinzugefügt, daß wegen der Nähe des militärischen Sperrgebietes der Salisbury Plains im Vale of Pewsey ständig, Tag und Nacht, Militär-Hubschrauber herumfliegen, und zwar nicht nur in den Sommermonaten. Wenn es möglicherweise echte optische Phänomene gab, gingen sie unter in einer Flut von Possenspielen und UFO-Fälschungen. Welche Motive steckten dahinter? Manche Fälscher taten es »just for a laugh«; es machte ihnen einfach Spaß, andere Menschen auf den Arm zu nehmen; Entlarver, Kämpfer gegen den Irrationalismus, wollten auf diese Weise die »Irrationalisten« der Lächerlichkeit überführen; wieder andere betrachten solche nächtlichen Übungen als eine Art soziologische Studie. Ob wir das für legitim halten mögen oder nicht – Ergebnis ist, daß in einer solch aufgeladenen Atmosphäre wie der in den Tagen des CSETI-Projektes, jeder noch so glaubwürdigen Aussage von noch so verläßlich scheinenden Beobachter mit größter Skepsis begegnet werden muß. Bei dieser Gelegenheit sei an einen Artikel im Wissenschaftsteil des *Economist* erinnert (der mit Unterstützung eines freien Mitarbeiters namens Jim Schnabel, über den hier noch berichtet werden soll, geschrieben wurde). Für die Plasmavortex-Theorie von Meaden und seiner japanischen Wissenschaftlerkollegen fand das Wochenendmagazin ebenso lobende Worte wie für ihren Versuch, Lichter und rätselhafte Himmelserscheinungen auf diese Weise »abzuhaken«. Im August 1991 schrieb der *Economist,* die Mikrowellentheorie Prof. Ohtsukis sei ein »vielversprechender Ansatz«; sie könne auch die zahlreichen Augenzeugenberichte erklären, die beschreiben, wie leuchtende Erscheinungen in Felder herunterfahren. »Es kann sein, daß New Age-Hippies und anorakgekleidete Himmelsgucker, die Kornkreise für Landeplätze von UFOs halten, der Wahrheit näher sind, als sie denken.«

CSETI-Chef Steven Greer ist fest davon überzeugt, daß seinem englischen Forschungsprojekt ein voller Erfolg beschieden war. Er glaubt, seine Präsenz auf Woodborough Hill sei der Grund dafür gewesen, daß es zu mehreren UFO-Sichtungen und optischen Kontakten mit außerirdischen Intelligenzen kam. Gegen seine Deutung der Ereignisse müssen aber nicht nur die vielen Lichter und Leuchtobjekte angeführt werden, die von Menschenhand gesteuert wurden; ein weiteres, gewichtiges Argument ist, daß er Kreise und Formationen, die nachweislich von Menschen geschaffen wurden, etwa die Dreiecks-Formation in der Nähe von »Olivers Castle«, als »außerirdische Antwort« auf seine Kontaktversuche deutet.

Das Ende für die Beckhampton Gruppe

Die Vorgänge in der »Beckhampton Group«, die im Epizentrum der Kreise beheimatet ist, waren ein getreues Spiegelbild der Entwicklung in der gesamten Kornkreisszene. 1992 sollte das letzte Jahr in der kurzen, ereignisreichen Geschichte dieser losen Vereinigung von Kornkreisinteressierten werden, nachdem schon gegen Ende des Sommers 1991 die Auseinandersetzungen und Spannungen beträchtlich zugenommen hatten. All das aber war nichts im Vergleich zu den Konflikten und Problemen, von denen die Gruppe im Sommer und Herbst 1992 geplagt werden sollte. Die Ereignisse, die schließlich zur Auflösung führten, sind nicht allein auf das Verhalten der Gruppenmitglieder zurückzuführen; mehrheitlich handelte es sich bei ihnen weder um Spinner noch um völlig abgehobene »Circlefreaks«. Die meisten Mitglieder waren insgesamt verträgliche, angenehme Menschen, fasziniert vom Rätsel der Kreise und in der Regel ohne vorgefaßte feste Meinung. Das zeigte sich schon daran, daß sie, wenn auch ein wenig enttäuscht, überwiegend bereit waren, zu akzeptieren, daß es sich bei einem Großteil der Kreise, zumal den Piktogrammen, wohl doch um Fälschungen handelte. Die Beckhampton Gruppe wurde nicht zuletzt wegen ihrer zentralen Lage im Kreisland zum Austragungsort von Konflikten, die von außen in sie hineingetragen wurden.

Rivalisierende nationale Organisationen der Kornkreisforschung, etwa CCCS (Centre for Crop Circle Studies) oder Terence Meadens CERES, versuchten, die Gruppe auf ihre Seite zu ziehen, für die eigene Interpretation des Phänomens zu gewinnen und zur Mithilfe bei der »Feldarbeit« zu rekrutieren. Dann stießen Interessierte hinzu, die die Gruppe als Bühne nutzten, um sich selbst ins Rampenlicht zu rücken. Allen voran eine Dame, einschlägig bekannt als Medium, die systematisch Unwahrheiten verbreitete, unglaubliche Geschichten erzählte und, wie sich später herausstellen sollte, zusammen mit »Entlarvern« eine Reihe von Kreisen fabrizierte. Und dann waren da Jim Schnabel und Rob Irving. Insbesondere letzterer leistete einen erheblichen Beitrag beim Zerstörungsprozeß der Beckhampton Group. Das lag nicht daran, daß er ein Verfechter der »Fälschungstheorie« war – andere in der Gruppe teilten diese Auffassung. Vielmehr war es der dunkle Fanatismus, mit dem er sich auf die Jagd nach den Fälschern machte und die Methoden, derer er sich dabei bediente. Immer wieder erhielten einzelne Mitglieder anonyme Briefe oder bedrohlich wirkende Telefonanrufe. Einige der Briefe demonstrierten einen Hauch von einem leicht verdrehten okkulten Insiderhumor, sprachen etwa von der Göttin Ishtar, die das Erscheinen bestimmter Personen an einem bestimmten Platz zu einem bestimmten Zeitpunkt verlangte, zum

»Zwecke der Erleuchtung«. George Wingfield zog es wohlweislich vor, der Aufforderung, des Nachts den prähistorischen Silbury Hill zu besteigen, nicht Folge zu leisten. Andere Briefe waren aggressiven Charakters; in wieder anderen wurden »weitere Fälschungen« angekündigt. Die Funktion der Briefe war klar: Die Verfasser wollten Konfusion und eine Atmosphäre des Mißtrauens schaffen, denn natürlich wurde darüber spekuliert, wer aus der Szene den Brief geschrieben haben könnte oder wer zu den Fälschern gehörte. Denn langsam begann der Szene zu dämmern, daß die »Kreiskünstler«, vielleicht sogar die besten, unter ihnen selbst zu suchen seien. Ein bevorzugtes Opfer der anonymen Schreiben war, wie schon angedeutet, George Wingfield, der in seiner hitzköpfigen Art gelegentlich übers Ziel hinausschoß und immer wieder Angriffsflächen bot.

Noch während der Kreissaison 1992 eröffnete er seine Dauerkampagne gegen die Fälscher und jene dunklen Kräfte, die die Schmierkampagne CREEP (Campaign to Ridicule and Eradicate English Pictograms) betrieben, um »das Phänomen lächerlich zu machen und die britischen Piktogramme auszulöschen«. Auf der »Cornference«, organisiert vom Herausgeber der Zeitschrift *Cerealogist,* John Michell, überraschte Wingfield das Publikum mit seiner Galerie von Kornkreisbösewichten. Da gibt es »Spiderman«, den Spinnenmann (Rob Irving), »The Snake«, die Schlange (Jim Schnabel), »The Skunk«, das Stinktier (Pete Rendell, Mitarbeiter von Terence Meaden), »The Weasel«, das Wiesel (John Martineau, Kopf der Gruppe UBI, United Bureau of Investigations, deren Mitglieder nicht nur als passive Kornkreisbeobachter gelten. Mittlerweile führt Martineau die Kornkreisdatei des CCCS) und »Mr. Sinister«, (damit war Adrian Dexter gemeint, der Sieger des Kornkreiswettbewerbs vom Juli 1992). Oft reichte es, mit bestimmten Individuen beim Bier oder im Gespräch gesehen worden zu sein, um auf die illustre Liste potentieller Fälscher gesetzt zu werden. Neben seinen unbestreitbaren Landartfertigkeiten hatte es Adrian Dexter genau diesem Umstand zu verdanken, daß er als sinistrer Fälscher verdächtigt wurde.

Ein Paradebeispiel für die wachsende Tendenz, den Boden unter den Füßen zu verlieren und in die nachtschwarze Welt der Paranoia abzudriften, lieferte die Reaktion auf das berühmt-berüchtigte »Schnabel-Tonband«, das mittlerweile in die internationale Kornkreisfolklore eingegangen ist und daraus wohl nicht mehr verschwinden wird. Wingfield und einige Mitglieder des Komitees des CCCS hielten (und halten wohl noch) die Aufnahmen von Telefongesprächen zwischen dem amerikanischen Studenten und Journalisten Jim Schnabel und einem Mann namens Armen Victorian für ein höchst brisantes, bedeutendes Dokument. Es bestätigt ihrer Meinung nach die Existenz einer »weltweiten Verschwörung« von Geheimdiensten, Regierungen sowie der Kirchen, allen voran der Vatikan, mit dem Ziel, die Kornkreise zu diskreditieren und die Wahrheit zu unterdrücken. Kurz die Fakten: Dr. Victorian ist eine undurchsichtige Figur am Rande der Kornkreis- und UFO-Szene, ein Urteil, dem George Wingfield zustimmt, auch wenn er gelegentlich mit Dr. Victorian, der verschiedene Pseudonyme benutzt, kooperiert. (Gelegentlich, so argumentiert Wingfield, müsse er sich eben auch solcher Typen bedienen.) Victorian beschloß, Irving und Schnabel telefonisch eine Falle zu stellen. Zu diesem Zwecke nahm er, der ein Englisch mit starkem (armenischen) Akzent spricht, den klangvollen afrikanischen Namen Mr. Mtumba an. Zuerst rief er Rob Irving an, von dem jeder in der Szene weiß, daß er jedes Gespräch auf Tonband mitschneidet. Schon nach wenigen Sätzen identifizierte Irving den Anrufer als »Dr. Victorian« (Irving hatte ein paar Monate zuvor, als er mit Wingfield noch freundschaftlichen Kontakt pflegte, ein Victorian-Tonband gehört, nämlich die Aufnahme eines Gespräches von Victorian mit dem stellvertretenden Chefredakteur der Zeitung *Today*, nachdem die Doug 'n Dave-Story veröffentlicht worden war). Gleichwohl gab »Mr. Mtumba« nicht auf und rief ein paar Stunden später bei Jim Schnabel an, der längst von Irving über das Victorian-Telefonat informiert worden war. Selbst die schärfsten Irving- und Schnabel-Hasser wagen nicht zu behaupten, daß die beiden Dummköpfe sind. Im Getenteil: Jim Schnabel ist aufgeweckt und intelligent, Rob Irving ist mißtrauisch bis an den Rand der Paranoia, eine Eigenschaft, die er mit manchem seiner Gegner in der Kreisszene gemein hat. Beide wußten um die gelegentliche Zusammenarbeit zwischen Wingfield und Victorian. Der Versuch von »Mr. Mtumba«, ihnen auf eine ziemlich plump vertrauliche Art angebliche Geheimnisse über verschwörerische Geheimdienstaktivitäten zu entlocken, war eine Gelegenheit, die sie sich nicht entgehen lassen konnten. Also packte Jim Schnabel alles in seine Antworten hinein, was an Verschwörungstheorien, dunklen Andeutungen, Verdächtigungen und Befürchtungen in der Kreiswelt im Umlauf war. Nach einigen Tagen hielt Jim Schnabel es für angebracht, George Wingfield über seinen Scherz aufzuklären. Was mochte sein Motiv gewesen sein? Vielleicht ein Gefühl der Fürsorge für George Wingfield, vielleicht war ihm auch nicht ganz wohl in seiner Haut angesichts der Wellen, die der Scherz bereits zu schlagen begann; wahrscheinlich aber lag Schnabel und Irving daran, dem erfolgreichen »Paranoia-Test« für die Kreisszene größere Publizität zu verschaffen. Das haben sie erreicht. Fast hätte das CCCS in seinem Mitteilungsblatt *The Circular* die Abschrift des Schnabel-Victorian-Gesprächs veröffentlicht, dazu einen einleitenden Artikel von Wingfield, in dem er alles Gesagte für bare Münze nimmt und ein düster dräuendes Geleitwort des CCCS-Vorsitzenden Michael Green. In letzter Minute siegte, wenn nicht die Vernunft, so doch die Einsicht, daß die Veröffentlichung der Artikel einen verheerenden Eindruck machen würde. (Nur die Abschrift des Telefonats zu publizieren, mit ein paar neutralen Bemerkungen, wäre der richtige Weg gewesen). Paranoide Gefühle intern zu äußern ist die eine Sache, eine gesamte Organisation öffentlich darauf festzulegen, eine andere. Der CCCS hielt die bereits fertig gedruckte Ausgabe des *Circular* zurück und entfernte die entsprechenden Seiten. George Wingfield, Chefredakteur des *Circular,* der auf Vortragsreise in den USA weilte, drohte zornentbrannt über die Zensur mit seinem Rücktritt, konnte aber aus der Ferne diesen Eingriff in seine Rechte nicht verhindern. Der CCCS wurde durch die leidige Tonbandaffäre in einen bitteren Konflikt gestürzt, der die Organisation fast hätte auseinanderbrechen lassen. Die Kluft zwischen »Esoterikern« und »wissenschaftsorientierten Mitgliedern« des Vorstandsgremiums ist vertieft worden, zusätzlich genährt durch persönliche Animositäten und Eifersüchteleien. Die Gegensätze konnten nur notdürftig überbrückt werden und dürften bei nächster Gelegenheit wieder aufbrechen. Die esoterische wirft der wissenschaftlichen Fraktion vor, sie sei anfällig für Zweifel, weil es ihren Repräsentanten an einer »spirituellen Grundlage« mangele. Zu den internen Machtkämpfen gesellt sich Mißtrauen. So wird der frühere CCCS-Sekretär Ralph Noyes verdächtigt, alte Freunde im Verteidigungsministerium auf dem Laufenden zu halten: Noyes ist ehemaliger Beamter dieses Ministeriums. Pikanterweise haben die Rivalitäten innerhalb der Organisation das Ministerium zu einer brieflichen Nachfrage bei Ralph Noyes bewogen, ob sie trotz der Auseinandersetzungen weiterhin Briefe, die das Ministerium wegen der Kornkreise erreichten, an den CCCS weiterleiten sollten? Wer schreiben sollte, darf weiter mit dem CCCS rechnen – der Selbsterhaltungswille erweist sich als stärker als Zweifel und Gegensätze; selbst die Mitgliederzahlen sind trotz der Ernüchterung nicht wesentlich gesunken, weil die Austritte durch Neuzugänge, nicht zuletzt aus Amerika, beinahe vollständig aufgewogen wurden. Aber zurück zur Tonbandsaga: Das Erstaunlichste an der Geschichte ist, daß es Menschen gibt, die auch jetzt noch ernsthaft glauben, ein wirklicher Agent würde sich durch das konfuse Gefasel eines ihm völlig unbekannten »Mr. Mtumba« am Telefon dazu verleiten lassen, Geheimnisse über verschwörerische Aktionen zu verraten, ja, dem Anrufer gleich auch noch einen gut bezahlten Job zu offerieren. Der hartnäckige Glaube an die Echtheit von »Schnabelgate« ist um so absurder, als mittlerweile Gelegenheit bestand, auch das Tonband des ersten Gespräches zwischen Irving und »Mr. Mtumba« anzuhören; es liegt in zweifacher Ausgabe vor, weil beide, Victorian und Irving, ihren Telefondialog mitgeschnitten hatten. Allerdings zögerte

Victorian eine Zeitlang mit der Herausgabe seines Tondokuments, wohl, um den »spektakulären« Inhalt seines Gesprächs mit Schnabel nicht zu entwerten. (Wenn es in dieser Tonbandkomödie einen verdächtigen Akteur gibt, dann handelt es sich um die Gestalt dieses Victorian [ein Mann mit verschiedenen Namen, Pässen, als Orchideenschmuggler verurteilt], der es offenbar darauf angelegt hat, Paranoia zu schüren und seit Jahren schon auf UFO-Konferenzen durch Tonbandmitschnitte von Telefonaten, die er mit angeblichen Agenten geführt hat, zur Unterhaltung der Versammelten beiträgt.) Im übrigen muß noch ein Aspekt hervorgehoben werden: Nicht Irving und Schnabel sind in diesem Fall aktiv geworden und haben versucht, dem CCCS und Wingfield einen Streich zu spielen. Sie haben hier ausnahmsweise einmal nur reagiert auf einen zugegeben nicht besonders gekonnten Versuch, sie als »Spione« zu entlarven. Ich hielt es für notwendig, diese Episode etwas ausführlicher zu schildern, weil sie ein gutes Beispiel dafür liefert, wie leicht Organisationen und Individuen, die sich der Erforschung von Anomalien widmen, den Kontakt mit der Realität verlieren und Opfer von Gruppenpsychosen werden. Es fällt nicht immer leicht, das sei eingeräumt, Verschwörungstheorien zu widerstehen, schon weil es wirklich geheime staatliche Operationen gibt. Regierungen und staatliche Agenturen treiben, wenn immer sie es für nötig halten, ein Spiel mit verdeckten Karten. Die UFO-Thematik liefert reichlich Indizien für eine rigide Geheimhaltungs-, wenn nicht gar für eine gezielte Desinformationspolitik, wie ein Mann namens Jim Carter öffentlich im amerikanischen Präsidentschafts-Wahlkampf 1976 monierte. Auch die Kreise sind zweifellos auf ein gewisses staatliches Interesse gestoßen. In London haben sich 1990 verschiedene interne Konferenzen mit dem Kreisthema beschäftigt, bei dem Beamte und Politiker dreier britischer Ministerien zugegen waren. Für die Zuverlässigkeit dieser Information kann ich mich verbürgen (sie stammt von einem Mitglied aus den mittleren Etagen der britischen Regierung). Auch das Interesse der Militärs an den Kreisen ist unbestritten (siehe Schilderungen in »Spuren im Korn«). Aber rechtfertigt das den Schluß, hier sei eine breitgefächerte verschwörerische Aktion im Gange? Schließlich können Politiker, Militärs und Ministerialbeamte nicht einfach ein rätselhaftes Phänomen ignorieren, das Zehntausende von Menschen fasziniert, das Wissenschaftler aus der ganzen Welt anlockt und zur Formulierung von neuen meteorologischen und physikalischen Theorien inspiriert und das zu mehreren öffentlichen Anfragen im Parlament und zu internen Erkundigungen von Landbesitzern, Farmern und Institutionen führte. Viele staatliche Aktivitäten laufen unter Ausschluß der Öffentlichkeit ab, zumal in Großbritannien, einem Land mit einem ausgeprägten, gelegentlich beinahe obsessiven Hang zur Verschwiegenheit. Die Öffentlichkeit wird dann um so weniger über staatliches Interesse informiert, wenn die staatlichen Instanzen selbst nicht durchblicken und die Gefahr besteht, sich durch falsche oder halbrichtige Aussagen zu einem Phänomen zu blamieren. Das alles hat nichts mit gigantischen Verschwörungen und einer Politik der Desinformation zu tun. Nicht im Widerspruch dazu steht, daß staatliche Stellen seit einiger Zeit schon dabei sind, ein genaueres Auge auch auf Kultbewegungen, Sekten und »Dissidenten« im weitesten Sinne des Wortes zu werfen. Sinn machte das allemal. Die herannahende Jahrtausendwende hat bereits begonnen, eine Welle von »Endzeitbewegungen« hervorzubringen, die in den nächsten Jahren eher noch stärker werden dürfte. Die Beschäftigung mit einem neuen Themenkreis besitzt für Agenturen zugleich noch einen anderen Vorteil. Die Welt der Geheimdienste ist vom Ende des Kalten Krieges hart getroffen worden. Neue Aufgaben sind deshalb mehr als willkommen.

Zurück zu den beiden »Quälgeistern« der Kreisszene 1992, Rob Irving und Jim Schnabel. Beide dürfen nur bedingt in einen Topf geworfen werden. Sie verfolgten unterschiedliche, wenn auch sich überschneidende Zielsetzungen, und operierten oft genug getrennt voneinander, sowohl in den Feldern wie um sie herum. Nach einem nicht besonders geglückten Piktogramm in der Nähe der prähistorischen Steinsetzungen von Avebury kam es des Nachts zu einem Streit der drei Akteure (die dritte im Bunde war eine Dame, die bis dahin eher als eine stille, esoterisch orientierte Kreisenthusiastin galt). Zusammen mit Rob Irving bildete sie fortan ein Kreisteam, das jedoch insgesamt gesehen mit den Leistungen des Einmannteams Schnabel nicht konkurrieren konnte. Die Rivalität wurde noch verschärft, weil Jim Schnabel allein damit begonnen hatte, ein Buch zu schreiben (es kam im Mai 1993 auf den Markt), was Irving dazu veranlaßte, in den Monaten zuvor ellenlange Artikel im (Meaden-nahen) Kreismagazin *Cropwatcher* zu veröffentlichen. Irving wollte »die Betrüger« ganz oben in der Kreishierarchie entlarven, die seiner Überzeugung nach die Welt bewußt getäuscht und mit »mystischem Mist« irregeführt haben. Irving versteht sich als Rächer, der ihnen mit großer Geste die Maske vom Gesicht reißen würde. An Zeit mangelte es ihm, zuletzt als Photograph tätig, genausowenig wie an Ambition. Er war unverkennbar ein Mann auf Ego- und Powertrip. Jim Schnabel ging es mehr darum, die »Arroganz« von Wissenschaftlern wie Meaden aufzuzeigen, die da selbstgefällig durch die Felder stolzierten und klangvolle Theorien formulierten. Beide profitierten bei Verfolgung ihrer Ziele von den Rivalitäten innerhalb der Kreiswelt. So bot etwa Rob Irving Terence Meadens Organisation Ceres seine Dienste an. Auch Meaden war daran gelegen, der »parawissenschaftlichen Konkurrenz« einen Denkzettel zu erteilen. Ein in diesem Falle unverdächtiger Zeuge wie Ken Brown (er hat nicht den Hauch eines Zweifels daran, daß alle Kreise Menschenwerk sind) beschrieb seinen Eindruck nach einem Treffen mit Meaden und Rob Irving so: Ihn habe »gefröstelt«, angesichts der Gefühle der Abneigung, ja des Hasses, gegen rivalisierende Kornkreisforscher wie Wingfield, Delgado und Andrews, die bei dieser Gelegenheit durchgebrochen seien. Was könnten Meadens Motive gewesen sein? Sicherlich war ein Schuß Neid mit im Spiel – schließlich liefen ihm Delgado/Andrews mit ihrem Bestseller »Kreisrunde Zeichen« den Rang ab, obgleich doch ihm, dem »Mann der ersten Stunde«, der Ruhm gebührt hätte. Hinzu kam tiefsitzender Ärger – aus seiner Sicht hatten die bewußt irreführenden »mystischen« und »paranormalen« Erklärungsversuche eine »sachliche« Forschung erschwert. Deshalb war Meaden offenkundig einverstanden damit, daß seine Widersacher bloßgestellt würden. Sein Verbündeter Irving verfolgte allerdings noch ein anderes Ziel. Er wollte belegen, daß hinter allen Kreisen und Piktogrammen Gruppen von Langzeitschwindlern standen und daß diese Gruppen mit den Befürwortern der Idee von einer »nicht menschlichen Intelligenz« zusammen arbeiteten, mit der Absicht, eine Art Kult zu schaffen.

Wiltshire-Impressionen. Gleich, ob Menschenwerk oder nicht – Landschaft und Ästhetik erhöhen die Wirkung der Kreise.

Der Autor Andy Collins, der mit Rob Irving und Jim Schnabel eine Zeitlang fast freundschaftliche Kontakte pflegte, gab seine Eindrücke von der Art ihrer Aktivitäten im Magazin *Earth Quest News* so wieder: »Sie versuchten, die Personen herauszukitzeln, die sie für verantwortlich hielten. Sie bedienten sich dabei hinterhältiger Methoden und der Falschinformation, um ihre Ziele zu erreichen.« (Nachdem ihm gerichtliche Konsequenzen angedroht wurden, verzichtete er darauf, diese Aussage zu wiederholen, weshalb sie in seinem Kapitel in diesem Buch nicht auftaucht.) Andy Collins heißt ihre Methoden nicht gut, akzeptiert aber die mögliche Bedeutung ihrer Vorgehensweise. Darin muß ihm Recht gegeben werden. Es genügt nicht, sich moralisch zu empören und dabei zu übersehen, daß auch Irving und Schnabel versuchten, das Rätsel der Kreise zu lösen, wenn auch auf ziemlich unattraktive Weise. Trotz allem ist es ihnen nicht gelungen. Sie und andere Entlarver haben die »Kornkreisaristokratie« hinters Licht führen und ihre Leichtgläubigkeit demonstrieren können – mehr nicht. Den geheimnisumwitterten Landschaftskünstlern (gelegentlich als A-Team bezeichnet) sind sie nicht auf die Spur gekommen. Was taten die frustrierten »Fälscher«-Jäger? Sie wurden selbst zu Kreismachern, um zu demonstrieren, was entschlossene Menschen mit dem Medium Korn alles anzustellen vermögen und wie wenig die selbsternannten Experten in der Lage sind, dies zu erkennen. Sie demonstrierten in den Feldern von Wiltshire, daß sie nach einer gewissen Anlaufzeit durchaus im Stande waren, ansehnliche Muster ins Korn zu legen. Den zwingenden Beweis haben sie nicht geliefert, daß alle Kreise und zumal die grandiose Landart der Jahre vor 1992 von Menschenhand stammen.

Beide Seiten im Konflikt um die Kornkreise, wild entschlossene Gläubige und glühende Kämpfer gegen den Irrationalismus, haben sich der Legendenbildung schuldig gemacht. Die »Entlarver« waren niemals bereit, eigenartige und schwer zu deutende Aspekte des Kornkreisphänomens unvoreingenommen zur Kenntnis zu nehmen. Für sie konnte es nur eine Erklärung geben, nämlich die Fälschung. In ihrer Vorstellungswelt gerann die Gilde der Kornkreisprominenz, zumal im CCCS, zu geheimen Marionettenspielern, an deren Fäden Gruppen von willfährigen Fälschern hingen, die okkulte Muster und Symbole in die Felder zu legen hatten, die anderswo ersonnen worden waren. Auch warfen sie der Kornkreisszene vor, daß unbequeme Informationen unterdrückt würden, z. B. Ken Browns Artikel über den berühmten »trilling noise«, den eigentümlich trillernden Ton, der zu verschiedenen Gelegenheiten in Kornkreisen vernommen und auch auf Tonband aufgenommen wurde. Um dieses Trillergeräusch tobte eine Zeitlang eine heftige Kontroverse. Für viele Kornkreisgläubige war das Geräusch ein »Gesang aus anderen Sphären«; Colin Andrews beein-

druckte seine Zuhörerschaft auf zahllosen Veranstaltungen durch einen kleinen Trick: Er spielte ihnen das Geräusch vor, allerdings in einer elektronisch bearbeiteten, verlangsamten Version, wodurch die Wirkung noch erhöht wurde. Bedauerlicherweise vergaß er in den meisten Fällen, darauf hinzuweisen, daß es sich nicht um die Originalversion des Tons handelte. Mittlerweile steht wohl fest, daß ein scheuer Vogel der Urheber des mysteriösen Trillerns ist: Der Grasshopper Warbler, auf deutsch Heuschrecken-Rohrsänger oder Feldschwirl aus der Familie der Grasmücken, ist der Bauchredner in der Vogelwelt. Es ist unmöglich seinen Standort zu lokalisieren. Sein Gesang scheint von oben, aus der Luft oder von irgendwo herzukommen, während der Vogel still im Feld oder am Rain sitzt. Eine Computeranalyse erbrachte schließlich den Beweis, daß Colin Andrews nur das Trillern dieses Vogels aufgenommen hatte. Allerdings: Nicht alle eigentümlichen Geräusche sind damit erklärt, die in Kreisen registriert wurden. Unabhängig voneinander haben Kamerateams der BBC bei zwei Gelegenheiten den gleichen Ton aufgenommen, der aufgetreten war, als Pat Delgado bei Interviews ein Kreiszentrum betrat. (Was den knisternden Ton verursacht haben mag, ist weiterhin offen.) Ken Brown hatte nie Schwierigkeiten, seine »desillusionierenden« Artikel (etwa den über den »Grasshopper Warbler«, aber auch den über die »Konstruktionslinien«, die er in verschiedenen Piktogrammen entdeckt hatte) in den Publikationen der Kreisszene unterzubringen, also im *Cerealogist* oder Magazin des CCCS, *The Circular.* Im Gegenteil: Gerade der Cerealogist John Michells verfolgte von Beginn an eine offene, unverkrampfte redaktionelle Linie und versorgte seine rund 15000 Leser mit Beobachtungen, Eindrücken und Meinungen, die an Gegensätzlichkeit nichts zu wünschen übrig ließen.

Auf der anderen Seite hat sich die Kornkreisgemeinde selbst durch Fehler und Versäumnisse angreifbar gemacht. Drei »Legenden« stechen dabei besonders ins Auge. Zunächst einmal wurde mit Zahlen schludrig, von mancher Seite vielleicht sogar bewußt irreführend, umgegangen. Es gab eine unverkennbare Tendenz, die Zahl der Kreise aufzubauschen; je mehr Kreise und Formationen gehandelt wurden, desto besser, denn dadurch wurde die Wahrscheinlichkeit einer menschlichen Urheberschaft verringert. Zugleich konnte die Öffentlichkeit stärker beeindruckt werden. Die zweite Legende ist die, daß das Korn in allen Kreisen »gebeugt, aber nicht gebrochen« sei. In allen Veröffentlichungen und Büchern über Kornkreise wird diese Beobachtung hervorgehoben und zum untrüglichen Merkmal der Echtheit erklärt, in »Kreisrunde Zeichen« von Delgado/Andrews, im »Kornkreisrätsel« von Paul Fuller und Jenny Randles, sowie in den Büchern von Terence Meaden. Weil alle Interessierten den Aussagen der Fachleute vertrauten und im Nachhinein gar nicht mehr in der Lage waren, sie zu überprüfen, wurde »gebeugt, aber nicht gebrochen« zu einem Axiom der Kreisforschung. In Wahrheit gab und gibt es zwar in vielen Kreisen unbeschädigte und nicht gebrochene Kornhalme, aber völlig unversehrt war das Korn in den Kreisen nicht. Andererseits: Selbst eingefleischte Skeptiker räumen ein, daß sie sich keinen Reim darauf machen können, daß in einigen Kreisen in Raps Halme gebeugt, aber unversehrt waren, obgleich gerade Raps bei dem geringsten Druck bricht.

Die dritte Legende, die in der Szene genährt wurde, ist die Vorstellung von einem »goldenen Zeitalter« einer fälschungsfreien, unschuldigen Zeit vor 1989, dem Jahr, in dem mit »Circular Evidence« (dt. »Kreisrunde Zeichen«) in Großbritannien das erste Buch zum Thema Kornkreise auf den Markt gelangte. Sicherlich stimmt es, daß das Erscheinen dieses Buches eine Vielzahl von Menschen dazu angeregt hat, selbst einmal zu testen, ob es möglich ist, Kreise und andere Figuren in Kornfelder zu legen. Aber wenn es jemals ein »Zeitalter der Unschuld« gegeben hat, dann muß es sehr viel weiter zurückliegen. Das Fälschen spielte von den frühen 80er Jahren an eine Rolle, wenn auch bei weitem nicht in dem Umfang der letzten drei Jahre. Schon 1983 versuchte eine nationale Zeitung, der *Daily Express,* die Konkurrenz vom *Daily Mirror* reinzulegen und ließ einen Kreis in der Nähe von Westbury in der Grafschaft Wiltshire fabrizieren.

Abgesehen von Doug and Dave ist in den letzten Jahren eine Reihe von Gruppen in verschiedenen Regionen Großbritanniens aktiv gewesen. In Northamptonshire schuf ein kornkreisbesessener junger Mann namens Julian einige erstaunliche Gebilde. In Cambridgeshire haben einige Studenten in den letzten drei Jahren die Felder heimgesucht und pro Jahr für 4 bis 5 Formationen gesorgt, auch wenn sie ausdrücklich versichern, daß das berühmte »Mandelbrotset«, das »Apfelmännchen«, »leider« nicht auf ihr Konto gehe. Absolventen eines landwirtschaftlichen Collegs in Wye, Kent, versuchten sich ebenso ein paar Mal in den Feldern wie Studenten eines landwirtschaftlichen Colleges in Crawley in der Nähe von Winchester. Ich weiß um die Aktivitäten mehrerer Skeptikergruppen, auch wenn die »Wessex Sceptics« sich 1991 nicht gerade durch große Kunstfertigkeit auszeichneten (siehe »Spuren im Korn«, S. 135 und S. 137). Viel spekuliert wurde über den Beitrag einer Gruppe von Schülern und Studenten, die sich den eindrucksvollen Namen »UBI – United Bureau of Investigations« zugelegt hat; Spötter meinen, eine zutreffendere Übersetzung wäre »United Believers in nonhuman Intelligence«, (Vereinigte Gläubige in nichtmenschliche Intelligenz). Die Mitglieder dieser Gruppe sind ebenso fasziniert von den Kreisen wie von UFOs und anderen paranormalen Phänomenen. Sie haben sich zu einigen Kreisen bekannt, die als Botschaft oder Erwiderung auf einen »kosmischen Kommunikationsversuch« gedacht waren. Vor dem Kornkreiswettbewerb im Juli 1992 übten sie in den Feldern, um ihre Chancen auf den Gewinn von immerhin 3000 Pfund zu erhöhen. Nimmt man ihre Leistungen bei diesem Wettbewerb zum Maßstab, dann war ihre Präzision entweder durch den Genuß von gewissen Substanzen getrübt, oder sie sind einfach nicht so gut, als daß es sich bei ihnen um das Team handeln kann, das manche für alle grandiosen Formationen, z. B. das Alton Barnes Piktogramm 1990 oder das Dreieck von Barbury Castle aus dem Jahre 1991, verantwortlich machen möchten. Für die Jahre bis einschließlich 1991 bleiben viele Fragen offen. Das gilt um so mehr, wenn auch noch die internationale Kreisentwicklung berücksichtigt wird. Im vergangenen Jahr stießen Länder wie Israel, Portugal, Spanien und Ungarn zu der Gruppe von Staaten hinzu, die bereits früher vom Kreisphänomen heimgesucht wurden (Australien, Japan, Nordamerika, die frühere Sowjetunion, Schweiz, Neuseeland, Schweden).

Selbst wer bereit ist, die Behauptungen von Doug und Dave zu akzeptieren, und in ihnen wenn nicht die Urheber des Phänomens, so doch ihre wichtigsten menschlichen Protagonisten sieht, bleibt ratlos zurück angesichts der Fülle historischer Fälle, die im Lauf der Jahre zusammengetragen worden sind. Da gibt es einmal die Berichte aus der Landbevölkerung in Südengland. Ein Beispiel, das für viele steht, sind die Erinnerungen von Mrs. C. L. Dutton. Sie berichtet, daß auf der Maiden Bradley Farm, 6 Meilen südwestlich von Warminster, in den Jahren zwischen 1914 und 1956 regelmäßig Kreise sowohl von ihr selbst, ihrem Mann wie den Farmangestellten gesichtet worden seien. Ihre Erklärung: »Sie alle wurden verursacht durch plötzliche starke Wirbelwinde. Meine Eltern, Großeltern und Urgroßeltern waren alle in der Landwirtschaft tätig, und jede Generation wußte um diese Kreise. Ich selbst habe sie einige Male in meiner Jugend gesehen, und wir akzeptierten sie als etwas ganz Natürliches.« (zitiert nach der *Bristol Evening Post* vom 7. 8. 1990)

Zwischen 1935 und 1940 liegen aus verschiedenen Regionen Großbritanniens verbürgte und dokumentierte Berichte über Kreise und Dreierformationen vor, in Cambridgeshire, in Wales, in Wiltshire, in Nordirland, Leicestershire und Cheshire. In den 60er Jahren wurden Kreise in Australien und in Alberta, Kanada, entdeckt, wo sie auch in den 80ern und zu Beginn der 90er Jahre wieder auftauchten. Zusammen mit den vielen Berichten von Menschen, die angeben, die Entstehung von Kreisen miterlebt zu haben, begleitet von »knisternden« oder »summenden« Geräuschen oder dem plötzlichen Auftauchen eines eigentümlichen Wirbelwindes, nachdem vorher völlige Windstille geherrscht hatte, darf die Schlußfolgerung gezogen werden, daß die Kornkreisakte noch nicht endgültig geschlossen werden kann, selbst nicht von dem, der sich nur auf die materielle, physische Seite des Phänomens konzentriert.

Das gilt nicht zuletzt deshalb, weil die psychosoziale Dimension des Kreisphänomens eine Bedeutung besitzt, unabhängig von der Beantwortung der Frage, was den »echten Kern« des Phänomens ausmacht und wie groß der Umfang der menschlichen Mitwirkung ist.

Wird es jemals gelingen, das Rätsel zu lösen und die Kreise vollständig zu entzaubern? Ich glaube nicht, daß dies möglich sein wird – selbst wenn es zutreffen sollte, daß zwei ältere Herren es geschafft haben, in Großbritannien einen modernen Mythos, im wahrsten Sinne des Wortes, »zur Welt zu bringen«. Die Kreise werden als »moderner Mythos« weiterleben, in Erlebnisberichten und Erzählungen aus zweiter und dritter Hand, in Archiven und unzähligen Druckerzeugnissen, in Videos und Filmen und nicht zuletzt in Büchern, und längst nicht nur jenen, die nur dem Kreisthema gewidmet sind. Querverweise auf das Kreisphänomen lassen sich schon jetzt in zahllosen Publikationen über UFOs, esoterische oder populärwissenschaftliche Themen finden. Es bedürfte, damit die Kreise weiterleben, gar nicht der weiterhin offenen Fragen, die selbst die skeptischsten Beobachter nicht zu beantworten vermögen. Diese offenen Aspekte sind gewissermaßen das Extra, das es skeptischen Gemütern erlaubt, sich einen Hauch von Zweifel zu bewahren. Die unbeantworteten Fragen seien hier noch einmal kurz zusammengefaßt: Da sind einmal die Geräusche, die von BBC Rundfunkingenieuren im Zentrum von Kreisen aufgenommen wurden, wobei die Ingenieure nicht an den Geräuschen interessiert oder wild darauf waren, sie aufzunehmen; im Gegenteil, sie setzten alles dran, die lästige Störung auszuschalten. Oft genug versagten Fernsehkameras in Kreisen, Fotoapparate funktionierten nicht, brandneue Batterien entluden sich. Eigentümliche Lichter oder Objekte wurden verschiedentlich von Videokameras festgehalten, sowohl 1990 wie 1991 (siehe das Video »Rätsel im Korn«). Menschen berichteten über negative wie positive Reaktionen in Kreisen, über Heilungen wie über unangenehme Nebenwirkungen eines Besuches in Kreisen (siehe das Kapitel von Diana Clift/Lucy Pringle). Neue Kreise und Formationen tauchten vor ihrem Erscheinen in Träumen auf, darunter solche, die nachweislich von Menschen ins Korn gelegt wurden. In einigen Fällen kann eine Verbindung zwischen Kreismachern und Träumenden ausgeschlossen werden. All die hier aufgeführten Punkte besitzen keine Beweiskraft. Es mag sein, daß zwischen ihnen und den Kreisen keinerlei Verbindung besteht oder daß sie nur die außergewöhnliche Wirkung der Kreise auf die menschliche Psyche belegen. Andererseits kann nicht mit absoluter Sicherheit ausgeschlossen werden, daß es sich um Indizien dafür handelt, daß doch nicht alles so klar und einfach ist. Völlig ignoriert werden sollten diese Aspekte jedenfalls nicht, genausowenig wie die zahlreichen Aussagen von wissenschaftlicher Seite vergessen werden sollten, die die Kreisinteressierten in der Annahme bestärkten, daß sie es mit einem ernstzunehmenden Phänomen zu tun haben. So hatte der New Scientist 1989 festgestellt, es handele sich bei den Kreisen »sicherlich nicht um Fälschungen«; so war Dr. John Graham, Direktor der agrarwissenschaftlichen Abteilung des »Cranfield Institute of Technology«, trotz der Enthüllungen von Doug and Dave sicher, daß »das Geheimnis nicht gelöst« sei; die Angelegenheit harre noch der Klärung, »wir werden weiterhin während der Sommermonate Kreise in unseren Feldern sehen«. Im US-Wissenschaftsmagazin *Science* erklärte John Snow, Professor für atmosphärische Studien an der amerikanischen Purdoe-Universität, »einige Kreise sind auf die Einwirkung von Vortices zurückzuführen«; japanischen Wissenschaftlern schließlich gelang es in ihrem Laboratorium in Tokio, Plasma zu erzeugen, das auf Aluminiumstaub (als Ersatz für das Medium Korn) herunterfuhr und präzise Kreise und Ringe produzierte. Prof. Ohtsuki danach: »Besonders bemerkenswert ist, daß es uns gelang, auch Ringe zu erzeugen.«

»Kampf um die Seele der Wissenschaft«, diesen dramatischen Titel gab das Wissenschaftsprogramm Equinox des britischen Fernsehkanals Channel 4 seinem Feature über das Kornkreisphänomen. Gemeint war damit die Auseinandersetzung zwischen »traditionellem« Rationalismus und Verfechtern eines neuen wissenschaftlichen Ansatzes, der nicht von vornherein Anomalien als »unwissenschaftlich« abtut und sich »spirituellen« Dimensionen des Denkens nicht verschließt. In der Tat verlaufen die Fronten im Konflikt um die Kornkreise in jener Zone, in der sich tradierter Rationalismus, neue Wissenschaft und Mystizismus berühren. Die Fälschertheorie, die von den Verfechtern der ersten Schule von Beginn an vertreten wurde, beruht auf folgender Grundthese: »Wunder«, also Unerklärliches oder noch nicht Erklärbares, gibt es nicht, weil sie den allgemeinen Erfahrungen und den daraus abgeleiteten Gesetzen widersprechen. Diese Naturgesetze aber werden als unumstößlich verstanden. Zwangsläufig mußten deshalb alle Kreise von vorneherein für gefälscht erklärt werden, ohne daß es für diese Behauptung irgendeines Beweises bedurft hätte; schließlich kennen die geltenden Naturgesetze keine kreisbildende Kraft. Die Verfechter dieser Position bedenken dabei nicht, daß die Naturgesetze keine unumstößlichen Wahrheiten darstellen (auch wenn die Fundamentalisten des materialistischen Reduktionismus in Redaktionsstuben und Wissenschaftsinstitutionen sich oft genug genau so verhalten). Immer wieder müssen die Naturgesetze umgeschrieben oder gar völlig neu formuliert werden, damit sie den Erfahrungen und Ergebnissen neuer Beobachtungen entsprechen. Dieser Zwang zur permanenten Korrektur oder gar zur Erweiterung des Weltbildes zieht sich wie ein roter Faden durch die Geschichte der Wissenschaft hindurch. Wissen schaffen heißt schließlich: Die Wirklichkeit ohne Vorurteile zu erfassen. Dieser Grundsatz verliert auch dann nicht seine Gültigkeit, wenn bei der Suche Irrtümer begangen werden, wenn sich erweisen sollte, daß eine »Anomalie«, in diesem Falle die der Kreise, tatsächlich nichts anderes als Menschenwerk ist. Ein richtiges Prinzip wird nicht dadurch in Frage gestellt, daß bei seiner Anwendung Fehler unterlaufen.

Das psychosoziale Phänomen

Von Beginn an hat mich ein Aspekt des Kornkreisphänomens besonders interessiert, nämlich die Wirkung der Kreise auf die Menschen. Nichts mag gewiß sein, was die Kreise betrifft, einschließlich ihres Ursprungs, eines aber ist unbestreitbar: der Effekt der Kreise auf das menschliche Bewußtsein. Durch das Kreisphänomen hat sich für viele Menschen die Wahrnehmung der Welt nachhaltig verändert. Das gilt nicht zuletzt auch für die »Kornkreisprominenz«, wie sehr ihr auch der Vorwurf gemacht werden muß, die Szene oft genug in einen Jahrmarkt der Eitelkeiten verwandelt, ja manches Mal vielleicht gar wider besseres Wissen rätselhafte Aspekte hochgespielt zu haben. Nehmen wir Colin Andrews: Er ist ein freundlicher, umgänglicher Mann, ausgestattet mit einem guten Schuß Schlitzohrigkeit. Mittlerweile hat er sich in eine Art Prediger verwandelt. Auf seinen Vortragsreisen durch die Welt verkündet er die Botschaft von »der geschändeten, weinenden Mutter Erde«. Selbst wenn die Kornkreise keinen Hilferuf von Mutter Erde darstellen sollten, und gewisse Zweifel müssen angemeldet werden, selbst dann ist die Botschaft, die Andrews verbreitet, nicht schädlich. Er unterstützt die Vorstellung von einer »lebenden Erde« im Sinne der Gaia-Theorie des britischen Biologen James Lovelock, die im Grunde nur eine moderne wissenschaftliche Variante der uralten Vorstellungen von Naturvölkern und frühen Kulturen ist. Nur wenn die Menschen begreifen,daß sie Teil der Natur sind, hören sie vielleicht auf, sich als ihr zerstörerischer Meister im Sinne von Bacon und Marx zu gebärden. Ein anderes Beispiel: »Dowser«, Rutengänger, wie Richard Andrews, David Tilt und Hamish Miller haben zwar bedauerlicherweise keinen entscheidenden Beitrag zur Aufklärung des Kornkreisrätsels leisten können. Das Rutengehen oder Muten ist, wie wir mittlerweile wissen, nicht in der Lage, den Unterschied zwischen dem menschlichen »Energieabdruck« in einem Kornfeld und anderen subtilen Energielinien zu erkennen. (Damit stimme ich nicht dem abfälligen Urteil jener Zeitgenossen zu, die das Muten für einen kompletten Schwindel halten und den Ausschlag der Ruten oder der gebogenen Drähte auf »leichte Bewegungen der Handgelenke«, ob nun unbewußt oder bewußt täuschend, zurückführen. Diese Auffassung verrät ein erstaunliches Maß an Ignoranz. Die Dienste von Rutengängern wurden in ländlichen Regionen Europas über Jahrhunderte hinweg in Anspruch genommen, wenn es galt, Wasser oder auch Erze aufzuspüren. Diese Praxis wird heute sogar wieder häufiger genutzt als weithin bekannt ist. Und nicht nur von Privatpersonen. Der erfolgreichste Brunnensucher der GTZ [Gesellschaft für Technische Zusammenarbeit] in Ländern der Dritten Welt ist ein Ingenieur namens Hans Schröter, der sich bei der Suche nach Wasseradern seiner Wünschelrute bedient. Seine Trefferquote ist erstaunlich; sie liegt weit über der anderer GTZ-Mitarbeiter, der Hydrogeologen, die sich elektronischer Hilfsmittel bedienen, um in Trockenzonen der Erde Grundwasserströme und Reservoirs zu entdecken). Rutengänger haben dazu beigetragen, die Erinnerung an das subtile Energienetz der Erde wieder zu beleben, das am besten vielleicht als Netz von »Akupunkturlinien und -Punkten« des Superorganismus Erde bezeichnet werden kann.

In diesem Szenario nimmt auch Terence Meaden mit seiner vertrackten Plasmavortextheorie keinen unrühmlichen Platz ein. Die Theorie ist zu Recht scharf kritisiert worden, nicht zuletzt deshalb, weil Meaden wie viele andere in der »Kornkreisszene« der Versuchung erlag, sich voreilig auf eine Erklärung festzulegen. Es ist nun einmal falsch, sichere Schlußfolgerungen aus höchst ungewissen Wahrnehmungen abzuleiten. Aber immerhin spiegelt selbst Meadens Hypothese die Bereitschaft wieder, sich auf Anomalien einzulassen, die von der Schulwissenschaft bislang ignoriert werden. Deshalb wurde Meadens Plasmavortextheorie als unerwünschte Herausforderung der »meteorologischen Orthodoxie« empfunden, deshalb wurde der Atmosphärenforscher von der Mehrheit der wissenschaftlichen Gemeinde als Außenseiter betrachtet. Noch etwas anderes kann Meaden zugute gehalten werden. Immerhin besaß er den Mut, den »immunologischen Reflex« der Wissenschaft zu überwinden und die Realität des UFO-Phänomens zu akzeptieren; unter Wissenschaftlern gilt das immer noch als ein beinahe selbstmörderischer Akt, trotz einer erdrückenden Zahl von Indizien dafür, daß es rätselhafte und bislang nicht erklärte Phänomene gibt, die unter dem Sammelbegriff UFO klassifiziert werden. Meaden glaubt, daß die zahllosen eigentümlichen Lichterscheinungen durch seine Plasmavortextheorie der elektrisch aufgeladenen Wirbelwinde erklärt werden können; er wird darin von einigen japanischen Forschern wie etwa Prof. Ohtsuki unterstützt. Terence Meaden hat darüber hinaus die »mystische Wirkung« und die religionsstiftende Kraft des Phänomens erkannt, auch wenn er sie nur auf die Zeit der Neolithik und nicht auf die Gegenwart bezieht. Von zweitrangiger Bedeutung ist es da nur, daß Meaden kein besonders angenehmer Zeitgenosse ist; seine »Konkurrenz« bedachte er mit Herablassung und Arroganz; er achtete stets auf schärfste Abgrenzung, um seine »wissenschaftliche Glaubwürdigkeit« zu schützen. Seine ausgeprägte Eitelkeit aber ist unverzeihlich und sorgte dafür, daß sich das Mitleid in Grenzen hielt, als Meaden 1991 von einer Skeptikergruppe mit einem gefälschten Kreis hereingelegt wurde.

Warum konnte das Kornkreisphänomen eine solche Wirkung erzielen? Wir leben in einer Zeit, in der die alten Paradigmen morsch geworden sind. Viele Menschen halten Ausschau nach neuen Ideen und Antworten. Wäre das nicht so, dann hätten die Kreise nicht ein solch starkes Echo ausgelöst. In gewisser Weise werden die Kreise zu Spiegeln unserer selbst und die Antwort auf die Frage, warum die Kreise plötzlich aufgetaucht sind, sagt wahrscheinlich mehr über uns als über das Phänomen selbst aus. Es stimmt nicht, daß die Kreise »von den eigentlichen Problemen ablenken«, wie ein Leserbriefschreiber im deutschen Magazin *Esotera* kritisch anmerkte. In vielen Fällen haben die Kreise das genaue Gegenteil bewirkt: Menschen begannen, über die globale Situation und ihre eigene Rolle darin nachzudenken. Nicht wenige Menschen verstehen die Kreise als Zeichen einer »Wendezeit«. Die Kreise vermochten so, einen Prozeß des Umdenkens voranzutreiben oder zu verstärken, der bereits begonnen hatte, bevor Symbole in den Feldern auftauchten. Insofern stellen sie eine Anomalie unter anderen dar, die auf »subversive« Weise das alte Denken unterminieren und einen Anstoß dazu geben, von traditionellen Auffassungen abzulassen.

Natürlich ist diese Entwicklung ambivalenten Charakters. Die Suche nach einer spirituellen und moralischen Dimension, die so viele Menschen jetzt umtreibt, kann in falsche Bahnen münden. Aberglauben, sektenhafte Tendenzen und allzu süßlich-egozentrischer New Age-Glaube sind die weniger angenehmen, möglicherweise gar gefährlichen Begleiterscheinungen eines Paradigmawechsels. So dienten etwa die Zeichen in den Kornfeldern als Vehikel für alle möglichen Interessen und Machtspiele. Die einen wollten dadurch belegen, daß sie als Berufene im Kontakt mit außerirdischen Intelligenzen stehen, auserwählt, die Menschheit vor der selbstverschuldeten Apokalypse zu retten. Manche Kornkreisgläubige interpretierten gerade auch das erste Piktogramm überhaupt, das im Jahre 1990 in der Nähe von Winchester entdeckt wurde, als Botschaft dafür, daß gewaltige Raumschiffe außerirdischen Ursprungs am Rande unseres Sonnensystems bereitstünden, um diejenigen, die »bereit« sind und sich den »Brüdern und Schwestern« aus dem Kosmos öffnen, aufzunehmen und vor dem »Untergang zu retten«. So war es denn nur folgerichtig, daß die Konflikte zwischen »Gläubigen« und weniger glaubensbereiten Kornkreisinteressierten an Schärfe gewannen. Mitgliedern mancher Organisationen, irritiert über das Ausmaß menschlicher Kreisaktivitäten und bereit, der Sache auf den Grund zu gehen, wurde vorgeworfen, ihnen mangele es am »Glauben«; »negative Gefühle und Energien« seien es, die das »wahre Phänomen« zurückgedrängt hätten und den Fälschern die Felder überließen. Manche der Mechanismen, die in Kornkreisgruppen ablaufen, erinnern an Prozesse, die in diversen UFO-Kulten beobachtet werden konnten. Der einmal etablierte »Glaube« war den »Gläubigen« so lieb und teuer geworden, daß sie durch nichts mehr erschüttert werden konnten, selbst dann nicht, als sich herausstellte, daß die Basis ihres Glaubens teilweise oder gänzlich falsch war. Ungeachtet hieb- und stichfester Beweise für menschliche Urheber, werden manche Formationen weiterhin als »kosmische Offenbarungen« gedeutet. Die Argumente der Außenwelt werden in diesen abgeschlossenen Sekten nicht mehr vernommen.

Die selbsternannten Kämpfer gegen den Irrationalismus, die Skeptiker, die die Kreisszene mit einer Mischung aus missionarischem Sendungsbewußtsein und spöttischer Überlegenheit betraten, haben aber keinen Grund zu triumphieren; sie ähneln Feuerwehrleuten, die mit dazu beitrugen, daß der Brand gelegt wurde, den sie mit großem Geschrei zu löschen trachten. Im Namen der Vernunft führen sie beredte Klage über das Aufblühen von Wunderglauben und »New Age-Gefasel«, sie mokieren sich über Naivität und die Anfälligkeitfür obskure Sekten und esoterischen Kitsch; sie begreifen nicht, daß ihr engstirniger Fanatismus mithilft, den Boden zu bereiten für verschiedene Varianten eines pathologischen Pseudomystizismus – das mechanistische Weltbild ist in seinem starren, seelenlosen Materialismus mit verantwortlich für die heftigen Ausschläge eines verwirrten Irrationalismus.

Zwischen den »fundamentalistischen« Fronten von starrem materialistischem Reduktionismus und verblendeter, kulthafter Heilserwartung haben es jene nicht leicht, die sich um ein neues Weltbild bemühen; das gilt auch für die kleine Welt der Kreise. Das neue Weltbild umfaßt die Akzeptanz des Paranormalen, Parawissenschaftlichen und des Spirituellen, ohne daß damit Wissenschaft und Technologie kategorisch abgelehnt würden. Es geht nicht um den Verzicht auf rationale und analytische Fähigkeiten; vielmehr gilt es, die richtige Balance zwischen linker, »männlicher«, und rechter, »weiblicher«, Gehirnhälfte, zwischen Intellekt und Intuition, zwischen Wissen und Weisheit zu finden.

Viele Menschen in der »New Age«-Bewegung mit all ihrer schillernden, schwer zu definierenden Vielfalt, sind sich dessen durchaus bewußt. Ihr Verhältnis zur

Wissenschaft ist ambivalent. Sie attackieren wissenschaftliche Verbohrtheit und Engstirnigkeit, um sich im selben Atemzug um eine wissenschaftliche Bestätigung oder Untermauerung ihrer holistischen Weltsicht zu bemühen. Die Tatsache, daß die Gaia-Theorie von der lebenden Erde von solch überragender Bedeutung für die »New Ager« werden konnte, ist ebenso ein Indiz dafür, wie der starke Einfluß grüner Ideen in all ihren Varianten, nicht zuletzt auch der sogenannten »Deep Ecology«; zu der neuen, ganzheitlichen Weltsicht gehört auch die Suche nach den Wurzeln der Hochreligionen, nach Gnostizismus, Kabbala und Sufismus. Auch hier wird eine Brücke zur Wissenschaft geschlagen; gerade in der Physik als der »Kerndisziplin« der Wissenschaft ist seit geraumer Zeit schon eine Hinwendung zur Religion und der Versuch zu erkennen, eine Synthese von Wissen und Glauben, von Mystik und Wissenschaft zu erreichen.

Die vorherrschende »Religion« der modernen Welt, die materialistisch-mechanistisch ausgerichtete Wissenschaft, wird immer stärker in Zweifel gezogen, und längst nicht nur von jenen Außenseitern und Randgruppen, die New Age-Gedanken repräsentieren; nicht zuletzt geschieht dies wegen des Erschreckens über die immer furchtbareren Erfindungen einer moralisch gleichgültigen Wissenschaft und der Einsicht, daß sie verantwortlich ist für spirituelle und seelische Defizite in den modernen Gesellschaften. Deshalb sind mehr und mehr Menschen davon überzeugt, daß die säkulare, rationalistische Religion in eine selbstzerstörerische Sackgasse führt. Egon Friedell nannte den Rationalismus ein »Irrlicht«, das ganz willkürlich nur jene Ausschnitte der Wirklichkeit beleuchtet und gelten läßt, die nicht der »Erfahrung« und den »Denkgesetzen«, also den rohen Sinneseindrücken und einer ihnen angepaßten »defekten« Logik, widersprächen. Die Geschichte der Neuzeit nennt er »das kurze Intermezzo der Verstandesherrschaft zwischen zwei Irrationalismen: dem mittelalterlichen und dem zukünftigen, das im Rahmen der Menschheitsgeschichte nicht mehr bedeutet als eine flüchtige Mode, interessante Schrulle und kulturhistorische Kuriosität. Und es ist mehr als wahrscheinlich, daß der Mensch der Zukunft ... in unserer Neuzeit mit ihren ›Errungenschaften‹ die Ära des finstersten, unfruchtbarsten und borniertesten Aberglaubens in der bisherigen Geschichte erblicken wird.« Friedell, Arnold Toynbee und andere Denker und Philosophen waren jedenfalls nie davon überzeugt, daß die Herrschaft des Verstandes wirklich »rational« genannt werden konnte. Toynbee wies warnend darauf hin, daß wir »technologische Giganten« geworden, aber »moralische Pygmäen« geblieben sind. Es ist dieser Widerspruch, der H. G. Wells das Bild vom »Wettlauf« zwischen Lernen und Katastrophe hat entwerfen lassen.

Die entscheidende Frage, die sich heute stellt, ist, ob die Menschheit fähig ist, die Kluft zwischen den globalen Konsequenzen ihres Handelns und der individual- oder gruppenorientierten Ethik zu schließen. Das Axiom der dominierenden Weltsicht der letzten 300 Jahre hat sich als falsch erwiesen. Mehr materieller Wohlstand und ein ständig höherer Standard des Konsums haben nicht zu einer höheren Lebensqualität geführt. Die Verbreitung materiellen Wohlstandes in den westlichen Gesellschaften hat nicht verhindert, daß sie gewalttätiger und barbarischer geworden sind. Die Zahl der Verbrechen nimmt ständig zu, die Indizien der Desintegration und Fragmentierung sind überall zu besichtigen, sie werden begleitet von einer tiefer werdenden globalen Krise. Die politischen, sozialen und ökonomischen Konsequenzen in Folge des Treibhauseffektes, der Zersetzung der Ozonschicht und der schrumpfenden natürlichen Ressourcen im Angesicht eines dramatischen Bevölkerungswachstums werden alle Nationen treffen.

Die Wissenschaft nahm für sich in Anspruch, die Probleme der Welt lösen und die Menschheit glücklich machen zu können. Selbst die hartnäckigsten und optimistischsten Anhänger der Doktrin von Materialismus und Fortschritt wagen dies nicht länger zu verkünden. Die Exzesse des Materialismus treten allzu deutlich in Erscheinung. Die Überzeugung greift um sich, daß Erde und Menschheit nicht gerettet werden können, wenn die Besessenheit mit Wachstum und materiellem

Wohlstand nicht abgelöst und das Gierprinzip überwunden wird. Es ist bezeichnend, daß Klagen über das spirituelle und moralische Vakuum und den Verlust von »Sitte und Tradition« in permissiven Gesellschaften ohne »Tabu und moralische Barrikaden« mittlerweile selbst in Leitartikeln etablierter Presseorgane auftauchen, die bislang eindeutig auf Wissenschaftsgläubigkeit und Fortschrittsideologie eingeschworen waren. Die neue Weltsicht plädiert für ein gewandeltes Verständnis von Natur, das zugleich verlangt, sich vom Bild des Menschen als »Krone der Schöpfung« zu verabschieden. Statt dessen wird eine holistische Sicht des Lebens und des Universums gesetzt, in den Worten von Fridjof Capra greift ein Wertewandel um sich, »von Selbstbehauptung und Wettbewerb hin zu Kooperation und sozialer Gerechtigkeit, von Expansion zum Bewahren, von materieller Bereicherung hin zu innerer Entfaltung«. Wird diese postmaterialistische und spirituelle Tendenz in unseren westlichen Gesellschaften sich zu einer »umfassenden Religion« entwickeln, wie einige kritische Beobachter befürchten? Auch wenn die Antwort »ja« lautet, gäbe es erhebliche Unterschiede zu dem, was wir als etablierte Religion betrachten, solange der Irrweg von Kulten und Sekten vermieden wird. Die neue Weltsicht ist vielfältig und unstrukturiert, sie hat keine Kirche, kein Dogma, sie kennt keine zentralisierte Autorität, aber sie besitzt Ethik, Mythen und Werte.

Die Wirkung der »spirituellen Revolution«, die in den industriellen Gesellschaften um sich greift, kann selbst in den Argumenten von Regierungsvertretern ausgemacht werden. Der britische Erziehungsminister John Patten versucht, die Welle von Gewalt und Verbrechen durch den schwindenden Glauben an »Erlösung« und »Verdammnis« zu erklären. Der »Mangel an Glauben« sei einer der Hauptgründe dafür, warum es in den modernen Industriegesellschaften zu Fehlentwicklungen komme. Leitartikler beklagen die Wirkung der Säkularisierung und stellen fest, »unsere Zivilisation ist die der sofortigen Befriedigung«,während sie zur gleichen Zeit politische Parteien und Regierungen unterstützen, die von der Vorstellung von materiellem Wachstum und den Segnungen des Konsumerismus nicht lassen wollen. Eine nachdenkliche Establishmentfigur wie Sir William Rees-Mogg kritisiert das »inhaltsleere Geschwätz« der politischen Diskussion und entdeckt einen Wertewandel, der von der traditionellen Politik noch nicht wahrgenommen wird, nämlich einen Bewußtseinswandel in der westlichen Welt, eine Zurückweisung der »Sklaverei«, die die Sucht nach materiellen Gütern darstellt. »Deshalb wenden sich mehr und mehr Menschen der Meditation zu, deshalb verzichten viele der intelligentesten Mitmenschen darauf, sich mit immer mehr materiellen Gütern einzudecken und deshalb versuchen viele gerade der besten Studenten nicht mehr um jeden Preis, ihre Einkommen zu maximieren.« In seinem Buch »The Great Reckoning« (Die große Abrechnung) lehrt Rees-Mogg seine Leser mit dunklen Visionen globaler Unruhen und des Zusammenbruchs das Fürchten. Für die harten Zeiten empfiehlt er eine eigentümliche Mischung von Ratschlägen wie »engagiert Euch«, »hört auf, zu kaufen«, »schaltet das Fernsehen ab«, Ratschläge, die alle einen klar erkennbaren Hauch von New Age verraten; andererseits weist er darauf hin, wie man auch in diesen harten Zeiten seine finanzielle Situation verbessern kann.

Aber längst nicht alle Repräsentanten und Institutionen aus Politik und Gesellschaft betrachten das postmaterialistische Bewußtsein, das sich herauszubilden beginnt, mit demselben Verständnis oder gar zurückhaltender Sympathie. »New Age-Glauben« wird von manchen Vertretern der Kirche von England als »Teufelsverehrung« attackiert, so die Worte des Geistlichen Tony Higton, eines der führenden Repräsentanten der Fundamentalisten in der anglikanischen Kirche. Einige gläubige Christen halten die Kornkreise für eine Ausgeburt des Bösen und bringen sie in einen Zusammenhang mit rituellem Kindsmißbrauch und satanischen Riten, die ihrer Meinung nach nun auch in Großbritannien gang und gebe sind. Die Legende vom mörderischen Teufelskult wurde zuerst von christlichen Fundamentalisten in Amerika aufgebracht und ist jetzt auf die britischen Inseln übergeschwappt.

Auf einem anderen Niveau argumentiert Andrew Mchallam in einer Schrift für das »Institute of European Defence and Strategic Studies«. Er glaubt, die neue Bewegung weise »viele Charakteristika einer neuen Religion auf«. Sie biete eine apokalyptische Vision der Zukunft und »die Mittel der Erlösung, wenn die Menschheit nur bereut«. Mchallam sagt den Aufstieg »der neuen Autoritären« voraus, warnt vor einem religiösen »Ökofaschismus« und spricht von der Gefahr einer »neuen Inquisition«, die ein Nebenprodukt dieser neuen Religion sein werde. Solche Warnungen sind in einer Welt, in der fundamentalistische Tendenzen an Einfluß gewinnen, nicht ohne weiteres in den Wind zu schlagen. Das Streben nach »spiritueller Erleuchtung« kann pervertiert und mißbraucht werden von Scharlatanen und machtsuchenden, selbsternannten Propheten, die vorgeben, im Besitz der ganzen Wahrheit zu sein. Es ist nicht zu übersehen, daß der verhängnisvolle Einfluß von Sekten und Kulten um sich greift, nicht zuletzt deshalb, weil die alten Antworten nicht mehr befriedigen. Die Warnungen von Mchallam unterstreichen zugleich, daß Zeiten des Paradigmenwechsels Perioden intensiven Konfliktes sind. Walter Schwartz vom *Guardian* stellt denn auch fest, daß die Kampfstellungen für einen »neuen Religionskrieg« bereits bezogen werden. Die Repräsentanten der alten mechanistisch-materialistischen Weltsicht werden sich um so entschlossener verteidigen, je mehr sie fühlen, daß ihre Position bedroht ist. Angriffe auf den »gefährlichen Irrationalismus« werden zunehmen und sich gerade gegen jene Gruppen und Individuen richten, die einen Mittelweg zwischen verhärtetem altem Weltbild und »blindem Glauben« propagieren. Es ist kein Zufall, daß der Neodarwinist Richard Dawkins unlängst Lovelockes Gaia-Theorie, eines der Fundamente der neuen Weltsicht, massiv unter Beschuß nahm. »Die Gaia-Theorie gedeiht auf der Basis eines tief verwurzelten Wunsches, hauptsächlich von Laien, zu glauben, daß die Evolution dem Guten dient. Welch ein großer Irrtum!« Es mag sein, daß diese Attacke durch die Äußerung von James Lovelock provoziert wurde, daß Gaia »die erste Religion werden könne, der eine beweisbare wissenschaftliche Theorie zugrunde liegt«.

Die Kreise haben ihren Anteil an diesem Prozeß des Umdenkens. Für viele Menschen wurden sie darüber hinaus zu einem Mittel der Befreiung – aus den Ghettos von Klasse, Schicht und Akzent, die in Großbritannien zu einer stärkeren Abgrenzung führen, als etwa in Deutschland. Die Kreise halfen, die soziale Isolation zu verringern; sie stellten ein wirksames Mittel gegen Einsamkeit und Langeweile dar. Für Kreisenthusiasten öffneten sich neue, ungeahnte Welten: Sie begannen, sich mit Biologie und Elektromagnetismus, radioaktiven Isotopen, Mikrowellentechnologie, Alchemie und neuen Wissenschaftstheorien zu beschäftigen, zum Beispiel der Chaostheorie; Pflanzenkunde und Biologie wurden ebenso gefragte Themen wie Runen, psychologische Kriegsführung, das Studium der Symbole, Archäologie und Vorgeschichte. Viele Menschen, die von den Kreisen in Bann geschlagen wurden, begannen, mit offeneren Augen Natur und Landschaft wahrzunehmen. Ist das nicht besser, als vor dem Fernseher zu sitzen, smarte, zynisch-verächtliche Zeitgeistzeitschriften zu lesen und an dem hedonistischen Tanz um das goldene Kalb des Konsums teilzunehmen? Deshalb darf ein Fazit gezogen werden, in dem, trotz kultischer Verwirrtheit und irregeleiteter Glaubenssehnsucht, das Positive überwiegt.

MENSCHEN UND KREISE

Eine Bildergalerie

In der Nacht vom 11. auf den 12. Juli traten 12 Teams an, um am Kornkreis-Wettbewerb teilzunehmen. Die Idee für den Cropcircle Contest stammte vom Biologen Prof. Rupert Sheldrake. Veranstaltet wurde der Wettbewerb vom deutschen Wissenschaftsmagazin *PM*, der britischen Tageszeitung *Guardian* und John Michells *Cerealogist*. Nach einer vorgegebenen Skizze mußten alle Teilnehmer zwischen 22.00 Uhr und 4.00 Uhr morgens die gleiche Formation ins Feld legen. Den ersten Preis mit 3000 Pfund Sterling erhielten Adrian Dexter und 2 Arbeitskollegen von der Helikopterfabrik Westland. Zweiter wurde das Ein-Mann-Team von Jim Schnabel. Doug und Dave waren dem Wettbewerb ferngeblieben. Die Leistungen der besten Teams demonstrierten, daß menschliche Fähigkeit nicht unterschätzt werden darf. Wer unbedingt will, vermag eben hervorragende Kreise und Piktogramme ins Korn zu legen.

Nach Wettbewerb und nächtlicher Teamarbeit: 12 Formationen im Feld nahe der Ortschaft West Wycombe, Buckinghamshire.

Das Siegerteam des Wettbewerbs demonstriert am Tag die Technik, derer es sich des Nachts bedient hatte. Das Team um Adrian Dexter hatte es mit Hilfe von Anstreicherleiter und Hocker geschafft, »spurenlos« in das Feld hineinzugelangen.

Am Wochenende vor dem Kornkreiswettbewerb: Adrian Dexter übt mit Mitgliedern der deutschen »Forschungsgruppe Kornkreise« in einem Feld nahe Magdeburg.

Dokumentarfilmer John Macnish interviewt CCCS-»Fieldofficer« und Rutengänger Richard Andrews.

Lucy Pringle verfaßte zusammen mit Diane Clift eine Studie über die psychologische und medizinische Wirkung von Kreisen. Im Hintergrund das weiße Pferd von Alton Barnes.

Montague Keen, zusammen mit dem Fotograf Grant Wakefield und Julie Wakefield, die an Feldbeobachtungen teilnahm.

unten rechts: John Michell, rechts, zusammen mit Rupert Sheldrake, der Agrarexperte Montague Keen und die Publizistin Christine Rhone bei der Inspektion eines Kreises.

Michael Chorost, Initiator der Operation Argus, forschte nach Radioaktivität und biologischen Anomalien in Kornkreisen.

Ralph Noyes, während der Operation Argus, mit einem Geigerzähler im Feld.

unten links: »Quälgeister« der Kornkreis-Szene: Pam Price, Rob Irving (Mitte hinten) und Jim Schnabel zusammen mit einem amerikanischen Soziologen. Die drei werden umfangreicher Fälscher-Aktivitäten verdächtigt.

Zwei Mitglieder der Gruppe UBI (United Bureau of Investigation), die über selbstgemachte Kornkreise Kommunikation mit UFOs suchten. Rechts Paul Rendell, links Matthew Watkins.

John Macnish

AUF DER JAGD NACH DEN KREISMACHERN

Begegnungen der dunklen Art

Patti Caldwell grinste, als sie uns am Eingang zu den Granada-Fernsehstudios in Manchester entgegenkam: »Lange nicht gesehen – was führt dich her, mein Lieber?« In ihren Augen sah ich die Mischung aus Abwesenheit und Erregung, die für einen Menschen typisch ist, der in einer Viertelstunde auf Sendung geht. Meine Frau Jayne und ich waren gekommen, um uns die große Fernsehdebatte zwischen den selbsternannten Kornkreisfälschern Doug Bower und David Chorley und den Vertretern der wachsenden Reihen von »Kornkreisexperten«, George Wingfield und Pat Delgado, anzusehen. Patti sollte eine Einführung ins Thema geben und die anschließende hitzige Diskussion leiten.

»Meinst du, sie haben es gemacht?« fragte sie, nachdem wir uns gegenseitig einen kurzen Überblick über die fünf Jahre gegeben hatten, die seit unserer Zusammenarbeit verstrichen waren. Als ich antwortete, ich sei der Meinung, die Sache liege schon etwas komplizierter, schien sie erleichtert. »Ich weiß, viele sagen, das Ganze ist ein Riesenschwindel, aber ich möchte wirklich glauben, daß mehr dahinter steckt, ich hoffe einfach, es ist mehr als nur ein Ulk, weißt du, was ich meine?« Ich konnte mich diesem Wunsch nur anschließen, wie es sicher Tausende getan hatten, als sie kaum eine Woche zuvor in der Tageszeitung *Today* die Schlagzeile gelesen hatten: *»Die Männer, die die Welt hinters Licht führten.«* War es möglich, daß so viele intelligente Menschen sich von zwei Witzbolden hatten an der Nase herumführen lassen? Auf den ersten Blick war das kaum zu glauben, und doch hatte ich erst vor wenigen Tagen selbst gesehen, wie die beiden in einem reifen Weizenfeld in Sussex herumgehüpft waren und in weniger als 45 Minuten eine 30 Meter lange Hantelform herausgearbeitet hatten. Von der Qualität dieser Formation einmal ganz abgesehen, überzeugten mich die Geschwindigkeit und die Präzision ihres Vorgehens davon, daß sie eine beträchtliche Praxis im Kreisemachen besaßen; welche Formationen hatten sie nun also wirklich wo angelegt?

Je mehr Nachforschungen die »Kreisexperten« anstellten, um so stärker wuchs ihre Überzeugung, daß Doug und Dave mit mysteriösen staatlichen Geheimdienststellen in Verbindung stünden, die es darauf abgesehen hätten, ihre Theorie einer »unbekannten Intelligenz« in Mißkredit zu bringen, weil sie diese als Gefahr für die internationale Sicherheit sähen. Eine Mauer der Angst und des Mißtrauens wuchs zwischen den Kreisanhängern auf der einen und Doug und Dave und dem größten Teil der Weltpresse auf der anderen Seite.

Die »Gläubigen« sprachen mit den Fälschern nur, um ihnen Beschuldigungen entgegenzuschleudern, sie unternahmen keinen Versuch, die ganze Sache vernünftig zu diskutieren. Doug und Dave entwickelten ebenfalls ein ausgeprägtes Mißtrauen gegen die Motive ihrer Gesprächspartner, und als ich einige Zeit nach der Veröffentlichung ihrer Geschichte in *Today* mit ihnen Kontakt aufnahm, äußerten sie sich über die ganze Angelegenheit mit großer Vorsicht.

Konnten die beiden Gauner wirklich alles gemacht haben, was sie für sich in Anspruch nahmen? Es gab nur eine Möglichkeit, das herauszufinden: Jemand mußte Doug und Dave 1992 gut im Auge behalten.

Einige Monate zuvor hatte mich ein junger Mann namens Grant Wakefield angerufen und mir von seinem Plan erzählt, 16-mm-Zeitrafferkameras mit extrem langen Belichtungszeiten zu benutzen, um vielleicht aufzunehmen, wie in der Umgebung von Alton Barnes in Wiltshire Kreise entstünden. Obwohl ich ihm half, soweit ich nur konnte, hielt ich die Technik zunächst für ungeeignet, da eine Belichtungszeit von etwa zehn Minuten zu lang wäre, um im einzelnen aufzuzeichnen, was immer die Kreise machte. Damals herrschte die Ansicht, die unbekannte Intelligenz brauche nur ein paar Sekunden, um ein großes Piktogramm hervorzubringen. Daher ließe sich auf diesem Weg wohl kaum beweisen, daß die Kreise nicht von Menschen gemacht sein konnten. Je länger ich jedoch darüber nachdachte, um so klarer wurde mir, daß Zeitrafferaufnahmen wahrscheinlich eine bessere Chance boten als alles andere, die Entstehung von Kreisen einzufangen.

Als Methode, eine unbekannte Intelligenz zu filmen, war es vermutlich ziemlich sinnlos, aber wenn sich die Belichtungszeit verringern ließe, böte es wohl einen perfekten Weg, zweibeinige Kreismacher auf frischer Tat zu ertappen.

Ich hatte bereits Versuche mit Infrarotfilm und Zeitrafferaufnahmen unter schlechten Lichtverhältnissen gemacht. Nachdem ich einige Rollen Film für Probeaufnahmen verschwendet hatte, war es mir schließlich gelungen, die genaue Filmgeschwindigkeit und Belichtungszeit zu berechnen, die ich brauchte, um sowohl Infrarotblitzaufnahmen aus nächster Nähe als auch Farbfotos mit langer Belichtungszeit mitten in der Nacht aufzunehmen. Dazu brauchte ich Hochgeschwindigkeitsfarbfilm und die schnellste einäugige Spiegelreflexkamera, die für Geld zu haben war, kombiniert mit einer Kamera, die sich auf automatische Aufnahmen mit langer Belichtungszeit programmieren ließ. Und als sei das noch nicht schwierig genug, wußte ich, daß der einzig sichere Weg, die Herkunft der Kreise zu beweisen, darin bestand, ihre tatsächliche Entstehung auf Videoband aufzuzeichnen, und das so oft wie möglich.

Ganz klar, ich brauchte Hilfe, und nachdem ich Ralph Yates von Envin Scientific angerufen hatte, machte ich mich auf den Weg in sein Büro in der Nähe von Chepstow. Im Sitzungssaal erklärte er mir, daß seine Firma ein leichtes Videoüberwachungsgerät neuen Typs entwickelte, das auch nachts arbeiten könne und stärker sei als alles am Markt erhältliche. Ehe die Firma dieses Gerät dem Militär anbieten könne, müsse es in der Praxis getestet werden; und da kamen nun die Kornkreise ins Spiel. Es war leicht einzusehen, daß wir uns gegenseitig helfen konnten, und als er mir die Blaupausen des neuen Geräts zeigte, wurde ich schon ganz aufgeregt. Der Nachteil war allerdings, daß es ein paar Monate dauern würde, das neue Nachtsichtgerät zu bauen, und da es möglicherweise nicht rechtzeitig fertig würde, bot Ralph mir einige nützliche Zusatzgeräte an.

Als wir so durch die abgedunkelten Testräume bei Envin gingen, fiel mir eine Szene aus den James-Bond-Filmen ein, in der »Q« mit Bond die Ausrüstung durchgeht, die er für seine nächste Mission braucht.

Es gab Nachtsichtgeräte in allen Formen und Größen, raffiniert ausgeklügelte Infrarotscheinwerfer mit Spezialfiltern, die ihr Licht völlig unsichtbar machten, Fernsehkameras, die in eine Streichholzschachtel paßten und harmlos wirkende Aktenkoffer, die überquollen von Zubehörteilen.

An einem ziemlich trüben Morgen Mitte April 1992 fiel ein glatter brauner Umschlag durch meinen Briefschlitz; der Inhalt war alles andere als trüb: Auf ein Stück Zeichenkarton war mit Wasserfarben ein Kreismuster gemalt, und ein beigefügter Brief nannte Ort und Zeit für die Realisierung des Plans. Ich traute meinen Augen kaum; Doug und Dave waren so verzweifelt darauf angewiesen, ihre Glaubwürdigkeit unter Beweis zu stellen, daß sie es sogar riskierten, auf frischer Tat ertappt zu werden. Irgendwie mußte ich sehen, daß ich Augenzeuge dieses Vorgangs wurde und ihn aufzeichnete.

Kein Mond und Dauerregen. Ich konnte kaum glauben, daß das alles Wirklichkeit war; hinter einer Hecke fummelte ich mit nassen Händen an den winzigen Tasten auf der Rückseite der Nikon-Kamera; als auf der LCD-Anzeige Ziffern und Zahlen aufflackerten, gab ich jegliche Hoffnung auf, die Kamera auf automatischen Betrieb einzustellen. Meine Stimmung sank, als ich mich fragte, wie viele Stunden ich hier wohl warten müßte. Ein leichter Wind kam auf, und die feuchte Luft roch merkwürdig nach Sellerie.

Ein roter Lichtschimmer flackerte auf, als Bremslichter durch die Hecke hinter mir drangen, dann herrschte wieder Dunkelheit und Stille. Ich spähte durch die Dornen, sah aber nichts; plötzlich hörte ich einen Motor, und der Wagen fuhr weiter. Hatte jemand angehalten, um auf die Straßenkarte zu sehen? dachte ich, als die Stille wieder durchbrochen wurde:

»Na, wer hätte gedacht, daß wir auch dieses Jahr wieder dabei wären, was«, sagte eine überraschend laute Stimme in einiger Entfernung. »Pssssst! Und paß auf Scheinwerfer auf, und mach um Himmels willen den Glimmstengel aus«, sagte eine nur unwesentlich leisere Stimme. Als zwei bekannte Gestalten sich am Horizont entlangbewegten, überkam mich eine seltsame Freude. Der Nieselregen ließ nach, und ich begann, die Kamera am Ende eines provisorischen Mastes zu befestigen. Als die Gestalten sich nicht mehr gegen den Horizont abhoben, war unmöglich zu erkennen, wo sie sich genau befanden, aber da der Wind aus der richtigen Richtung wehte, konnte ich gerade noch das verräterische Geräusch knirschenden Getreides und Daves Stimme hören. Ich richtete das Objektiv ungefähr in diese Richtung und begann, zu fotografieren. Zu sagen, daß ich an Dougs und Daves Geschichte Zweifel hatte, wäre eine Untertreibung; als ich nun aber oben auf dem Hügel einen dunklen Kreis ausmachen konnte, der von Minute zu Minute wuchs, fragte ich mich doch merkwürdig verwundert, ob ich der erste war, der je Augenzeuge wurde, wie ein Kreis entstand. Oder führten mich hier ein paar Schwindler an der Nase herum?

Im Laufe der nächsten Wochen wuchs meine Sammlung von Aquarellen, während die Kornkiller zwei, manchmal auch drei Formationen in der Woche anlegten. Ich sah zu, daß ich dabei war, so oft ich konnte, um die Vorgänge für die Nachwelt festzuhalten, und bald perfektionierte ich die Kunst der Zeitrafferaufnahmen. Natürlich entdeckten Doug und Dave mich oft am Rand eines Feldes oder hinter eine Hecke geduckt. Als ich das erste Mal die gesamte Videoausrüstung benutzte, waren sie fasziniert von der Größe des riesigen Bildverstärkers, den ich brauchte, um sie über fast einen Kilometer Entfernung im Dunkeln aufzunehmen. Während wir in der Dunkelheit am Hang saßen und Kaffee tranken, hörte ich den Erzählungen über ihre Eskapaden zu, die sie im Laufe der Jahre in den Kornfeldern erlebt hatten. Anscheinend konnten die beiden Witzbolde viele Aspekte, die mir bei der ganzen Geschichte oft ein Rätsel geblieben waren, leicht erklären. Zum Beispiel entstehen die Kreise immer nachts, weil dann die Menschen, die sie machen, nicht zu sehen sind.

In Rapsfeldern tauchen nur Kreise auf, wenn die Pflanzen gelb blühen, Raps wird jedoch erst im August geerntet, warum hören die Kreise also auf, sobald der Raps braun wird? Doug und Dave zeigten mir, daß die Rapspflanzen Anfang Juni anfangen zu welken und sich verheddern, so daß es unmöglich wird, sie mit einem 1,20 Meter langen Stock zu Boden zu drücken.

Für eine Energiequelle, die aus der Luft käme, wäre das kaum ein Hindernis, doch menschliche Kreismacher hält es mit Sicherheit ab. Aus ähnlichen Gründen beschränken sich Formationen in Gersten- und Roggenfeldern auf den Beginn der Saison, da sie als erste Ähren bilden. Sobald der Weizen, das Getreide, das sich am besten für Kornkreise eignet, Ähren bildet und hoch genug ist, flach liegen zu bleiben, scheint sich die Energiequelle auf rätselhafte Weise diesem Lieblingsgetreide zuzuwenden. Wieviele Berichte hat es nach Ende Juni noch über frische Kreise in Gerste, Hafer oder Roggen gegeben? Eine unbekannte Energie von oben würde sich das Getreide sicher nach anderen Gesichtspunkten aussuchen als bodengebundene »Fälscher«.

Das Kreisphänomen von beiden Seiten zu betrachten,

lieferte mir eine völlig neue Sicht des Themas. Während Doug und Dave mit immer verzwickteren Mustern aufwarteten, war ich gespannt auf die Reaktionen, die die Formationen bei den Experten auslösen würden.

Nach einem schlechten Start gewannen Doug und Dave sprunghaft an Glaubwürdigkeit, von über zwanzig Formationen erklärten die Experten übereinstimmend nur zwei als Fälschungen. Manche Forscher hatten die Enthüllungen, die die Zeitung *Today* im Vorjahr gebracht hatte, offenbar erschreckt, und vor allem Pat Delgado sah in allem eine Fälschung. Colin Andrews vertraute dagegen nach wie vor auf das »echte Phänomen«.

Wie in den vorangegangenen Jahren waren Doug und Dave, so aktiv sie auch waren, nur für einen Teil der Geschichte verantwortlich, und sie wußten es: »Wir haben die ganze Zeit Probleme mit diesen verdammten Fälschern, die unsere echten Kreise nachmachen«, meinte Doug.

Andere Kreise bislang unbekannten Ursprungs tauchten vorwiegend in Wiltshire auf. Was war, wenn Doug und Dave nur eine Ablenkung darstellten, einen Köder, der mich abhalten sollte, die wahre Ursache der Kreise herauszufinden?

Ich brauchte eine unabhängige Analyse der Wiltshire-Kreise; also wandte ich mich an Ken Brown, der mit Erfolg zahlreiche Mythen um die Kornkreise mit seinem gründlichen Blick für Details und seiner nüchternen Annäherungsweise zur Strecke gebracht hatte. Ken, der einst an das Rätsel der Kornkreise geglaubt hatte, hatte sich hinlänglich überzeugt, daß in vielen der 1991 in Hampshire entstandenen Formationen unter den Getreideschichten Pfade lagen, die zeigten, daß dort Menschen waren, ehe das Getreide flachgedrückt wurde. Nach eingehenden Gesprächen mit Doug und Dave hatte Ken eine umfassende Checkliste erstellt, auf was er bei den Standorten jener Kreise, die von Menschen gemacht waren, zu achten hatte, und systematisch zeichnete er auf, was er in vielen Formationen des Jahres 1992 entdeckte.

Wie gewöhnlich war seine Analyse bei vielen im Kornkreisgeschäft heiß umstritten. Forscher wie Colin Andrews und George Wingfield erklärten, sie hätten schon immer von den Bahnen unter den Bodenmustern gewußt und sie schlicht als Teil der »Kreiskonstruktion« gesehen (obwohl sie das erstaunlicherweise vorher nie erwähnt hatten). Eindeutig brauchte es mehr als nur Indizienbeweise, das Rätsel der Kornkreise zu lösen. Bis dahin war es Ken noch nicht gelungen, eines der Merkmale, das Colin Andrews häufig auf Luftaufnahmen echter Kreise festgestellt hatte, zufriedenstellend zu erklären. In vielen Fälschungen ist die Spiralwindung des flachgedrückten Korns recht eng und läßt leicht erkennen, wie jemand solche Kreise mit Seilen oder Stöcken anlegen könnte; in vielen der schöneren Exemplare liegt das Korn dagegen in einer lockeren Spirale, die nur zwei Umdrehungen benötigt, um den Kreisrand zu erreichen. Auf die Frage, wie sie das gemacht hatten, blieben Doug und Dave zum erstenmal still und erklärten nach einer langen Pause, daß sie es irgendwie gemacht hatten, aber nicht wüßten, wie. Das überzeugte niemanden und zog die Echtheit ihrer Behauptungen nur in Zweifel.

Ich war recht niedergeschlagen, daß ich wieder dort war, wo ich angefangen hatte, und immer noch keine wasserdichte Antwort auf das Kreisrätsel besaß; es war mir lediglich gelungen nachzuweisen, daß Doug und Dave imstande waren, einige Kreise zu machen, die ein paar Experten hinters Licht führen konnten. Ich beschloß, es mit einem Überwachungseinsatz zu versuchen. Diesmal sollte er völlig mobil vonstatten gehen, die gesamte Ausrüstung sollte transportabel sein, und vor allem sollte keine Menschenseele wissen, daß ich da draußen unterwegs war.

Ich nutzte das Wissen, das ich von Doug und Dave erworben hatte, um mit meinem Einsatz nicht völlig ins Leere zu zielen.

Zunächst einmal wußte ich, daß sie all ihre Kreise zwischen Einbruch der Dunkelheit und zwei Uhr morgens gemacht hatten. Ich wußte, daß sie sich bemühten, den Experten zu geben, was sie haben wollten, mit anderen

Worten, wenn Menschen Kreise mit prähistorischen Stätten in Verbindung brachten, plazierten sie sie in der Nähe solcher Orte. Wenn es in einem bestimmten Gebiet eine UFO-Sichtung gegeben hatte, versuchten sie, in der Nähe einen Kreis anzulegen. (Das mag die Korrelation zwischen Kreisen und fliegenden Untertassen erklären, die Forscher wie Roy Dutton festgestellt haben.) Einen wichtigen Kniff hatte ich gelernt: Ein guter Kreisstandort verlangte nach einem Versteck für den Wagen, auch war es hilfreich, wenn das Wetter nicht allzu scheußlich war, und Vollmond lieferte einen guten Grund, lieber im Pub zu bleiben. Mit alledem im Sinn machte ich mich auf eine lange Reihe nächtlicher Ausflüge durch Wiltshire. Da meine Frau Jayne hochschwanger war, mußte ich mich meist mit der Gesellschaft meines Hundes Rosie begnügen. Alles lief einigermaßen gut, abgesehen von Rosies Neigung, in den frühen Morgenstunden Bäume und Straßenschilder anzubellen, und der Tatsache, daß ich manchmal entsetzlich wenig Schlaf bekam. Die Ausrüstung von Envin funktionierte unter diesen Umständen außerordentlich gut, allerdings mußte ich mich in der Nähe von Straßen und Wegen halten, weil ich sie allein unmöglich weit tragen konnte. Jedesmal, wenn ich ausstieg, mußte ich sorgsam darauf achten, meinen Wagen ebenso zu verstecken, wie die Kreismacher es tun würden, um keine Aufmerksamkeit zu erregen.

Am Abend des 16. Juni 1992 fuhr ich nach zahlreichen schlaflosen Nächten den Hang hinter Alton Barnes hinauf; ein diesiger Nieselregen benetzte die Windschutzscheibe. Das ganze Unternehmen erschien mir wesentlich sinnloser, als es noch zu Beginn meines ersten Ausflugs gewirkt hatte. Es waren viele Menschen nachts in Wiltshire unterwegs, viele lagen ebenfalls den Kreisen auf der Lauer. Oft hielt ich an und beobachtete Gestalten, die auf den Hängen standen und das dunkle Getreide unter sich überwachten; sie konnten mich natürlich nicht sehen, und es machte mir diebischen Spaß, das Nachtsichtgerät herumzuschwenken und mir dieselben Felder anzusehen, die sie beobachteten; von allen, die da draußen nach Kornkreisen Ausschau hielten, war ich der einzige, der Traktorspuren und wiegendes Getreide in das gespenstische Grün des Restlichtverstärkers getaucht sah.

Ich wußte, daß ich der einzige war, der in die Dunkelheit schauen konnte, als wäre es der helle Tag. Ich machte mich auf nach Avebury.

Als ich um die Kurve bog, Silbury Hill zur Rechten, fiel mir ein, daß ich von dieser Stelle aus bei Tag viele Kornfelder gesehen hatte. Wenn ich nur etwas weiter oben ein verstecktes Plätzchen fände, könnte ich ein großes potentielles Kornkreisgebiet überschauen. Ich fuhr in die massiven Erdbauten des Steinkreises von Avebury hinein und entdeckte einen idealen Aussichtspunkt. Schnell setzte ich den Wagen zurück auf den verlassenen Parkplatz am Red Lion und baute kaum zwanzig Minuten später meine Ausrüstung in den Überresten der prähistorischen Stätte auf. Inzwischen war es Mitternacht, und der Regen hatte nachgelassen. Durch das Nachtsichtgerät erkannte ich deutlich die Kennet Avenue und mehrere unberührte Kornfelder. Plötzlich blitzte hinter mir ein Licht auf; ich warf mich flach ins nasse Gras. Eine Gruppe Touristen hatte sich aus irgend einem Grund entschlossen, einen nächtlichen Spaziergang durch den Steinkreis zu machen, und das auch noch mit einer unglaublich hellen Taschenlampe. Ich war fest überzeugt, daß sie mich früher oder später entdecken würden, doch nachdem sie über eine halbe Stunde kichernd zwischen den Steinen herumgestöbert waren, verschwanden sie schließlich. Ich schaltete das Nachtsichtgerät wieder ein und schwenkte den Blick prüfend über die Felder. Als ich die Kennet Avenue im Blick hatte, glaubte ich, ich müßte mir das eingebildet haben, aber einer der Steine schien sich zu bewegen; als ich genauer hinsah, erkannte ich, daß sich drei schwarze Gestalten zwischen den Steinen bewegten – Menschen! Was hatten sie vor? Langsam gingen sie auf den Rand von Waden Hill zu und verschwanden. Es fing wieder an zu nieseln, und ich fühlte mich allmählich durchfroren und niedergeschlagen, selbst der Hund hatte sich diesmal entschieden, nicht mitzukommen, meine Frau war im neunten Monat schwanger, und ich überlegte mir langsam, daß

die ganze Kornkreisgeschichte etwas außer Kontrolle geriet. Ich beschloß, einen letzten prüfenden Blick auf die Felder zu werfen, ehe ich meine Sachen zusammenpackte.
Als das Nachtsichtgerät zum Waden Hill hinaufschwenkte, sah ich in der Ferne Gestalten aus dem Dunst auftauchen, aber sie gingen nicht einfach geradeaus, sie gingen in Kreisen. Es wirkte wie ein stummes Ballett auf dem Hügel; ich drückte den Knopf, und der Videorecorder surrte. Ich schwenkte die Fotokamera herum und schaltete die vorprogrammierte Zeitraffersequenz ein; jetzt konnte ich nur noch stillsitzen und versuchen, warm zu bleiben; es sollte eine lange Nacht werden.

Ich konnte jetzt also zweifelsfrei beweisen, daß dieser eine Kreis in Wiltshire von Menschen gemacht war, sollte ich es jemandem erzählen? Was würden Leute wie Colin Andrews und George Wingfield aus einem solchen Beweis machen; sicher würden sie den Schluß ziehen, daß diese Formation eine Fälschung war und ich es als solche nachgewiesen hatte, sie würden sie von ihrer Liste streichen und weiter nach Kreisen suchen, die die unbekannte Intelligenz erzeugt hatte.
Nach einigem Überlegen beschloß ich, niemandem zu erzählen, was ich bislang beobachtet hatte. Statt dessen hörte ich aufmerksam zu, was all die Experten mit den Kreisen anfingen, die ich gefilmt hatte, und sagte gar nichts.

Die Zahl jener, die mittlerweile hinter allen Formationen Menschen vermuteten, wuchs. Viele betrachteten Leute wie Jim Schnabel und Robert Irving als Verräter, nur weil sie an die Fälscherhypothese glaubten.
Sie weckten bald noch mehr Argwohn, als sie zu demonstrieren begannen, wie leicht es war, überzeugende Formationen anzulegen.
Ich setzte mich mit Rob zum ersten Mal in Verbindung, als ich über die Kornkreis-Gerüchteküche hörte, er habe vielleicht Beweise, wer die Kreise in Wiltshire mache. Nach mehreren langen Gesprächen, die ich im »Waggon and Horses« in Beckhampton mit Rob führte, skizzierte er ein Bild von zwei oder drei Gruppen, die in Wiltshire am Werk waren, und erklärte, er könne mir möglicherweise Informationen beschaffen, wann und wo die nächste größere Formation auftauchen werde. Ich war sehr aufgeregt, denn allmählich fügten sich die Teile des Kornkreispuzzles zu einem Bild zusammen. Bald fand ich heraus, daß eine dieser mysteriösen Gruppen aus Rob und seiner Freundin Pam Price bestand und die andere aus Jim Schnabel. Die dritte Gruppe war die interessanteste; sie bestand aus »Gläubigen«, die einer Gruppierung mit dem Namen UBI – »The United Bureau of Investigation« – angehörten und Kreise als Mittel anlegten, um mit der unbekannten Intelligenz in Verbindung zu treten. Nur vergaßen sie leider, den anderen Forschern mitzuteilen, welche Kreise sie gemacht hatten.

Inzwischen erhielt Circlevision Anrufe und Informationen von Kreisforschern wie von Kreismachern. Einen Tag hörten wir Ankündigungen, wie und wo eine bestimmte Formation angelegt werden sollte. Ein paar Tage später erfuhren wir von ihrer Entdeckung und hörten von den »Gläubigen«: »Diese kann unmöglich von Menschen gemacht sein.«
Es wurde klar, die Menschen, die seit Jahren solche Dinge sagten, hatten nicht die leiseste Ahnung, was Menschen im Schutz der Dunkelheit alles machen konnten.
Die Idee, einen Wettbewerb im Kornkreisemachen zu veranstalten, kam zuerst von Dr. Rupert Sheldrake, dessen Bücher über die Natur als eine Art denkendem Superorganismus gewisse Parallelen zu Vorstellungen aufwiesen, die manche in der Kornkreisgemeinschaft hegten. So einfach die Idee eines Wettbewerbs war, so erstaunlich war es, daß niemand ihn schon früher vorgeschlagen hatte. Vielleicht war es in diesen Tagen wachsender Zweifel an der nichtmenschlichen Natur der Kreise wichtiger denn je, die Wahrheit herauszufinden.
Das Hauptproblem bestand natürlich darin, einige echte Kreismacher zum Mitmachen zu bewegen. Doug und Dave wurden mit Briefen förmlich bombardiert,

die ihre Teilnahme erbaten und schließlich erbettelten; sie waren jedoch so verbittert über die Art, in der die »Gläubigen« sie vorher behandelt hatten, und mehr noch besorgt, daß sie dort statt eines Preisgeldes von 3000 Pfund eine zur Lynchjustiz bereite Bauernschar erwarten könnte, daß sie sich weigerten, auch nur in die Nähe des Weizenfeldes bei West Wycombe in Buckinghamshire zu gehen, wo der Wettbewerb stattfinden sollte.

Als der Regen nachließ und die Nacht hereinbrach, versammelten sich diverse bunt zusammengewürfelte Grüppchen am Hang; während sie Anstalten trafen, sich auf ihr nächtliches Werk vorzubereiten, sprang ich in den Wagen und fuhr von West Wycombe hinüber auf die gegenüberliegende Seite des Tales zu einem Aussichtspunkt, den ich am Nachmittag ausgekundschaftet hatte. Der Wagen holperte den Feldweg entlang, bis es nicht mehr weiter ging; zu Fuß stieg ich weiter den matschigen Hang hinauf bis zu dem Platz, an dem ich ein paar Stunden vorher meine Ausrüstung versteckt hatte.

Hinter einem umgefallenen Baumstamm zog ich meine Nikon-Kamera, das Stativ und das 11000 Pfund teure militärische Nachtsichtgerät hervor, und innerhalb weniger Minuten sah ich den Kreismachern von meinem Logenplatz aus zu.

Manche waren mit Gartenwalzen erschienen, andere mit selbstgebauten Aluminiumgeräten, einige mit Hunden und manche mit bloßen Händen, doch alle hatten nur eines im Sinn: eine möglichst genaue Abbildung des Musters anzulegen, das die Organisatoren sich ausgedacht hatten.

In der rechten Ecke des Feldes sah ich Jim Schnabel, der für sich allein im Korn herumwalzte; und obwohl er später anfing als manche seiner Konkurrenten, schaffte er es, innerhalb einiger Stunden fertig zu werden. Mit bloßem Auge konnte ich von den Aktivitäten auf dem Hügel nichts sehen, trotz des hellen Mondlichts. Mit dem Restlichtverstärker war es allerdings eine andere Sache, die Taschenlampen, die die Aufsichtskräfte des Wettbewerbs benutzten, erleuchteten das umliegende Getreide wie Flutlichter, ich konnte sogar einige Leute rauchen sehen – nicht gerade vernünftig im Sommer in einem Kornfeld –, während andere eine Ewigkeit brauchten, alles auszumessen, ehe sie den ersten Weizenhalm krümmten.

Eine Mannschaft hatte sich in zwei Gruppen geteilt, eine, die die Aufsicht führte und das Muster markierte, und eine zweite, die es anschließend übernahm, das Korn flach zu drücken. Kreisemachen war eine ernsthafte Angelegenheit; und wer hätte es ihnen bei mehreren Tausend Pfund Preisgeld übel nehmen wollen.

Nach einigen Stunden konnte ich einige Wiederherstellungsarbeiten an Stellen verfolgen, an denen Bahnen nicht ganz nach Plan verliefen; hier und da mußte geflickt werden, und manche entdeckten, wie schwer es ist, Kornkreise ungeschehen zu machen – wenn die Pflanzen erst einmal am Boden liegen, wollen sie einfach liegen bleiben!

Zuerst klang es wie ein entferntes Störgeräusch in der Finsternis, dann kam es näher und wurde immer lauter – der Wecker schien unglaublich früh zu klingeln, aber er hatte Recht: 6.30 Uhr. Ich hatte kaum noch eine halbe Stunde Zeit, zum Flugplatz zu fahren, wo ein Hubschrauber auf mich wartete, der mich über den Austragungsort des Wettbewerbs fliegen sollte. Eine ganze Batterie Kameras schlug auf meiner Brust gefährlich gegeneinander, als ich an Bord des Hubschraubers stieg. Zeitungen, Presseagenturen und die Zeitschrift *Cereologist* hatten mich gebeten, die neuen Kreise zu fotografieren. Meine Hauptaufgabe war es, die Schwarzweißabzüge bis 10.00 Uhr für die Juroren fertig zu haben, ehe sie eine Entscheidung über die Gewinner fällten. Es war ziemlich knapp, aber wenigstens war das Wetter hervorragend. Als wir um den Hügel von West Wycombe herumflogen, bot sich uns ein unvergeßlicher Anblick: Im goldenen Weizen unter uns erstreckten sich zwischen den Traktorspuren zwölf nahezu identische Piktogramme; ich hatte versucht, mir vorzustellen, was mich erwartete, aber niemals hätte ich geglaubt, daß sie den echten Formationen so ähnlich wären.

»Wir halten die ganze Sache für reine Zeitverschwendung«, erklärte Dr. Robin Allen von den »Wessex-Sceptics«, einer Wissenschaftlergruppe der Universität Southampton. »Das Geld wäre besser für die nächtliche Überwachung eines Feldes verwendet worden.«

Als die Juroren in aller Frühe aufs Feld gingen, wußten sie, daß sie sich zwölf von Menschen gemachte Formationen ansehen sollten, und nahmen sie entsprechend unter die Lupe. Selbst Rupert Sheldrake war der Meinung, der Standard sei zwar sehr hoch und viele der Beiträge seien überzeugend, an sich stelle dies aber noch keinen Beweis dar, daß alle Kreise menschlichen Ursprungs seien. Er meinte: »Nur weil es möglich ist, eine gefälschte Zwanzigpfundnote zu machen, beweist das noch nicht, daß alle Zwanzigpfundnoten Fälschungen sind.«

Ich begann über die Kriterien nachzudenken, nach denen »echte« Kornkreise beurteilt werden, und hörte aufmerksam zu, was die Juroren des Wettbewerbs zu sagen hatten. Richard Andrews hatte diesen Wettbewerb immer als Prüfstein für seine eigenen Ideen über die Ursache der Kreise nutzen wollen und hatte am Vortag mit David Probert das Gelände vermessen.

Mit seinen Wünschelruten machte er alle Erdenergielinien aus und hielt ihre Position auf einer Karte fest. Er hatte die Absicht herauszufinden, ob Menschen die Erdenergielinien beeinflussen könnten, wenn sie Kornkreise anlegten. Er wollte zudem feststellen, ob Menschen unbewußt von bestehenden Energielinien beeinflußt werden. Die Ergebnisse, zu denen sie gelangten, sind recht interessant. Als das Feld am nächsten Morgen voller Piktogramme war, stellten sie fest, daß die Achse eines Piktogramms in einem seltsamen Winkel zu den Traktorspuren im Feld verlief. Die Kandidaten waren ziemlich enttäuscht, doch Richard war begeistert, denn die Formation lag genau über einer starken Erdenergielinie; seiner Ansicht nach zeigte sich hier, daß Menschen sich tatsächlich unbewußt von Kraftlinien beeinflussen ließen. Er ging auch alle anderen Formationen mit der Rute ab und fand nur einen kleinen Kreis, der Merkmale aufwies, die er als »Prägung« bezeichnete, eine Energie, die dem eines echten Kreises entsprach. Er war fasziniert davon, obwohl es in ihm Zweifel über das Wesen anderer »echter« Kreise weckte, die er im Laufe der Jahre gesehen hatte.

»Alle waren gebrochen, keiner war gebogen«, verkündete Jürgen Krönig, nachdem er die flachgedrückten Weizenhalme in allen Kreisen geprüft hatte. Die Juroren hielten sich mit ihrem Lob für die Beiträge der Teilnehmer im allgemeinen zurück. Mir als Uneingeweihtem kamen viele der Piktogramme in West Wycombe ebenso gut vor wie viele andere, die ich in den letzten Jahren gesehen hatte, aber ich konnte leicht kritisieren, schließlich wußte ich, wie sie dorthin gekommen waren. Vielleicht gab es eine Möglichkeit, Kreismacher und »Experten« unter faireren Bedingungen auf die Probe zu stellen.

Als Doug und Dave erklärt hatten, daß sie seit Ende der siebziger Jahre Kreise machten, hatten nur wenige in der Kornkreisgemeinschaft sie sonderlich ernst genommen, abgesehen vielleicht von Pat Delgado. Was immer sie ihm auch an jenem Nachmittag unmittelbar vor der Veröffentlichung ihrer Geschichte in seinem Haus erzählt haben mochten, es hatte eine vernichtende Wirkung auf ihn und mag durchaus der Hauptgrund sein, daß er nach über zehn Jahren die Kornkreisforschung an den Nagel hängte. Doug und Dave hatten ihre Fähigkeiten als nächtliche Kreismacher nie unter Beweis stellen können, und ich persönlich zweifelte nach wie vor, ob sie mit primitiven Gerätschaften wie der mittlerweile berühmten Baseballkappe mit eingebautem Visier größere Piktogramme anlegen konnten.

Ich beschloß, meinen eigenen Kornkreiswettbewerb zu veranstalten, allerdings zu meinen Bedingungen. Er sollte ein zweifaches Ziel verfolgen: erstens sollte er ein für alle Mal beweisen, ob Doug und Dave tatsächlich unter kontrollierten Bedingungen nachts und unter strenger Aufsicht Kreise anlegen konnten; zweitens wollte ich genau herausfinden, was führende Experten und Mitglieder des »Project Argus« mit einem komplexen Piktogramm anfingen, das ohne jeden Verdacht auf normale Weise auftauchte. Indem ich für dieses

Experiment Doug und Dave nahm, konnten die Ergebnisse weitreichende Auswirkungen für die Urheberschaft praktisch aller Kornkreise haben, die vor 1987 entstanden waren, da es keinerlei Hinweis gibt, daß vor diesem Zeitpunkt noch andere Leute Kornkreise gemacht haben. Ich beschloß, außer den Kreismachern noch zwei weitere wichtige Personen in das Experiment einzuweihen, den Grundbesitzer, der eine Schlüsselrolle spielen sollte, wenn die Formation fertig war, und Ken Brown, dessen eingehende Untersuchung der Konstruktionsfolge vieler wichtiger Kreise mich erstmals bewegt hatte, die Natur dieses Phänomens zu überdenken.

Das größte Problem, vor das ich mich gestellt sah, war, einen Bauern zu finden, der bereit war mitzuspielen. Viele Bauern in Wiltshire und Hampshire hatten eine starke Loyalität zu den »Kreisexperten« entwickelt. Sie waren durchaus bereit, mich für einen angemessenen Preis ein paar Morgen Getreide niedermachen zu lassen, bestanden aber darauf, daß ich am nächsten Tag ein Schild mit der Aufschrift »Fälschung« aufstellte und allen Enthusiasten genau sagte, wieso sie zu diesem Schluß gekommen waren. Andere machten sich unweigerlich größere Sorgen über den Schaden, den »Schaulustige« anschließend anrichten würden, und waren nicht bereit, Verwüstungen zu riskieren, für die sie niemand entschädigte. Die Situation glitt ins Groteske ab, als schließlich Doug Bower kreuz und quer durch Wiltshire reiste und Bauern fragte, ob sie einen Kornkreis auf ihrem Land haben wollten. Zum Glück für ihn erkannte ihn niemand. Als ich gerade schon glaubte, die ganze Sache sei Zeitverschwendung, rief Doug mich ganz aufgeregt an. Als er nachmittags mit seiner Frau Ilene einen Ausflug unternommen hatte, hatten sie einen Bauern getroffen und waren mit ihm ins Gespräch gekommen.

Eine Woche später, im Juli 1992, rumpelte Ken Browns Kombi den Feldweg entlang und hielt ein paar Hundert Meter vor der Straße nach East Meon. Um elf Uhr war es bereits recht dunkel, es herrschten genau die gleichen Sichtverhältnisse, unter denen Doug und Dave, wie sie behaupteten, viele ihrer komplexen Kornkreise angelegt hatten. Dieser sollte wirklich spektakulär werden, zumindest nach Dougs Aquarell zu urteilen. Ich hatte sie gebeten, etwas zu machen, das viele der Merkmale enthielt, von denen die »Experten« behaupteten, kein Mensch könne sie nachmachen, und ich hatte ein eigenes Element beigetragen, das eine scheinbare archäologische Verbindung schuf. Um diesen Korngiganten herzustellen, hatten die beiden eine Ausrüstung mitgebracht, wie ich sie noch nicht gesehen hatte: Verschiedene Sätze Latten, zerlegbare Markierungsstangen und andere Gerätschaften ergänzten die abgewetzten 1,20-Meter-Latten und die altbewährte Baseballkappe. In den Ästen einer Eiche hatte ich vorher schon meine Zeitrafferkamera festgeklemmt und machte mich nun auf zu einem nahegelegenen Hang, um die Videoausrüstung aufzubauen.

Als ich mit den Aufnahmen begann, sah ich, daß die Formation bereits weit fortgeschritten war. Auf dem grünflimmernden Bild des Nachtsichtgerätes erkannte ich Ken Brown, der aufmerksam zusah, während Doug und Dave wie zwei Neunjährige durchs Feld hüpften. Innerhalb von zehn Minuten hatten sie den ersten 18-Meter-Kreis und die Bahn fertig und machten sich an den zweiten, komplexeren Kreis. Er sollte ein strahlenförmiges Bodenmuster bekommen, bei dem das Getreide im rechten Winkel auf den Kreisrand zulief. Dazu markierten sie zunächst den Kreisrand; Dave stand im Mittelpunkt, hielt ein Ende eines Stückes Schnur fest, das die Länge des Radius hatte, während Doug das andere Ende hielt und mit den Füßen den Kreisrand markierte. Anschließend drückte Dave das Korn von der Mitte aus flach, während Doug als Markierung am Rand stand. Nachdem sie so in jeweils gleichen Abständen eine Reihe von Bahnen angelegt hatten, drückten beide das Korn von der Mitte zum Rand hin flach zu Boden; wie ich später aus der Luft sah, schuf das den täuschenden Eindruck, der Kreis sei in einem einzigen Zug von der Mitte aus geschaffen worden. Solche Bodenmuster hatten Forscher wie Colin Andrews zu der Aussage verleitet, er verwette seinen guten Ruf, daß sie »echt« seien; aller Wahrscheinlich-

keit nach hatte er Recht: es waren »echte« Doug-und-Daves!
Als die Videokamera lief, ging ich zurück zur Formation, ausgestattet mit einer Fotokamera mit Infrarotblitz und -film. So konnte ich Nahaufnahmen machen, ohne von der Straße aus gesehen zu werden.
Ken zeigte mir verschiedene Stellen, an denen das Korn im Kreisinneren stehen geblieben war, weil hier ganz einfach die Latte nicht exakt an das bereits flach gelagerte Korn angeschlossen hatte. Er wies mich auch auf einzelne Halme hin, die am Rand der Traktorspuren stehengeblieben waren; ich erinnerte mich, wie Pat Delgado mir erklärt hatte, das sei ein wichtiges Merkmal »echter« Kreise, das nie erklärt worden sei. Und einem weiteren Merkmal konnten wir bei der Entstehung zusehen, dem sogenannten »Lückeneffekt«. Das sind Stellen, an denen die rätselhafte Energie, die die Kreise schafft, vorübergehend auf die Bahn des geringsten Widerstandes abgelenkt wird, also zum Beispiel eine Traktorspur. Wir konnten deutlich erkennen, wie es dazu kommt: wenn das Korn um den Innenrand des Kreises zu Boden gedrückt wurde, legte es sich fest gegen den Rand stehender Pflanzen; stieß der Weizen, der zu Boden gedrückt wurde, nun auf eine Lücke im stehenden Getreide, so »floß« er in den Zwischenraum, weil ihm dort nichts Widerstand leistete.
Mit einer simplen, aber erfindungsreichen Vermessungstechnik bestimmten sie die Lage von drei kleinen Satelliten oberhalb des großen Kreises und legten sie an. In jedem schuf Doug innerhalb von Sekunden wunderschön gebüschelte Mittelpunkte. Ken und mir wurde zusehend klarer, daß die beiden beträchtliche Erfahrung im Kreisemachen besaßen und eine Geschwindigkeit und Geschicklichkeit an den Tag legten, mit der nur wenige Teilnehmer beim Kornkreiswettbewerb mithalten konnten. Die Formation war fast fertig, sie hatten gut eine Stunde gearbeitet.
»John, aus dem Ding werd' ich nicht schlau«, erklärte Doug, während er im Mondlicht einen argwöhnischen Blick auf seine Zeichnung warf. »Was soll das sein?«
Ich hatte es ihm schon im Pub erklärt, aber Doug hatte es wohl wieder vergessen. »Es ist ein ›Indalo‹...« »Ein was?« fragte Dave, »hört sich ein bißchen unanständig an!« »Ein Indalo«, wiederholte ich, »ein altes spanisches Symbol für die Einheit der Menschheit mit der Erde, ein paar Freunde von uns, die ein Haus in Spanien haben, haben es mir gezeigt.« Vielleicht war es ja obskur, aber Michael Green, dem Archäologen im Ruhestand und Vorstandsvorsitzenden des Centre for Crop Circle Studies würde es gefallen – falls er den Zusammenhang entdeckte. Jetzt blieb abzuwarten, was der Rest der Welt mit ihrem neuesten Meisterwerk anfing.

Der nächste Schritt war schmerzlicher für mich. Seit ich Colin Andrews und Pat Delgado zum erstenmal begegnet war, hatte ich eine gewisse Loyalität für sie und viele andere »gläubige« Kornkreisanhänger empfunden. Ich hatte ihren Glauben an eine unbekannte Intelligenz eine Zeitlang geteilt und hatte wenig für jene übrig, die sich über ihre unorthodoxe Herangehensweise an dieses Thema lustig machten. Wenn dieses Experiment jedoch fair verlaufen sollte, mußte es die »Experten« ebenso auf die Probe stellen wie Doug und Dave. Anders als beim Kornkreiswettbewerb sollten die Juroren diesmal keinen unfairen Vorteil gegenüber den Kreismachern bekommen. Ich hatte das Gefühl, sie in einen Hinterhalt zu locken, aber ich wußte, daß es nicht so war: Wenn sie die Formation von East Meon als »Fälschung« diagnostizierten, wäre das ein ruhmreicher Sieg für die »Experten« und ein ernsthafter Schaden für den Ruf von Doug und Dave. In aller Fairneß, ich mußte darüber berichten, was immer auch geschah. Um den letzten Teil der Aktion ins Rollen zu bringen, rief ich Michael Atkinson an.
Der Bauer konnte keine Lügen erzählen, er war am Tag vorher an dem Feld gewesen, und es hatte nichts Ungewöhnliches gegeben; am nächsten Morgen war dann dieses riesige Muster in seinem Feld. Er vergaß lediglich zu erwähnen, daß er eine ziemlich klare Vorstellung hatte, wie es dahin gekommen war. Innerhalb von vierundzwanzig Stunden wimmelte die Gegend nur so von »Kornkreisexperten«. Busty Taylor überflog das

Gelände, und Mitglieder des »Project Argus« nahmen Boden- und Pflanzenproben, die zur Analyse in die Vereinigten Staaten geflogen werden sollten. Ein paar Tage später ließ ich einen meiner Kameramänner das Gelände überfliegen und Luftaufnahmen machen.

Im Laufe der Wochen drangen über die Kreisegerüchteküche Rückmeldungen zu mir durch. Alle, die die Formation gesehen hatten, waren von ihr beeindruckt, viele erkannten ihre beabsichtigte Ähnlichkeit mit einem riesigen Piktogramm, das 1990 auf Hazeley Farm bei Winchester aufgetaucht war. Auch für dieses hatten Doug und Dave die Verantwortung übernommen, und es besaß viele Ähnlichkeiten mit der jetzigen Formation. Damals ließ Lucy Pringle vom CCCS einen Freund, Peter Ballie, eine detaillierte Karte anfertigen, die die Energien aufzeigte, die sie mit der Wünschelrute aufgespürt hatte.

Nach einem Anruf von Michael Atkinson fuhren Lucy und Peter nun zu der Formation in East Meon und fertigten einen ähnlichen Plan an, der ebenfalls die starken Erdenergien verzeichnete, die sie dort entdeckten. Auch Colin Andrews besuchte die Formation nach einem Anruf des Bauern und war beeindruckt, hütete sich allerdings in diesen Zeiten der Zweifel, der Welt zu erklären, daß er sie für hundertprozentig echt hielt. Pat Delgado machte sich nicht einmal die Mühe, sie sich anzusehen, da er sie wie alle anderen Formationen des Jahres 1992 für eine »Fälschung« hielt. Michael rief auch Richard Andrews an; an seiner Analyse war mir besonders gelegen, da ich wußte, ich konnte mich darauf verlassen, daß er seine Meinung offen und ehrlich sagen würde. Nachdem er das Gelände sorgfältig mit der Wünschelrute abgegangen war, erklärte er, er habe den Eindruck, die Formation sei echt und zeige seiner Ansicht nach starke Energien. »Wenn das eine Fälschung ist«, sagte er mir ein paar Wochen später, »dann sind alle Fälschungen.«

Die CCCS-Liste stufte das neue Piktogramm als »gut« ein, George Wingfield und andere fanden es nicht im mindesten suspekt. Doug und Dave waren durchaus nicht überrascht. »Ich habe dir die ganze Zeit gesagt, daß wir es waren, die damit angefangen haben«, meinte Doug verlegen. »Wir haben über zehn Jahre Erfahrung mit diesem Spiel«, erklärte Dave.

Als die Resultate von »Project Argus« eintrafen, waren sie vorsichtig formuliert und nannten die jeweiligen Orte nicht, von denen die einzelnen Daten stammten. Sie zogen nicht den Schluß, daß keines der Muster von Menschen gemacht sein könnte. Was die Formation in East Meon anbetraf war ich mit der ersten Diagnose recht zufrieden, abgesehen von der Tatsache, daß niemand die Indalo-Figur erkannt hatte, die ich so kunstvoll in das Design eingearbeitet hatte. Die ganze Sache begann nach hinten loszugehen, als Jürgen Krönig erklärte, er sei überzeugt, die Formation stamme von Doug und Dave. Ich beschloß, ihn in das Geheimnis einzuweihen, sobald ich konnte, um zu verhindern, daß er mir mein Experiment völlig zunichtemachte.

Was hatte ich mit dieser zeitraubenden und kostspieligen Übung nun eigentlich erreicht? Zumindest hatte ich bewiesen, daß Doug und Dave alle Kornformationen gemacht haben *konnten*, die sie für sich in Anspruch nahmen, auch die komplexesten.

Zudem hatte ich nun unter Beweis gestellt, daß sie durchaus in der Lage waren, sie nachts anzulegen, und daß ihre simplen, aber einfallsreichen Vermessungsmethoden tatsächlich funktionierten. Mein Verdacht hatte sich bestätigt, daß von den Experten, die diese spezielle »Fälschung« untersucht hatten, niemand in der Lage war, sie von einer echten zu unterscheiden – falls es denn überhaupt echte gab. Von allen, die die Formation eingehend untersucht hatten, hatte niemand sich dazu geäußert, daß die Pflanzen geknickt und nicht gebogen waren. Alle, die sie mit Wünschelruten abgegangen waren, hatten starke Energien festgestellt und sich hocherfreut über die Schönheit und Präzision ihrer Konstruktion geäußert; und der so wichtige, locker gewundene Mittelpunkt, den Colin Andrews so gepriesen hatte, war in dem kleineren der beiden Kreise vorhanden. Das war entscheidend, da es schließlich unter Beweis stellte, daß Doug und Dave diesen Effekt tatsächlich die ganze Zeit schon produzieren konnten, obwohl ihnen überhaupt nicht bewußt war, daß sie es taten.

Die Tatsache, daß Dougs und Daves Geschichte nun ein wesentlich stärkeres Gewicht beizumessen war, hatte weitreichende Auswirkungen, vor allem für die Kreise aus der Zeit vor 1987, auf denen die Glaubwürdigkeit des ganzen Phänomens beruhte.

Ich hatte Pat Delgado einmal gefragt, wie hoch sich der Prozentsatz früher Formationen belaufe, den die beiden Witzbolde für sich beanspruchten; »Oh, an die 99 Prozent«, hatte er geantwortet. Für viele machten gerade diese frühen Kreise das Phänomen aus, da die komplexen Muster immer äußerst fragwürdig waren. Colin Andrews hatte häufig erklärt, daß es nur etwa ein Dutzend Formationen gebe, für die er seinen Ruf aufs Spiel setzen würde; eine davon war eine komplexe Kreisformation, die im August 1986 in der Nähe von Headbourne Worthy in Hampshire aufgetaucht war. Und gerade mit diesem Kreis stellte Richard Andrews bei einem Teil des Piktogramms von East Meon gewisse Ähnlichkeiten fest.

Als ich auf meine Beobachtungen des vergangenen Jahres zurückblickte, war ich mir ziemlich sicher, daß jeder jemals gemeldete Kornkreis höchstwahrscheinlich von Menschen gemacht war. Eine ganz schöne Kehrtwende, dachte ich, wo ich doch noch vor ein paar Monaten die Fälschungshypothese ebenso bereitwillig wie der nächstbeste »Kornie« abgetan hatte. Ich beschloß, bei einem Vortrag in Covent Garden das Terrain zu sondieren, indem ich zum erstenmal meine eigenen Ansichten öffentlich darlegte. Die Reaktion, die ich bekam, bestand aus einer Mischung aus echtem Verständnis und Zwischenrufen.

Viele Argumente, die mir entgegengehalten wurden, basierten auf dem »Und-wie-erklären-Sie-das-Syndrom«, das sich bevorzugt auf gebogene Pflanzen, die Zahlen der weltweiten Kornkreise und die UFO-Verbindung stützte. Die beiden erstgenannten machten mir keinerlei Schwierigkeiten, zumal »gebogene« Pflanzen auch aus verschiedenen Kreisen gemeldet worden waren, deren Entstehung ich mit eigenen Augen gesehen hatte. Die weltweite Verbreitung entsprach recht genau dem Umfang der Fernsehberichterstattung über das Phänomen. So waren zum Beispiel in Frankreich so gut wie gar keine Kornkreise aufgetaucht, da es dort keine Berichterstattung über dieses Thema gegeben hatte. In den Vereinigten Staaten gab es viele Kornkreisentdeckungen, und die Medien hatten ausführlich über das Thema berichtet. Im Grunde hatte sich dort die gleiche Entwicklung wiederholt, die auch in Großbritannien stattgefunden hatte, wo die Zahl der Kornkreise im Verhältnis zur Publizität in der Presse angestiegen war. Der angebliche Zusammenhang zwischen UFOs und Kornkreisen war eine Verbindung, die Doug und Dave ursprünglich beabsichtigt hatten; aus diesem Grund auch die »Stützfußabdrücke«, Jahresringe und so weiter; bislang gibt es allerdings nicht die Spur eines greifbaren Beweises, daß UFOs etwas anderes sind als irgendein irdisches Naturphänomen. Hier spielt wie gewöhnlich das Bedürfnis, an etwas zu glauben, eine entscheidende Rolle, und infolge dessen liefen auch im Spätsommer 1992 verschiedene Überwachungseinsätze in Alton Barnes in Wiltshire.

Sie dienten in erster Linie dem Ziel, die Entstehung von Kreisen zu beobachten, verfolgten jedoch noch einen weiteren Zweck: die »Himmelserscheinungen« – die UFOs, von denen viele nach wie vor glaubten, daß sie die Kornkreise schufen – anzulocken und möglicherweise mit ihnen Kontakt aufzunehmen. Im Laufe des Sommers hatte ich regelmäßig Kontakt mit Jim Schnabel, Rob Irving und Pam Price gehalten, die eigene Beiträge zur Kornkreisstatistik geliefert hatten. Als ich eines Abends durch das Zentrum von Marlborough fuhr, sah ich zu meinem Erstaunen, daß die drei diverse Gerätschaften in den Kofferraum eines Wagens luden. Zuerst vermutete ich, daß in dieser Nacht wieder ein Kornkreis entstehen sollte, als ich jedoch Elektrokabel und eine Gasflasche sah, wuchs meine Spannung. Etwas hielt mich ab, hinüber zu gehen und zu fragen, was sie vorhatten, statt dessen beobachtete ich sie aus meinem Wagen von der gegenüberliegenden Straßenseite her. Ich hatte wie schon so oft meinen Hund Rosie dabei. Wir warteten eine

Weile, bis das Trio schließlich aus einem Pub auf der anderen Straßenseite kam. Sie sprangen in den Wagen und fuhren stadtauswärts, ich folgte ihnen in sicherem Abstand. An einer Ampel war ich mir sicher, daß Rob Rosie erkennen würde, die zur Windschutzscheibe hinausstarrte, doch er war offenbar zu sehr in ein Gespräch vertieft. Wir kamen auf die Landstraße Richtung Pewsey, und plötzlich fing es an, spannend zu werden. Einen anderen Wagen auf Landstraßen zu verfolgen, war jedoch längst nicht so einfach, wie ich gedacht hatte, und irgendwo auf der Straße nach West Stowell verlor ich sie aus den Augen.

Stundenlang fuhr ich kreuz und quer über Landstraßen; schließlich gab ich die Hoffnung auf, sie zu finden, und machte mich auf den Rückweg, der mich am berühmten Ostfeld von Alton Barnes vorbeiführte. Oben auf dem Hügel bot sich mir in der Nähe eines Parkplatzes ein Anblick wie aus »Begegnungen der dritten Art«. Eine ganze Reihe Autos waren am Straßenrand abgestellt, und ich sah viele Menschen herumstehen und in den Nachthimmel hinaufschauen. Als ich gerade selbst anhalten wollte, brachten zwei Männer, die aus einem Wagen mit deutschen Kennzeichen gesprungen waren, mich mit Handzeichen zum Stehen. Sie waren sehr aufgebracht und deuteten wild gestikulierend auf den Horizont in der Richtung, aus der ich gerade gekommen war. In der Ferne sah ich ein leuchtendweißes Objekt, das reglos und lautlos am Himmel schwebte. Noch während ich es betrachtete, flackerte es und verschwand. Einige der Zuschauer brachen in Beifallsrufe aus.

Ich beschloß, doch nicht zu bleiben, da ich eine recht deutliche Vorstellung hatte, was dahinter steckte, und niemandem den Abend verderben wollte, indem ich verkündete, daß sie gerade das Opfer einer brillanten Täuschung geworden waren.

Ist das alles, was hinter diesem Phänomen steckte, das die Fantasie der Welt beschäftigt hatte, eine Täuschung, ein Trick? Die Verwüstung großer Getreideflächen durch Witzbolde, die den Hunger jener Menschen stillten, die verzweifelt an etwas außerhalb der realen Welt glauben mußten? War es wirklich nur, wie Dave Chorley gesagt hatte, »einfach flachgedrücktes Korn«? Gerade als ich zu der Überzeugung gekommen war, daß das ganze eine ungeheure Zeitverschwendung war, geschah etwas, das mich veranlaßte, mir die Sache noch einmal zu überlegen. Das erste war ein Gespräch, das ich in der Bar des Globe Inn in Newton St. Lowe mit Dr. Terence Meaden führte, jenem Mann, den die »Gläubigen« mit Vorliebe hassen.

Er war ebenso wie ich inzwischen überzeugt, daß alle komplexen Bodenmuster von Menschen gemacht waren, betonte aber, daß Augenzeugenberichte über die Entstehung von Kornkreisen sowie seine eigenen Beobachtungen und Fotomaterialien nach wie vor auf die Existenz eines Phänomens hindeuteten, das auf andere Ursachen zurückgehen mußte. Eine zweite Begegnung, die mich in Browns Restaurant in Oxford mit Jim Schnabel zusammenbrachte, erhärtete diese Vermutung. Obwohl Jim mittlerweile einer der erfahrensten Kreismacher war, bestand für ihn 1993 kein Zweifel, daß es noch etwas außer den Fälschungen gab. Doch wie können wir uns sicher sein, daß wir vor »echten« Kornkreisen stehen, und herausfinden, was sie verursacht. Aus meiner Arbeit im Sommer kannte ich genau die Merkmale, die die gefälschten Formationen kennzeichneten: scharf geschnitte Ränder, herrliche spiral- oder strahlenförmige Bodenmuster, alles, was ein komplexes Design hatte. Also sämtliche Charakteristika, die die Anhänger einer unbekannten Intelligenz ins Feld geführt hatten, um Meadens meteorologische Vortex-Hypothese zu widerlegen. Die Merkmale dieses anderen Phänomens ließen sich nicht ganz so leicht definieren, zu ihnen gehörte jedoch eine eher zufällige Schädigung des Getreides, die aus Ovalen oder äußerst groben Kreisformen und Ringen bestand.

Diese Fälle sind wesentlich seltener als die verbreiteteren Arten von Kornkreisen und entstehen gleichermaßen tagsüber wie nachts.

Laut Dr. Meaden trat ein solcher Fall 1986 in der Nähe des Flugplatzes Thruxton auf, wo drei grob ovale Eindrücke unter einigen Eichen entdeckt wurden. Innerhalb der betroffenen Flächen fanden sich Blätter und Zweige von den Bäumen, während die Umgebung keinerlei eindeutige Hinweise bot, daß die Ursache der Formation, was immer es auch gewesen sein mag, von oben gekommen war. Viele Augenzeugen der Entstehung von Formationen haben sich als weniger glaubwürdig erwiesen, als es zunächst den Anschein hatte, und dennoch passen ihre Schilderungen eher zu einer meteorologischen Erklärung als zu einer übernatürlichen. Jim Schnabel weist darauf hin, daß es mündliche Berichte über ungewöhnliche Eindrücke im Getreide schon lange vor den siebziger Jahren gab, und manche Erzählungen deuten daraufhin, daß es sie schon gab, ehe Doug und Dave geboren wurden!

Mich beschlichen Zweifel an der ganzen Geschichte. Der Ansatz erschien durchaus rational, denn es gab eine entsprechende wissenschaftliche Theorie, die eine Art Plasma-Vortex stützte, doch da niemand bislang einen solchen Kornkreis in der Entstehung gefilmt hatte, mußte das Ganze weiterhin als eine Hypothese unter anderen gelten. Andererseits besaß ich nun greifbares Beweismaterial, daß Piktogramme und symmetrische Kreise von Menschen gemacht waren, ich hatte die einzigen Beweisfotos dieser Formationen bekommen und war in der Lage, auf jedes vernünftige Argument gegen die Fälschungstheorie zu antworten.

War das gesamte Kornkreisphänomen damit gestorben? Als ich mit der Gruppe sprach, die im Laufe der letzten Jahre viele der Kreise in Cambridgeshire angelegt hatte, meinte ich, daß das ganze Phänomen wohl im Sande verlaufen würde, wenn ich erst einmal aufdeckte, was ich wußte. »Kein bißchen«, erwiderte Sam Waterstone. »Wir haben das immer als Herausforderung gesehen, es ist eine Herausforderung an den Glauben der Menschen, und wir betrachten jeden neuen Beweis für die Kreise als Herausforderung, ihn zu widerlegen. Wenn Sie sagen, ein bestimmtes Merkmal ist das Kennzeichen eines echten Kreises, gehen wir einfach hin und erfinden ein neues, das die Kreisjäger entdecken können. Sie sehen, die Kreise werden jeden Sommer wieder kommen, weil die Menschen, die sie machen, und die Menschen, die sie erforschen, in Wirklichkeit auf derselben Seite stehen, wir alle lieben Kornkreise und können zusammen die Sache für immer in Gang halten.«

Andrew Collins

DIE TEMPELMACHER IM KORN

Fälscher und Spiritualität

Im September 1991 teilten zwei Männer in den Sechzigern, Doug Bower und Dave Chorley, der Zeitung *Today* mit, die überwiegende Mehrzahl der Kornkreise, die seit 1978 in den Feldern Hampshires erschienen waren, sei von ihnen gefälscht worden. Sie beanspruchten insgesamt 200 verschiedene Vorfälle für sich, darunter viele Piktogramme, sogenannte »Curlymen« oder Lockenköpfe, Blumen und Insektogramme. All das hätten sie nur zum Spaß gemacht, sagten sie, und zwar meistens Freitags nachts nach einigen Drinks in ihrem örtlichen Pub.

Das offenbar emsige Paar behauptete, nicht in Wiltshire gearbeitet zu haben – wo seit 1980 viele Kreise und Formationen erschienen waren –, bekannte sich aber zu gelegentlichen Zügen über die Grenze nach Warminster, Westbury und Stonehenge. Das Kennzeichen der beiden Männer war ein Doppel-D, das sie in der Sommersaison 1991 am Rand ihrer Kunstwerke hinterließen. Sie sprachen allerdings auch davon, daß außerhalb dieser Grafschaft andere Fälscherteams operierten, und sie hielten es nur für eine Frage der Zeit, bis diese Leute hervorkämen, um die Angelegenheit klarzustellen.

Ich persönlich habe keine Probleme damit, den Großteil dessen zu akzeptieren, was diese Leute für sich beanspruchen. Bei Interviews passieren ihnen allerdings hin und wieder Ausrutscher, die darauf hindeuten, daß ihre Zeugenaussagen nicht in allen Punkten der Wahrheit entsprechen. Warum sollten sie lügen? Nun, es geht schließlich auch um Ruhm, Publicity und Geld...

Durch ihre Aussagen traten jedoch auch andere, noch sonderbarere Facetten des Kornkreisrätsels zutage. Doug und Dave waren offenbar zu der Auffassung gelangt, daß andere Fälscherteams ihre eigene Arbeit kopierten. Das ging so weit, daß sie in ein Feld, in dem eine Nachbildung eines ihrer Kunstwerke erschienen war, »Nachahmung« schrieben. Fälscher, die Fälscher kopieren?

In der Sommersaison 1992 gab es sowohl in Wiltshire als auch in anderen Landesteilen massenhaft gefälschte Kornkreise und Formationen. Es war schließlich nicht mehr möglich, einen namhaften Forscher ausfindig zu machen, der bereit war, irgendeine Formation als »echt« zu bezeichnen – im Vergleich zu den vorhergehenden Jahren war das eine dramatische Kehrtwendung. Mein Kollege Robert Irving, der es sich zur Aufgabe gemacht hat herauszufinden, ob vorgebliche Kornkreisfälscherteams tatsächlich Kornkreise gefälscht hatten, erzählte mir Mitte August 1992, nach seinen Erkenntnissen seien 85% der Kornkreise oder Formationen, die in diesem Jahr in Wiltshire aufgetaucht waren, nachweislich durch Menschen angefertigt worden.

Unabhängig davon, ob Roberts Behauptungen nun zu beweisen sind oder nicht, es ging mit dem übernatürlichen Piktogramm bergab, und auch mit der Moral der Kornkreisgemeinschaft. Aber in den Getreidefeldern Englands ereigneten sich weiterhin eindeutig eigenartige Dinge. Wie in den vorangegangenen Jahren berichteten Besucher von Kornkreisen und Formationen über eine Reihe mit den Kornkreisen zusammenhängender Phänomene – über seltsames Leuchten, plötzlich aufblitzende Lichter, Heilungen, komische Geräusche, fotografische Unregelmäßigkeiten, Energien und Erscheinungen. Diese Erfahrungen wurden jedoch verwirrenderweise fast ausschließlich in oder in der Nähe von Konstrukten gemacht, die Menschen angefertigt hatten.

Diese Situation war nicht neu. Zum Beispiel hörte der Fernsehtechniker Mike Carrie 1990 in einer dunklen Nacht in einer Kornkreisformation bei Etchilhampton in der Nähe von Devizes, Wiltshire, ein lautes elektrostatisches Geräusch. Er sprach danach davon, daß sehr viel Energie nötig gewesen sei, um ein solches auditives Phänomen hervorzubringen. Der CCCS-Agronom Montague Keen fand später heraus, daß diese spezielle Formation von einem Jugendlichen konstruiert worden war, der an die »Echtheit« des Phänomens glaubte, aber ausprobieren wollte, wie leicht ein Kreis zu fälschen war.

Als meine Partnerin Debbie Benstead und ich dieses Jahr die große »Schnecken«-Formation in East Field, Alton Barnes, betraten, gingen wir mit ziemlicher Sicherheit davon aus, daß sie von Menschen gemacht worden war. Mein Kassettenrecorder nahm in dieser Formation ein ungewöhnliches sirrendes Geräusch auf, und Debbie spürte einen seltsamen metallischen Geschmack im Mund – eindeutig ein Zeichen für das Vorhandensein »schlechter« Energie, etwas, das sie und andere auch schon in »echten« Kornkreisen bemerkt hatten.

Es gibt einen gut dokumentierten Bericht über eine Heilung, die sich 1992 in einer gefälschten Formation in Lockeridge Dene, nahe Marlborough ereignete. Und wie in den vorigen Jahren haben wir von Geschichten über anormale Fotografien gehört, die in der Gegend von Alton Barnes aufgenommen wurden. Am seltsamsten von allem war die große Intensität unerklärlicher Leuchterscheinungen, die in und im Umkreis von Kornkreisen gesehen wurden, wie in Alton Barnes, Huish, Woodborough Hill und Warminster, obwohl es in diesen Gegenden massenhaft gefälschte Formationen gab.

Die Fälscher spuken herum

Über dunkle Kanäle sind Geschichten darüber aufgetaucht, daß Fälscherteams merkwürdige Dinge passierten, während sie in den frühen Morgenstunden im Schutz der Dunkelheit Formationen konstruierten.

Eine Geschichte, die der Cambridger CCCS Koordinatorin Beth Davis berichtet wurde, stammt von dem Schöpfer der wunderschönen Woodford Rings-Formation in Northampshire aus dem Jahre 1991. Er hatte sich während der Sommersaison 1992 »genötigt« gesehen, mindestens 20 neue Formationen herzustellen, einschließlich einer, die den Preis für den bisher kompliziertesten Kornkreis bekommen würde. Während er dieses Meisterstück konstruierte, geschah etwas Seltsames. Er hatte auf einmal das Gefühl, daß er von hinten beobachtet wurde. Als er sich daraufhin umdrehte, sah er eine Kugel aus orangefarbenem Licht, die bewegungslos über einem benachbarten Feld schwebte. Er rief nach seinem Freund, der gerade noch rechtzeitig hersah, um zu beobachten, wie das Objekt aus der Sichtweite schoß. Dieser Vorfall erschütterte die Jungen sehr.

Dies ist nicht der einzige derartige Bericht. Aus einer anderen Quelle stammt ein Bericht über eine ähnliche Manifestation, die im Juli 1992 in Wiltshire erschien. Eine Person, die in den frühen Morgenstunden mit Freunden eine Formation konstruierte, wurde plötzlich von einer Lichtexplosion geblendet, die sich direkt über ihr ereignete. Sie dachte erst, es handele sich um ein Blitzlicht und geriet in Panik, weil sie befürchtete, entdeckt worden zu sein. Nachdem sie sich aber wieder beruhigt hatte, erkannte die Person, daß sie nach wie vor allein war. Das Licht war so intensiv, daß es in seine Netzhaut ein Nachbild einbrannte, das noch mehrere Sekunden lang zu sehen war. Ähnliche Lichtexplosionen sollen sich häufig an Stellen ereignet haben, an denen es Kornkreise gab.

Andere Geschichten, die mich erreichten, handelten von Fälschern, die in der Dunkelheit eine Formation konstruierten und, als sie kurz nach dem Morgengrauen zurückkehrten, um ihr Kunstwerk zu betrachten, feststellen mußten, daß sich entweder in oder in der Nähe ihrer eigenen Formation weitere Kornkreise gebildet hatten. Es gibt Berichte über Erscheinungen, wahrgenommene Energien und mindestens einen über eine Heilungserfahrung – bei Fälschern. Irgend etwas sagt mir, daß das Kornkreisrätsel erheblich subtiler ist, als wir uns jemals vorgestellt haben.

Magische Kornkreise

Was geht nun genau vor? Ich will zumindest versuchen, es zu erklären.

Die Handlung eines Fälschers – ein Landschaftskünstler, der um Mitternacht darangeht, in unberührten Kornfeldern Kreise zu formen – könnte schlicht gesagt mit der eines Ritualmagiers verglichen werden, der während einer wohlüberlegten okkulten Zeremonie einen magischen Kreis zieht und einen Kraftkegel heraufbeschwört. Solche Menschen tun das mit der Absicht, ein Umfeld zu schaffen, das für die Manifestation ätherischer Kräfte und Intelligenzen förderlich ist. Deren Identität wird durch die magischen Zeichen bestimmt, die in der Zeremonie verwandt werden. Biologische Energien dieser Art können als Orgonenergie gesehen werden, eine Energie, die der österreichische Wissenschaftler Wilhelm Reich entdeckt hat. Einige Erforscher der Erdmysterien halten diese Energie für Erdenergie, wie sie auch Rutengänger und Medien aufspüren.

Die Fälscher mit ihren Adrenalinschüben und ihren sorgfältig in ihren Köpfen vorgefertigten Plänen schaffen buchstäblich ihre eigenen magischen Kreise – ihre eigenen Gärten, in denen sich ätherische Dinge abspielen können. Die kraftvollsten okkulten Rituale werden an Orten durchgeführt, die schon seit altersher Orte der Kraft waren. Wird also in der Mitte eines Feldes in der Nähe eines prähistorischen Monumentes ein Kornkreis angefertigt, erlaubt das verborgenen Energien der Natur, in den freien Raum einzutreten, wie Wasser, das aus einem Loch herausströmt. Diese feine Energie kann als Katalysator für paranormale Phänomene dienen, die so häufig Bestandteil von Geschichten über »echte« wie auch über gefälschte Kornkreise sind. Ähnliche Effekte wurden schon immer mit prähistorischen Stätten in Verbindung gebracht, sowohl im Wissen über die Erdmysterien als auch in volkstümlichen Überlieferungen. Kornkreise, so scheint es, sind einfach zeitgenössische Orte »alter« Kraft – unmittelbar heiliger Raum von der Art, wie ihn Magier, Priester und Schamanen seit undenklichen Zeiten verehrt und benutzt haben, um veränderte Bewußtseinszustände zu erreichen, Heilungen einzuleiten, übernatürliche Mächte anzurufen und sich mit den Geistern der Vorfahren zu verständigen.

Die Form selbst scheint als Käfig für solche organische Energie zu dienen, so daß einfach dadurch, daß eine Form erdacht wird, eine Art flachliegender Orgon-Akkumulator entsteht. Eine Pyramide ist aufgrund ihrer Gestalt ein perfekter Orgon-Akkumulator – egal, wer einen solchen Akkumultor anfertigt oder aus welchem Material er ist, er wird (wahrscheinlich) immer Rasierklingen schärfen, Pflanzenstrukturen verändern, Samen keimen lassen oder Heilungen bewirken.

Wir wissen, daß heilige Stätten wie Steinringe, Hügelgräber, Erdhügel, Bergfesten und aufrecht stehende Steine als Akkumulatoren für irdische oder organische Energie wirken, obwohl sie alle von Menschen gemacht sind. Genauso sollten wir uns nicht gegen die Vorstellung sperren, menschengemachte oder »echte« Kornkreise könnten als Orgon-Akkumulatoren fungieren.

Bis zum Mittelalter wurde von alten Monumenten oft angenommen, sie seien mit Hilfe übernatürlicher Kräfte konstruiert worden, da ihre ungeklärte Herkunft und/oder ihre Größe den Menschen allzu rätselhaft war. Steinkreise wurden als versteinerte Menschen betrachtet, Erdhügel waren angeblich von einem Riesen oder vom Teufel fallen gelassen worden, und die Steine von Stonehenge waren dem Volksglauben zufolge durch die magischen Kräfte Merlins, des Zauberers, von Irland herübergeholt worden. Selbst solche natürlichen Dinge wie Quellen wurden auf das vergossene Blut einer Heiligen oder eines Märtyrers zurückgeführt. Heute nehmen wir an, daß Kornkreise übernatürliche Ursachen haben, bevor wir ernsthaft die Möglichkeit prüfen, daß es sich bei ihnen um Menschenwerk handelt. Innerhalb der UFO-Gemeinde wird dagegen ein Forscher für ein bestimmtes Ereignis, das jemand gesehen hat, eine logische Erklärung zu finden versuchen, bevor er oder sie die Möglichkeit einer paranormalen Lösung akzeptiert. Auf diese Weise werden neun von zehn Fällen aufgeklärt, bevor sie eine Chance bekommen, zur Legende zu werden. Bei den Kornkreisen scheint es bisher umgekehrt zu sein – sie werden als übernatürlichen Ursprungs angesehen, wenn nicht etwas anderes nachgewiesen wird. Bevor wir uns weiter mit diesem Thema befassen, muß ich klarstellen, daß ich noch immer (vielleicht unvernünftigerweise) an die paranormale Bildung von Kornkreisen und verschiedener anderer Formationen glaube. Aber ich muß es mittlerweile als erwiesen ansehen, daß das Fälschen von Kornkreisen seit der Wiedergeburt des Phänomens 1980 weit verbreitet ist.

Gleichwohl stellte sich heraus, daß viele gefälschte Formationen Brennpunkte für paranormale Phänomene waren, und zwar in derselben Weise, wie paranormal hergestellte Formationen ähnliche Ergebnisse hervorbringen. Wenn wir das akzeptieren und ehrlich zu uns sind, wo liegt dann das Problem? Wir stehen weiterhin einem echten Geheimnis gegenüber.

Zweiseitige Verständigung

Im August 1992 erschien in der Samstagsausgabe des *Independent* ein Artikel mit dem Titel »Selbstroller«, in dem Rob Irving und Jim Schnabel die Aktivitäten des Vereinigten Forschungsbüros enthüllten. Mitglieder dieser Gruppe aus Wessex sollen verschiedene Formationen gefälscht haben, einschließlich der Urchfont-Schlüsselformation aus dem Juni 1992 (genau diese Formation wurde in einem prophetischen Traum in der Nacht, in der sie erschien, vorhergesagt – siehe *Earthquest News* Jahrgang 2, Nr. 1). Es ging sogar das völlig unbegründete Gerücht um, daß sie das berühmte Alton Barnes-Piktogramm vom 12. Juli 1990 konstruiert hätten. Bei meinen Ermittlungen habe ich wiederholt von Gerüchten gehört, nach denen in der Gegend von Wiltshire zwei Hauptfälscherteams operieren. Ihre Existenz wurde mir durch unabhängige Quellen bestätigt. Sollte es diese heimlich arbeitenden Gruppen tatsächlich geben – und mir liegen detaillierte Beweise vor, die genau darauf hindeuten –, dann sind ihre Aktivitäten von größter Bedeutung für die Entwicklung des Kornkreisrätsels.

Das erste Team soll mindestens seit 1988 in der Gegend von Wiltshire tätig gewesen sein, zu der Zeit, als die Fünfergruppen groß in Mode waren. Diese Leute glauben anscheinend an »echte« Kornkreisereignisse und behaupten, in eine übernatürliche Kommunikation mit außerirdischen Intelligenzen eingetreten zu sein. Die Mitglieder dieser Gruppe warten das Erscheinen »übernatürlicher« Formationen ab und antworten mit einer fast exakten Kopie des Originals, die jedoch ein oder zwei kleine Abänderungen im Design aufweist (Doug und Daves »Nachahmungen«?). Erscheint eine Antwort auf ihre menschengemachte Formation, reagieren sie mit einer weiteren Erwiderung. Sie glauben, daß sie auf diese Weise eine zweiseitige Kommunikation mit hochentwickelten, nicht menschlichen Intelligenzen erreichen. Diese werden wahrscheinlich in der Art der schwarzäugigen Wesen gesehen, wie sie durch Whitley Striebers Bücher *Communion* und *Transformation* bekannt wurden, die sogenannten »Grauen«.

Diese Leute meinen es ernst. Wenn sie Formationen konstruieren, nehmen sie bestimmte Rollen ein, die eine Farbe und einen Klang verkörpern. Diese drücken sich in der Formation aus, die sie anfertigen. Ein Verständnis ihres Beitrags zu der speziellen Soziologie des Phänomens wäre also tatsächlich von Bedeutung.

Automatisches Rollen

Die Mitglieder des zweiten Fälscherteams halten sich für die menschlichen Kornkreismacher und glauben, daß sie im Namen einer außerirdischen Intelligenz arbeiten. Diese Leute erhalten auf übersinnlichen Wegen die Anweisung, zu einem bestimmten Zeitpunkt an einen speziellen Ort zu gehen und dort neue Mitteilungen abzuwarten. In derselben Weise wird ihnen dann der Gedanke eingegeben, eine Formation zu konstruieren. Dieser Vorgang ähnelt automatischem Schreiben auf Papier. Statt aber einen Stift auf Papier zu verwenden, benutzen sie eine Rolle auf einem Kornfeld. Diese Leute gehen fest davon aus, daß die Kornkunstwerke, die sie schaffen, göttlich inspiriert und »echte« Formationen sind. Sie haben nichts als Hohn und Spott für andere »gefälschte« Formationen übrig, die nicht unter der Anleitung der nicht menschlichen Kornkreismacher angefertigt wurden. Wenn wir automatisches Schreiben als ein übersinnliches Phänomen akzeptieren, warum sollten wir menschengemachte Formationen nicht in ähnlicher Weise verstehen? Ich war oft anwesend, wenn Medien alte Symbole oder fremde Schriften hinkritzelten, mit denen sie in ihrem normalen Alltagsleben wahrscheinlich nie in Berührung gekommen waren. Falls es sich dabei um echte Gedankeneingebungen handelt, die entweder aus äußeren Einflüssen oder dem Unbewußten gezogen werden, dann könnte dasselbe von vielen Kornkreisformationen gesagt werden. Das könnte auch eine Erklärung dafür sein, daß Betrachter und Erforscher von Kornkreisen in dieser Landschaftskunst universelle Symbole finden.

Gruppen wie die oben erwähnten existieren mit großer Sicherheit tatsächlich. Durch ihre möglicherweise fehlgeleiteten Glaubensvorstellungen entwickelt sich das Phänomen in einem wirklich sprunghaften Prozeß. Vielleicht erscheinen Kreise und Formationen wirklich als Antwort auf menschengemachte Kreise, wie eine Art seltsames kosmisches Echo. Die Kornkreisgemeinde sieht aber leider immer noch den Wald vor lauter Bäumen nicht. So oder so ist durch die Kornkreise das spirituelle Bewußtsein in Großbritannien und anderswo bereits enorm gewachsen. Chaos, Rutengehen, Energien, Heilungen, geheimnisvolle Lichter, übersinnliche Erlebnisse, magischer Symbolismus und Gaia-Bewußtsein sind über Bücher und die öffentliche Debatte über Kornkreise in die »New Age«-Gedankenwelt eingedrungen. Mit diesem neuen Verständnis der Kornkreise verschwindet nicht die Orgon-Erklärung für sie – diese Erklärung wird weiterhin für die Konstruktion und Auswirkungen echter Kreise und Formationen verantwortlich gemacht und dient gleichzeitig als Erklärung für die parapsychologischen Phänomene, die Konstruktionen zugesprochen werden, die eindeutig Menschenwerk sind.

Wir müssen noch viel über Paradigmenwechsel in der menschlichen Entwicklung lernen, und vielleicht sollen wir das Phänomen gar nicht vollständig durchschauen. Möglicherweise ist das Ganze beabsichtigt, und irgendwo draußen sitzt eine nicht menschliche Intelligenz, läßt ihre Füße auf einem Sofa und ihre Augen auf den menschlichen Kornkreismacher ruhen und sagt: »Meine Güte, ich hätte nie gedacht, daß es so einfach ist.«

Diana Clift

KREISE UND WIRKUNGEN 1

Über psychologische und physiologische Folgen

UFO-Sichtungen, seltsame Geräusche in der Nacht, wundersame Heilungen oder geheimnisvolle Krankheiten ... Berichte von sonderbaren Vorgängen im Zusammenhang mit Kornkreisen sind so alt wie das Phänomen selbst. Solche Berichte bestehen oft aus häufig wiederholten Anekdoten, deren Echtheit nicht belegt ist. Das Centre for Crop Circle Studies beginnt deshalb kurz nach der Formation von Kornkreisen mit eigenen Ermittlungen. Lucy Pringle und ich haben untersucht, welche Auswirkungen Kornkreise auf die Gesundheit, das Wohlbefinden und das Verhalten von Menschen haben könnten. In gewissem Umfang haben wir uns auch damit befaßt, welche Reaktionen Tiere auf Kornkreise zeigen.

Ungewöhnliche Vorgänge im Zusammenhang mit Kornkreisen lassen sich grob folgendermaßen einteilen: Es könnte geben

1. akute Auswirkungen auf Menschen, d. h. Veränderungen im physischen oder psychischen Zustand, die während eines Kornkreisbesuchs oder kurz danach auftreten, und von denen die betreffende Person annimmt, daß sie mit diesem Besuch in Zusammenhang stehen.
2. Chronische Auswirkungen auf Menschen. Damit meine ich Reaktionen, die sich im Laufe der Zeit bei Menschen entwickeln, die wiederholt Kornkreisen ausgesetzt sind.
3. Auswirkungen auf Tiere, d. h. ungewöhnliches Verhalten von Tieren als Reaktion auf Kornkreise.
4. Auswirkungen auf Dinge, wenn also in Kornkreisen Ausrüstungsteile ausfallen, Kompaßnadeln rotieren oder fotografische Unregelmäßigkeiten beobachtet werden.
5. Nebeneffekte. Hierunter sind seltsame Phänomene zusammengefaßt, die nicht unbedingt in Kornkreisen auftreten, aber mit ihnen in Verbindung zu stehen scheinen, wie z. B. UFO-Sichtungen. Lucy und mir sind im Verlauf unserer Ermittlungen eine Reihe von »Nebeneffekten auf Menschen« bekanntgeworden. Das können merkwürdige Erfahrungen sein, die in der Nähe von (nicht in) Kornkreisen gemacht werden oder auch, was noch seltsamer ist, sonderbare Dinge, die geschehen, während auf Konferenzen über Kornkreise diskutiert wird oder sogar am Telefon!

Lucy Pringle und ich haben unsere Untersuchung im wesentlichen auf die erste Kategorie beschränkt, auf die unmittelbaren, kurzfristigen Effekte. Wir interessieren uns allerdings zunehmend für Reaktionen bei Tieren sowie für die Möglichkeit »chronischer« Effekte, die bei Menschen auftreten, die häufig Kornkreise aufsuchen.

Auswirkungen, die darauf beruhen, daß Menschen über längere Zeit (»chronisch«) Kornkreisen ausgesetzt sind

Viele Mitglieder des CCCS und andere Kornkreisfans besuchen eine große Anzahl von Kornkreisen und betreten sie oft sehr kurze Zeit nach ihrer Entstehung. Es ist von großem Interesse für uns, ob sie irgendwelche langfristigen Veränderungen an ihrer Gesundheit, ihrem Wohlbefinden oder ihrer Persönlichkeit feststellen, die auf dieses wiederholte Ausgesetztsein zurückzuführen sind. Es kann natürlich nicht genau geklärt werden, ob die Auswirkungen, die uns mitgeteilt werden, das Ergebnis von Kornkreisen sind oder auf unzählige andere Variable zurückgeführt werden können. Die Zahl der Menschen, die über lange Zeit Kornkreisen ausgesetzt sind, ist relativ klein, und es ist unmöglich, sie mit einer geeigneten Kontrollgruppe zu vergleichen. Ein engagiertes Interesse an Kornkreisen kann leicht Züge einer Besessenheit annehmen, die ernste Auswirkungen auf die Persönlichkeit, auf Beziehungen, die Arbeit und andere Interessen hat. Vielleicht ziehen Kornkreise gerade Menschen mit einer Neigung zum Exzentrischen an! Ein leidenschaftliches Interesse am Briefmarkensammeln oder Fußball könnte ähnliche Auswirkungen haben, ruft aber wahrscheinlich nicht den Spott anderer Menschen hervor. Kornkreisbegeisterte werden dagegen oft belächelt und in der Presse abwertend dargestellt. Es ist also nicht erstaunlich, wenn sie manchmal etwas paranoid werden. Ich würde so weit gehen zu behaupten, daß ein starkes Interesse an Kornkreisen potentiell schlecht für den mentalen Gesundheitszustand ist, und ich würde allen Leuten sehr empfehlen, nicht zuzulassen, daß die Kornkreise ihr Leben beherrschen. Wir können nicht ausschließen, daß die Ursache für solche Auswirkungen unbekannte Ausstrahlungen der Kornkreise sind, ich denke jedoch, daß sie durch die oben angeführten indirekten Effekte bereits hinreichend erklärt werden.

Uns liegen zwei Berichte von Mitarbeitern vor, die Symptome von Arthritis bekamen, als sie praktisch täglich Kornkreise besuchten. Einer unserer Mitarbeiter erlebte, während er Dutzende von Kornkreisen besuchte, eine *Befreiung* von Schmerzen, die er aufgrund einer Tendinitis (Sehnenentzündung) hatte. Solche Effekte können auf die dramatischen Veränderungen zurückgeführt werden, die das Leben dieser Menschen während der Kornkreissaison erfährt. Sie arbeiten sehr hart, sind ständig überarbeitet, und ein andauernd gestörter Schlaf sowie unregelmäßige Ernährungsgewohnheiten können ein übriges tun. Das heißt nicht, daß wir in bezug auf diese Auswirkungen die Rolle der Kornkreise ausschließen, aber wir haben noch keine Beweise für einen direkten Zusammenhang.

Wir sind sehr daran interessiert herauszufinden, welche Auswirkungen auf die Gesundheit und das Wohlbefinden Menschen erfahren, die regelmäßig Kornkreise besuchen. Wenn die Kraft, die die Kornkreise verursacht, auf chemischen oder elektromagnetischen Besonderheiten beruht, findet wahrscheinlich am ehesten bei den Menschen eine Reaktion statt, die viele neu gebildete Kreise besuchen. Solche Menschen sind z. B. unsere Mitarbeiterinnen und Mitarbeiter vom CCCS. Ich sollte als Warnung darauf hinweisen, daß diese Leute erst während der letzten zwei oder drei Jahre Kornkreise besucht haben. Es ist möglich, daß sich Reaktionen auf ein wiederholtes Ausgesetztsein über einen längeren Zeitraum entwickeln. Besonders beunruhigend ist die Tatsache, daß einer der ersten Kornkreisforscher, Colin Andrews, der seit 1978 Kornkreise besucht hat, über einen Zeitraum von sechs Jahren an einem schweren Fall von Tinnitus litt (Summen in den Ohren), der mit konventionellen Behandlungsmethoden nicht geheilt werden konnte. Unsere Fragebögen zeigen, daß etliche Personen ein ähnliches Summen oder Brummen in den Ohren erlebt haben. Dies geschah teilweise in den Kornkreisen, in der Nähe von ihnen, oder – gelegentlich – wenn sie über sie sprachen oder an sie dachten!

Reaktionen von Tieren

Uns liegen zahlreiche Berichte über ein ungewöhnliches Verhalten von Tieren im Zusammenhang mit Kornkreisen vor, die auf Kenntnissen vom Hörensagen beruhen, aber wir haben lediglich ein Dutzend Berichte über genau untersuchte Vorfälle. Sie handeln meistens davon, daß Landwirtschaftstiere in einer Nacht auffällig unruhig waren, in der sich in der Nähe ein Kornkreis bildete. Derartige Berichte beziehen sich unter anderem auf Hunde, Pferde, Kühe und Perlhühner. Von verschiedenen Pferden und Hunden heißt es, daß sie sich geweigert hätten, Kornkreise zu betreten. Zum Beispiel führte 1991 ein Mann seine beiden Hunde zu einem frühen Morgenspaziergang aus, währenddessen sie an einem Feld vorbeikamen, durch einen Wald gingen und 25 Minuten später auf derselben Route zurückkehrten. Er stellte fest, daß in dieser kurzen Zeitspanne auf dem Feld eine große Fünfergruppe von Kreisen erschienen war. Die Hunde wurden wie rasend und bellten wild. Interessanterweise regten sie sich lange nach der Ernte in der Nähe desselben Feldes ein weiteres Mal auf. Es existiert auch ein faszinierender Bericht über Kühe, die in der Nähe einer Stelle untergebracht waren, an der in Yorkshire (im Norden Englands, wo es selten Kornkreise gibt) ein Kornkreis erschien. Sie sträubten sich am darauffolgenden Morgen dagegen, das Feld zu verlassen, um gemolken zu werden und gaben weniger Milch als gewöhnlich.

Nicht alle Reaktionen von Tieren sind ablehnend. Uns wurde von einem Rottweiler berichtet, der in einen Kornkreis hineinlief und prompt einschlief, und John Macnish besitzt ein schönes Video, auf dem Rehe durch eines der letzten 1990er-Piktogramme laufen.[1] Es muß aber darauf hingewiesen werden, daß wir auch von Tieren wissen, die sich durch die Bildung eines Kornkreises in unmittelbarer Nähe nicht stören ließen sowie von Hunden, die Kornkreise ohne jede ersichtliche ungewöhnliche Reaktion betraten.

Auswirkungen auf das Verhalten von Tieren sind deshalb von großem Interesse, weil angenommen werden kann, daß Tiere nicht durch Erwartungshaltungen beeinflußt werden. Ihre Besitzerinnen oder Besitzer könnten es dagegen sein. Bei wie vielen Gelegenheiten werden Nutztiere des Nachts unruhig, ohne daß wir einen Grund dafür erkennen können? Es wäre möglich, daß sich die Leute nur an die Gelegenheiten erinnern, bei denen dieses Verhalten offensichtlich damit verbunden war, daß ein Kornkreis gefunden wurde. Die uns vorliegenden Berichte sind oft enttäuschend ungenau. Wir bekamen Informationshäppchen über unnormales Verhalten von Tieren im Zusammenhang mit Kornkreisen, die keinerlei Details enthielten. Besonders verwirrend fanden wir den Bericht von Michael Strainic in seinem hervorragenden Report über kanadische Kornkreise 1991.[2] Nach diesem Bericht weigerten sich Gänse, über eine spezielle Formation zu fliegen und waren bereit, ihre berühmte V-Formation aufzulösen, um das zu vermeiden. Ich frage mich, wie das herausgefunden wurde. War jemand in dem Kornkreis, und flogen die Gänse senkrecht über ihm, als sie ihre Reihen auflösten? Wie oft wurde das beobachtet?

Auswirkungen auf Gegenstände

Dies ist eine unglaubliche und sehr wichtige Angelegenheit, die durch unsere Studie nicht erfaßt wird. Im Zusammenhang mit ungewöhnlichen menschlichen Reaktionen liegen uns allerdings verschiedene Berichte über Fehler in fotografischen oder Aufnahmegeräten vor, sowie Berichte über seltsame Interferenzen auf Aufnahmen oder Fotos und ähnliches. Ich kann selbst von einem Vorfall erzählen, der als Warnung dienen mag. Als ich einmal einen auf »Aufnahme« gestellten gewöhnlichen Kassettenrecorder zurückließ, während ich mich eine Stunde lang in einem Kornkreis aufhielt, stellte ich überrascht fest, daß am Ende des Bandes ein Geräusch zu hören war, das an einen sich nähernden Herzschlag erinnerte. Das Geräusch begann auf der anderen Seite des Bandes erneut, verschwand dann aber, als ob dicht am Gerät ein Wesen vorbeigekommen sei. Zum Glück entschloß ich mich, einen einfachen Test durchzuführen. Ich kopierte das Geräusch auf ein anderes Band und wiederholte den Vorgang mit demselben Kassettenrecorder und derselben Kassette in meinem Garten. Wieder war deutlich der Herzschlag zu hören, der am Ende der ersten Seite näherkam und am Anfang von Seite 2 wieder verschwand. Es war natürlich ein vom Apparat verursachtes Geräusch und nicht mehr ... wenn sich nicht dasselbe Wesen in meinem Garten materialisiert hatte!

Nebeneffekte

Auch dies ist ein ausgedehnter und faszinierender Bereich. Er schließt zahllose zuverlässige Berichte über UFOs und über seltsame Lichter am Himmel ein, von denen einige auf Video festgehalten wurden. Es gibt auch Berichte über das berühmte trillernde Geräusch, das manchmal in Kornkreisen gehört wurde, manchmal in der Nähe von ihnen. Uns wurde mitgeteilt, daß es sogar im Verlauf von Konferenzen über Kornkreise auftrat! Dieses besondere Geräusch stammt wahrscheinlich von einem Vogel, dem Feldschwirl. Es wurde jedoch auch über andere Geräusche berichtet. Zahlreiche Menschen haben in der Nähe von Kornkreisen ein Summen oder Brummen in den Ohren erlebt und behaupten sogar, aufgrund dieser Erfahrung feststellen zu können, ob sich in der Nähe ein Kornkreis gebildet hat. Uns liegen vier unabhängige Berichte von Menschen vor, die in einem Ohr ein ausgeprägtes brummendes oder klickendes Geräusch gehört haben, nachdem sie sich mit Kornkreisen beschäftigten. Lucy Pringle beschreibt in Teil 2 ein seltsames Erlebnis auf einer Kornkreisversammlung. Das mag sehr weit hergeholt erscheinen. Als ich das erste Mal von diesem Phänomen hörte, habe ich es leider nicht weiter beachtet, weil es mir zu abwegig vorkam. Das gleiche passierte mir mit dem Bericht von einer sonderbaren Interferenz bei Telefongesprächen. Ich weiß jetzt, daß ich wirklich objektiv sein muß und alles aufzeichnen sollte, das sich auch nur entfernt als wichtig herausstellen könnte. Wir hören mehr und mehr von Träumen, die teilweise direkt mit Kornkreisen zu tun haben (manchmal vorausschauend), oder von lebhaften Träumen, von denen derjenige, der sie erlebt, glaubt, daß sie mit dem Phänomen zusammenhängen. Es ist angesichts all dieser außergewöhnlichen und unterschiedlichen Daten schwer zu entscheiden, was wichtig ist und was nicht. Wir haben erkannt, daß es nicht an uns ist, das festzustellen. Wir müssen zum gegenwärtigen Zeitpunkt einfach *alle* Informationen sammeln, wie weit hergeholt sie auch immer erscheinen mögen, auch wenn wir schon ahnen, daß vieles davon sich wahrscheinlich als Zufall herausstellen wird. Ich habe zum Beispiel meine Zweifel an den Berichten über weiße Kreise im Toastbrot! Und was sollen wir mit den verschiedenen Berichten über wirbelnde Kreise anfangen, die in Teppichen auftauchen?!!

Direkte Auswirkungen

Zur Sammlung unserer Daten haben wir bislang die einfache Methode der Anwendung von Fragebogen und Befragungen benutzt. Ich finde natürlich immer dann entscheidende Fehler, wenn ich gerade einen Fragebogen entworfen und 1000 Kopien angefertigt habe! Wir haben unseren Fragebogen in den letzten Jahren verändert, ihn aber weiterhin bewußt kurz und einfach gehalten (nur eine Din A4-Seite). Dennoch hatten wir große Schwierigkeiten, Menschen dazu zu bewegen, ihn auszufüllen. Wir wissen von all unseren Kontakten mit Menschen, die Kornkreise besuchen, daß sehr viel häufiger ungewöhnliche Reaktionen auftreten, als sie in diesem Bericht erfaßt sind. Die Leute fordern oft einen Fragebogen an und schicken ihn dann nicht zurück. Sie reden von Erfahrungen, die Freunde und Verwandte gemacht haben, und wir sind nicht in der Lage, diesen Vorkommnissen nachzugehen usw. Um die Abneigung der Leute zu überwinden, ihre Erfahrungen zu Papier zu bringen, haben wir angeboten, telefonisch einen Bericht aufzunehmen oder persönlich, von Angesicht zu Angesicht. Fast die Gesamtheit dieser wichtigen Interviewtätigkeit hat Lucy Pringle erledigt. Sie ist durch das ganze Land gereist und verbrachte viele Stunden mit Gesprächen. Die große Sorgfalt, die sie darauf verwendete, Menschen ihre Befangenheit zu nehmen, hat zu einigen faszinierenden und spannenden Berichten geführt, von denen sie in Teil 2 erzählt.

Die Erfahrungen, die ich in die vorliegende Analyse aufgenommen habe, sind solche, die ich aus rationalen Gründen für wahrscheinlich halte. Wir haben allerdings absolut keine Möglichkeit, uns gegen jemanden abzusichern, der sich entschlossen hat zu lügen, noch gegen Vorfälle, die das Ergebnis von Zufällen oder Erwartungshaltungen sind. Wir können annehmen, daß ein gewisser Teil der Ergebnisse aus diesen Gründen gegenstandslos ist. Unsere Arbeit wurde im wesentlichen ohne materielle Unterstützung und in unserer Freizeit durchgeführt, so daß wir nicht in der Lage waren, jedem Bericht gründlich nachzugehen.

Die uns geschilderten Reaktionen unterscheiden sich untereinander sehr, und meine Auswahl an Kategorien, nach denen ich sie einordne, ist höchst subjektiv. Als grundlegende Bezugsgröße benutze ich die Erlebnisse pro Person pro Kornkreisbesuch. Wie aus der Tabelle ersichtlich ist, haben manche Personen in mehr als einem Kornkreis Erfahrungen gemacht, und manchmal sind diese Erfahrungen sehr unterschiedlich. Lucy erzählt in Teil 2 von geradezu gegensätzlichen Reaktionen, die ein und dieselbe Frau bei zwei benachbarten Kornkreisen auf der Isle of Wight erfahren hat. In den Fällen, in denen Menschen angegeben haben, daß sie bestimmte Dinge in vielen oder allen von ihnen besuchten Kornkreisen erlebt haben, sind diese als nur ein Vorfall aufgeführt. Die vorher erwähnten Nebeneffekte habe ich nicht in die Untersuchung aufgenommen, obwohl mir zwei Beispiele mitgeteilt wurden, nach denen es Reaktionen auf Getreideproben aus Kornkreisen gab. Ein Bericht handelte von einer Gruppe von Leuten, die ungewöhnliche Sinnesempfindungen erlebten, als sie in einem Sportflugzeug über Kornkreise flogen.

Meine Untersuchungsergebnisse sind in der Tabelle zusammengefaßt. Ich zweifle nicht daran, daß mein Versuch, ein Sammelsurium an Erfahrungen in meine ordentlichen Schubladen einzusortieren, ein gewisses Maß an Verzerrung mit sich gebracht hat! Bei den »gesehenen« oder »gehörten« Erfahrungskategorien habe ich mich entschlossen, die Vorfälle auszuschließen, bei denen alle Anwesenden ein Geräusch gehört bzw. aufgenommen oder ein ungewöhnliches Objekt gesehen bzw. fotografiert haben. Diese Begebenheiten können besser als »Auswirkungen auf Dinge« eingeordnet werden. Lucy erzählt in Teil 2 von einer solchen Erfahrung, bei der Leute ein schlangenähnliches Objekt aus Nebel beobachteten. Sie beschreibt ebenfalls eine visuelle Erfahrung der anderen Art, also eine, bei der keine weiteren Personen anwesend waren.

Analyse der Ergebnisse

Die Tabelle zeigt, daß uns mehrheitlich Frauen geantwortet haben. Das könnte die größere Bereitschaft von Frauen widerspiegeln, über persönliche Erfahrungen und Gefühle zu sprechen, vielleicht sind Frauen aber auch eher bereit, ihre Erlebnisse Kornkreisen zuzuschreiben. Es könnte sein, daß Männer genausooft Reaktionen erleben, ihre Erfahrungen aber nicht so gerne anderen mitteilen, oder, was ich für wahrscheinlicher halte, einfach keinen Zusammenhang mit Kornkreisen feststellen. Sehr wichtig sind offenbar bestimmte Vorstellungen. Eine Mehrheit der Personen, die uns schreiben, glaubt, daß etwas Übernatürliches am Werk ist. Eine der dramatischsten physischen Reaktionen, einen plötzlichen Zusammenbruch ähnlich einem anaphylaktischen Schock, erlebte allerdings ein junger Mann, der dachte, daß der Kornkreis, den er besuchte, eine Fälschung sei.

Die Mehrzahl der von uns erfaßten Reaktionen ist unerfreulich. Das reicht von Unwohlsein, Angst oder Ärger bis zu Schmerz, Kopfschmerzen, Erschöpfung, Erbrechen. Sogar ein Fall von möglicher Fehlgeburt und ein anderer von drohender Fehlgeburt befinden sich unter den berichteten Reaktionen (diese Fälle werden von Lucy in Teil 2 näher beschrieben). Wie die Tabelle zeigt, sind Übelkeit und/oder Kopfschmerz relativ normale Reaktionen. Manchmal ist der Kopfschmerz stark an den Kornkreis gebunden und verschwindet sofort, wenn er verlassen wird, er kann jedoch auch Stunden oder selbst Tage nach dem Verlassen andauern. Interessanterweise haben wir aber ebenfalls einen Fall, in dem ein Mann mit einem Migräneanfall während eines Kornkreisbesuchs ein völliges *Abklingen* der Kopfschmerzen erlebte. In dem

Moment, in dem er den Kornkreis verließ, wurden die Schmerzen wieder stärker.
Unter den positiven Auswirkungen gibt es einige Beispiele für spontane Heilungen, von denen Lucy in Teil 2 berichtet. Ich fand besonders den Fall einer Frau interessant, die seit zwei Monaten unter chronischen Schmerzen in der Schulter gelitten hatte. Während eines Kornkreisbesuchs 1992 wurde der Schmerz zuerst stärker, und der Arm wurde sehr heiß. Beim Verlassen der Formation fühlte sich der Arm »leicht gelähmt« an, dann aber verschwanden die Symptome, und die Frau war etliche Tage lang schmerzfrei, bevor die Symptome wieder zurückkehrten. Was diesen Fall besonders interessant macht, ist, daß sie ungefähr drei Wochen später einen anderen Kornkreis besuchte und genau dieselbe Reaktion erlebte: zuerst Schmerz und Hitze, die von einer teilweisen Lähmung gefolgt wurden, und dann etliche Tage Beschwerdefreiheit.
Die Tatsache, daß uns in der Mehrheit von unangenehmen Wirkungen berichtet wurde, könnte darauf zurückzuführen sein, daß eine normale Person mit einem guten Gesundheitszustand wahrscheinlich eher eine Verschlechterung ihres Zustandes bemerkt als eine Verbesserung. Heilungen können dort nicht auftreten, wo es keine Beschwerden gibt! Wir baten deshalb Personen mit einem guten Gesundheitszustand, an einer Studie teilzunehmen, mit der wir eine objektive Überprüfung des Gesundheitszustandes vor und nach einem Kornkreisbesuch und währenddessen ermöglichen wollten. Leider wurden uns nur von einem dieser Versuche die gewünschten Daten übermittelt, obwohl viele Personen ihre Mitarbeit zugesagt hatten.

Schlußfolgerungen

Ich interpretiere unsere Daten bewußt vorsichtig, denke aber, daß die folgenden Aussagen als gesichert betrachtet werden können:

1. Etliche Menschen haben im Zusammenhang mit Kornkreisbesuchen ungewöhnliche Erfahrungen gemacht.
2. Derartige Erlebnisse sind unterschiedlich und unvorhersehbar. Die Mehrheit von ihnen ist unerfreulich, einige sind positiv und sogar heilend.
3. Seltsame Erlebnisse in Kornkreisen beziehen sich nicht erkennbar auf Erwartungen oder den Stimmungszustand im Zeitpunkt des Eintretens in den Kornkreis.
4. Es ist möglich, daß Kornkreise unter bestimmten Umständen schädlich für die Gesundheit sein können. Wir raten schwangeren Frauen, möglichst keine Kornkreise zu besuchen. Wir wissen nicht, ob es langfristig nachteilige Folgen haben kann, wenn Personen wiederholt Kornkreisen ausgesetzt sind.
5. Eine Mehrheit – wahrscheinlich eine große Mehrheit – der Menschen, die gelegentlich Kornkreise besuchen, erleben keine erkennbaren ungewöhnlichen Reaktionen.

Kritik der Untersuchung

Die Personen, die den Fragebogen ausgefüllt haben, haben sich gewissermaßen selbst ausgewählt, und die meisten von ihnen hatten bereits vorher ein besonderes Interesse an Kornkreisen. Wir haben versucht, typischere Besucherinnen und Besucher von Kornkreisen zu erreichen, indem wir am Eingang zu Kornkreisen Fragebogen deponiert haben, damit gelegentliche Besucher sie mitnehmen können. Bei dieser Herangehensweise besteht die Gefahr, daß die Erwartung geweckt wird, Kornkreise könnten zu ungewöhnlichen Auswirkungen auf die Gesundheit oder das Wohlbefinden führen. Nach unseren Erfahrungen füllen nur sehr wenige dieser gelegentlichen Besucher Fragebögen aus und schicken sie zurück. Unsere vielen informellen Gespräche in Kornkreisen und in ihrer Nähe haben bei uns den starken Eindruck hinterlassen, daß viel mehr Menschen ungewöhnliche Erfahrungen in Kornkreisen machen, als an unserer Untersuchung teilgenommen haben. Es mag sein, daß die Leute ungern Formulare ausfüllen, aber ich vermute vor allem, daß die große Mehrzahl der Menschen, die Kornkreise besuchen, nichts von unserer Untersuchung weiß.

Die Menschen, die unsere Fragebögen ausgefüllt und zurückgeschickt haben, sind wahrscheinlich keine typischen Kornkreisbesucher. Die von uns ermittelten Zahlen sind immer noch so klein, daß sie alle mit einem zufälligen Zusammentreffen von Ereignissen, psychosomatischen Effekten, Allergien auf das Getreide oder Spuren von Landwirtschaftschemikalien erklärt werden könnten, oder auch mit absichtlichen Täuschungsmanövern von Witzbolden. Ich persönlich denke nicht, daß das die ganze Geschichte ist. Dafür sind einige der Wirkungen zu eng mit Kornkreisen verbunden, zu dramatisch und entsprechen zu wenig den Erwartungen der jeweiligen Personen. Die beste Kontrolle für unsere Ergebnisse wären Reaktionen auf gefälschte Kreise, die Personen erleben, die davon ausgehen, daß diese Kreise echt sind. Es mag sein, daß sich unter den Berichten bereits einige befinden, die von solchen Reaktionen handeln, aber solange wir keine zuverlässigen Informationen über gefälschte Kreise besitzen, ist es unmöglich, diesbezüglich etwas zu sagen. Wir werden vermutlich feststellen, daß einige Reaktionen in gefälschten Kreisen stattgefunden haben. In einer Fernsehdokumentation über Kornkreise behauptete kürzlich ein prominenter Kornkreisfälscher, daß Menschen in seinem Werk Heilungen erfahren hätten. Ich habe mich bemüht, Details darüber in Erfahrung zu bringen und hoffe, daß in Zukunft mehr Fälscherinnen und Fälscher mit uns zusammenarbeiten.

Mögliche Ursachen

Viele Menschen glauben, daß »Erdenergien« für die Kornkreise und damit zusammenhängende Effekte verantwortlich sind. Diese Ansicht stützt sich hauptsächlich auf die Ergebnisse von Wünschelrutengängern. Im Zusammenhang mit der Interpretation des Kornkreisrutengehens oder -mutens gibt es viele Probleme, von denen ich einige in einem früheren Artikel diskutiert habe.[3] Es wurden zwar wohldurchdachte Theorien über Erdenergien[4] ersonnen, aber es gibt noch keine objektiven Mittel, solche Erdenergien zu entdecken. Deshalb, und auch angesichts der Tatsache, daß verschiedene Rutengängerinnen und Rutengänger zu verschiedenen Ergebnissen kommen, können noch keine eindeutigen Schlußfolgerungen gezogen werden, ob diese Energien existieren oder nicht, ganz zu schweigen von ihrer Rolle in bezug auf Kornkreise. Das Rutengehen ist in diesem Zusammenhang jedenfalls ein faszinierendes Phänomen, und es gibt viele Möglichkeiten, es zu überprüfen. Hier sind zwei einfache Experimente, die alle Rutengänger durchführen können:

1. Zwei oder mehr Rutengängerinnen oder Rutengänger könnten völlig unabhängig voneinander einen Kornkreis abgehen und ihre Ergebnisse vergleichen. Sie sollten nicht nur nicht in der Lage sein, sich bei der Arbeit zu sehen, sondern sich auch nicht in der Anwesenheit einer Person befinden, die bei dem Rutengehen der anderen dabei war.
2. Versuchen Sie unterschiedliche Getreideproben aus einem Kreis und von einer anderen Stelle in dem betreffenden Feld zu bekommen. Diese Proben sollten von einer dritten Partei numeriert werden, die nicht beim Rutengehen anwesend ist. Danach könnten verschiedene Rutengängerinnen und Rutengänger (die sich einander nicht bei der Arbeit beobachten können) herauszufinden versuchen, welche Proben aus dem Kornkreis stammen.

Informieren Sie Lucy und mich bitte über die Ergebnisse. Es wäre ein wertvoller Beitrag zur ernsthaften Erforschung des Kornkreismutens.

Wenn Reaktionen von Menschen auf Kornkreise ein echtes Phänomen sind – und wir können uns dessen nicht sicher sein, solange wir nicht gründlich Reaktionen auf gefälschte Kornkreise untersucht haben –, ist die wahrscheinlichste Ursache für die Kornkreise irgendeine Art elektromagnetischer Anomalie. Damit könnte eine Vielfalt von Reaktionen erklärt werden. Ich äußere mich bewußt vage! Es werden in der Literatur eine Reihe von Auswirkungen auf Menschen erwähnt, die darauf zurückgeführt werden, daß Personen magnetischen oder elektrischen Feldern (aus direkter Nähe oder von Starkstromleitungen und Computermonitoren) oder nicht ionisierender Strahlung unterschiedlicher Art ausgesetzt waren.[5] Auf diesem Gebiet finden die Forscherinnen und Forscher jedoch tendenziell das, wonach sie suchen ... Das führt mich zu meiner letzten Aussage:

Eine Gefahr bei der Untersuchung der Kornkreise besteht darin, daß Kornkreise Menschen anziehen, die wissen, was sie finden wollen! Das mag teilweise unterbewußt der Fall sein, aber ich zweifle nicht im geringsten daran, daß solche Vorurteile bei uns allen eine Rolle spielen und unsere Auswahl und Interpretation der Daten beeinflussen. Es ist interessant, die Arbeiten von Wissenschaftlerinnen und Wissenschaftlern zu lesen, die im vorhinein »wußten«, daß alle Kornkreise von Menschen gemacht oder wetterbedingt sind.[6] Sie sind in dieselben Fallgruben getappt wie diejenigen, die sich den Kornkreisen mit der Überzeugung nähern, daß sie eine paranormale Ursache haben. Das beste, was wir tun können, ist, unsere eigenen Vorurteile zu erkennen, zu versuchen, offen und objektiv zu sein und mit Menschen zusammenzuarbeiten, die andere Meinungen vertreten.

Lucy Pringle und ich nehmen sehr unterschiedliche Haltungen zu diesem Thema ein, aber wir sind uns beide darüber bewußt, daß die Gefahr besteht, daß voreilig irgendwelche einfachen Schlüsse gezogen werden. Der Science fiction-Schriftsteller Poul Anderson drückt es so aus:

»Ich habe bisher kein noch so kompliziertes Problem gesehen, das nicht noch komplizierter wurde, wenn man es richtig ansah.«

Anmerkungen:

1 John Macnish, CircleVision *Crop Circle Communiqué*, erhältlich über Circlevision, Whitton Paddocks, Whitton, Ludlow, Salop, SY8 3DB (£ 14,99).

2 Michael Strainic »Once upon a time in the wheat« *MUFON UFO Journal* Nr. 284, Dezember 1991.

3 Diana Clift »Ego-tripping through the cornfields« *The Circular*, Band 2, Nr. 2, Juni 1991.

4 Verschiedene Aufsätze in *The Crop Circle Enigma*, Hrsg. Ralph Noyes, Gateway Books, 1990; dt: *Die Kreise im Korn*, Herausgegeben von Ralph Noyes, München: Heyne [2]1991, und in *Crop Circles – Harbingers of World Change*, Hrsg. Alick Bartholomew, Gateway Books, 1991.

5 Ich danke Anne Arnold Silk, die zahlreiche Arbeiten über dieses Thema zur Vergügung gestellt hat. Eine allgemeine Einführung lieferte:
C. W. Smith & S. Best *Electromagnetic Man – Health and Hazard in the Electrical Environment*, J. M. Dent & Sons, 1989

6 Schriften in *Circles from the Sky*, Hrsg. Terence Meaden, Souvenir Press, 1991.

Viele Menschen haben bei der Erstellung dieser Studie geholfen. Ich danke allen, die ihre Erfahrungen mit uns geteilt haben, genauso wie allen, die mit Rat und Hilfe behilflich waren, insbesondere Montague Keen, Ralph Noyes, Michael Green, Anne Silk, Busty Taylor, George Wingfield und meinem Sohn Julian.

Reaktionen auf Kornkreisbesuche

Analyse von 114 Erfahrungen:
Anzahl der Personen: 91
Frauen: 63 Männer: 25 Unbekannt: 3

Berichtete Erfahrung	Prozent	(Anzahl)
Unangenehme Reaktionen	62%	(71)
Angenehm/Neutral	38%	(43)
Seltsame Empfindungen/Gefühle:	45%	(51)
Angenehm, z. B. Ruhe, gehobene Stimmung, Wohlbefinden	19%	(22)
Unangenehm, z. B. Angst, Ärger, Unbehagen	17%	(19)
Übelkeit	20%	(23)
Müdigkeit	13%	(15)
Kopfschmerzen	11%	(13)
Schmerzen/körperliche Beschwerden	18%	(21)
Heilung/Beendigung von Schmerzzuständen	18%	(20)
Langandauernde Effekte (>24 Stunden)	34%	(39)
Langandauernde positive Auswirkungen (d. h. 72% der langandauernden Effekte waren positiv)	25%	(28)
Kribbeln/Empfindung von »Energie«	18%	(20)
Auswirkungen auf das Hören, z. B. Brummen oder Summen in den Ohren (wurden nicht von Begleitpersonen gehört)	4%	(4)
Auswirkungen auf das Sehen, z. B. weiße oder farbige Lichter (wurden nicht von Begleitpersonen gesehen)	4%	(5)

Fragebogen über Kornkreise und Gesundheit

Für Menschen, die im Zusammenhang mit Kornkreisen ungewöhnliche mentale oder physische Empfindungen erlebt haben:

1. Benennen Sie den Kornkreis, den Sie betreten haben oder beschreiben Sie, wo er ungefähr liegt.
2. Datum und Uhrzeit des Betretens
   Datum der Bildung des Kornkreises (falls bekannt)
3. Was hielten Sie vor dem Besuch für die Ursache von Kornkreisen?
   3.1 Fälscher   3.2 Wetter, z.B. Wirbelwinde
   3.3 Paranormale Ursachen, z.B. UFOs/Erdenergien
   3.4 Andere (führen Sie sie bitte auf)
4. Wie lange waren Sie in dem Kornkreis?
5. Hatten Sie irgendwelche Gesundheitsprobleme, als Sie in den Kreis eintraten? Falls das so ist, beschreiben Sie sie bitte.
6. Erlebten Sie als Resultat Ihres Kornkreisbesuchs eine Veränderung in Ihrem physischen oder mentalen Zustand?
   6.1 Trat die Veränderung während des Besuchs ein oder danach?
   6.2 Wie lange hielt die Veränderung an?
   6.3 Gab es unterschiedliche Auswirkungen je nach Ihrem Standort im Kornkreis?
   6.4 Beschreiben Sie bitte Ihre Erfahrung. Benutzen Sie gegebenenfalls die Rückseite des Fragebogens für zusätzliche Anmerkungen.
7. Die folgende Skala soll das vollständige Spektrum des Wohlbefindens darstellen. Sie reicht von »am schlechtesten«, über »normal«, bis zu »am besten«. Markieren Sie bitte mit einer senkrechten Linie die Position, die am besten ausdrückt, wie Sie sich vor dem Besuch gefühlt haben und dann, wie Sie sich danach fühlten, z. B.

   Vorher ——————————|——————
   Am Schlechtesten   Normal   Am Besten
   Nachher ————|————————————

   Vorher: ________________________
   Am Schlechtesten   Normal   Am Besten
   Nachher: ________________________
   Am Schlechtesten   Normal   Am Besten

8. Haben Sie etwas anderes Ungewöhnliches beobachtet, z. B. Auswirkungen auf die Fotoausrüstung, das Verhalten von Tieren, etc.?
9. Dürfen wir Ihre Geschichte zitieren?
   Falls ja, wünschen Sie anonym zu bleiben?
10. Wären Sie damit einverstanden, zu Ihrer Erfahrung befragt zu werden?

Name:

Adresse und Telefonnummer:

Senden Sie das Formular bitte zurück an:
Lucy Pringle, PO Box 44, Petersfield,
Hants GU32 2BT, UK

Danke, daß Sie dem CCCS geholfen haben.

LUCY PRINGLE

KREISE UND WIRKUNGEN 2

Begegnungen und Berichte

1. Augenzeugenberichte

In der letzten Zeit führte ich eingehende Interviews mit Ray Barnes, der 1981 Augenzeuge der Entstehung einer Kornkreisformation wurde, sowie mit Vivienne und Gary Tomlinson, die 1990 in ein Vorkommnis verwickelt waren, in dessen Verlauf offenbar ein Kornkreis entstand. Wie sie selbst erklärten, hatten diese Erlebnisse tiefgreifende und langanhaltende körperliche und psychische Auswirkungen.

Ray Barnes

Westbury, Wiltshire, 1981. Im Juli dieses Jahres wurde Ray Barnes Augenzeuge, wie ein Kornkreis entstand. »Nachdem es nachmittags ein Gewitter gegeben hatte, ging ich an einem Samstagabend mit dem Hund spazieren, es regnete immer noch leicht. Eine Welle oder Linie, die durch das Kornfeld kam, erregte meine Aufmerksamkeit. Nachdem sie bogenförmig durch das Feld gelaufen war, sank die Linie zu Boden und beschrieb in ungefähr vier Sekunden radial im Uhrzeigersinn einen Kreis.
Der Kornkreis sank so präzise zu Boden, als habe ihn ein riesiges Schneidemesser geschnitten. Es federte kein bißchen nach, und das war ziemlich ehrfurchtgebietend, denn wenn Sie zusehen, wie ein Traktor übers Feld fährt, federt das niedergedrückte Korn immer leicht nach.«
Ray Barnes war zum Zeitpunkt dieser Beobachtung 45 Jahre alt. Er räumt ein, daß seine spätere Erblindung durchaus auf einem zufälligen zeitlichen Zusammentreffen beruhen mag, allerdings ist er tief im Innersten überzeugt, daß es in einer Verbindung zu diesem Ereignis stehen muß. Im Februar 1982 bemerkte er, daß mit seinen Augen etwas nicht in Ordnung war, und als er sich im folgenden Monat eine Brille anpassen ließ, bestätigte sich sein Verdacht. Er konnte auf dem rechten Auge nicht scharf sehen. Er ließ seine Augen jedoch erst 1984 untersuchen, als er an seinen Hausarzt und von dort im Mai 1985 weiter an einen Spezialisten (Robin Finlay) überwiesen wurde. Finlay, ein Facharzt für Augenheilkunde am Royal United Hospital in Bath, erklärt, als er Ray Barnes im Mai 1985 zum erstenmal untersucht habe, habe er bei ihm einen grauen Star im fortgeschrittenen Stadium festgestellt, der ihn nur noch »Handbewegungen« habe erkennen lassen. Das Sehvermögen des linken Auges war fast normal. Er hatte damals einen leicht erhöhten Blutdruck, alle anderen Befunde waren jedoch normal. Die Ursache seines grauen Stars war nicht bekannt, und Mr. Finlay erklärt, er habe noch nie einen Fall einer »fluoreszierender Lederhaut des Auges« gesehen, ein Zustand, von dem bekannt ist, daß er in Verbindung mit Strahlenbelastungen auftritt.
Was die Entwicklungsgeschwindigkeit des grauen Stars angeht, erklärte Finlay mir, als er Ray Barnes zum erstenmal gesehen habe, sei der graue Star voll ausgereift gewesen. Er empfahl daher einen baldigen chirurgischen Eingriff. Ray Barnes ließ sich den grauen Star am rechten Auge operativ entfernen und ein Linsenimplantat einsetzen.

Auch die Sehschärfe des linken Auges verschlechterte sich im Laufe von zwei Jahren allmählich. Im September 1986 betrug sie noch 6/18, und im Juni 1987 reichte sie nur noch aus, »Finger abzuzählen«. Zu diesem Zeitpunkt war der graue Star reif. Ray Barnes litt an hinteren subkapsulären Katarakten, die sich besonders schnell entwickeln.
Wieder ließ Barnes mit Erfolg eine Linsenimplantation vornehmen.

Gary und Vivienne Tomlinson

Donnerstag, der 17. Mai 1990, begann für Gary und Vivienne Tomlinson wie jeder andere Tag. Im Laufe des Tages wurde es warm, schwül und ungewöhnlich windstill. Gegen 20 Uhr beschlossen sie, einen Spaziergang zu machen. Der Weg über die Felder nach Bryony Hill gehörte zu ihren Lieblingsrouten. Sie berichten:

Die Luft war drückend, und als wir auf dem öffentlichen Wanderweg am Feld entlanggingen, stand das hellgrüne Korn noch etwa 60 Zentimeter hoch. Im Vorübergehen bemerkten wir zwei ganz kleine, perfekt geformte Kreise, einen am Feldrand und einen weiter feldeinwärts. Wir dachten uns erst nichts dabei. Wir gingen den Bryony Hill hinauf, die Luft war drückend und feucht, es wehte kein Lüftchen. Als wir den steilen Hang hinaufstiegen, gerieten wir bald außer Atem. Schließlich erreichten wir den Gipfel von Hydon's Ball (so heißt diese Anhöhe), setzten uns dort einen Augenblick hin und genossen die Aussicht und die regungslose Luft. Nach einer Weile wurde es Zeit, wieder hinunterzugehen, da die Sonne allmählich unterging und wir keine Taschenlampen bei uns hatten.
Wir durchquerten das zweite Weizenfeld, das näher bei St. Peter's Church liegt, und waren etwa bis zur Hälfte gekommen, als der Wind einsetzte. Der Himmel war ziemlich bedeckt, aber vor uns waren ein herrlicher Sonnenuntergang und ein Fleckchen blauen Himmels zu sehen. Der ungewöhnlich leuchtende Sonnenuntergang warf einen wunderschönen goldenen Schimmer über das Kornfeld. In diesem Augenblick bemerkten wir den Wind, der durch das Korn wehte und Welle auf Welle in dem Getreide zu unserer Rechten erzeugte, daß es wie ein goldbraunes Meer wirkte. Wir sahen nach Bryony Hill hinüber und bemerkten einen starken Wind. Die spärlich belaubten Bäume neigten sich stark zur Seite, und auch unten im Kornfeld bewegten sich die Halme.
Plötzlich, innerhalb von Sekunden, wehte ein Nebelschleier über die Hügelspitze und den Hang hinunter. Es ging alles so schnell. Der Wind schlug um, der Nebelschleier trieb nun anscheinend zwischen zwei Bäumen am Ende des Feldes hindurch; als er weiterzog, schien er in zwei Richtungen gleichzeitig zu treiben. In der Mitte des Nebelschleiers nahm der Wind zu und erzeugte starke Wogen. Es bildete sich wohl ein Wirbelwind.
Es sah aus wie ein Nebel oder Dunstschleier und schimmerte. Wir konnten das Tosen des Windes hören. Das Pfeifen schwoll an, wurde intensiver, erreichte den hohen Klang einer Panflöte und endete in einem anhaltenden Ton. Ich hatte das Gefühl, daß meine Ohren platzten, es war ein gewaltiger Lärm. Ich hob die Hände und versuchte, meine schmerzenden Ohren zu schützen. Das Korn wurde zu Boden gedrückt, als die wirbelnde Luft auf uns zukam. Wir schauten beide zum Himmel hinauf, um zu sehen, ob ein Hubschrauber über uns war. Plötzlich gab es einen heftigen Windstoß, der uns von oben und von der Seite erfaßte. Die schimmernde Luft umkreiste uns. Sie übte einen lastenden Druck auf unsere Köpfe aus. Wir konnten uns kaum aufrecht halten. Gleichzeitig hatten wir aber auch das Gefühl, nach oben gesaugt zu werden. Es herrschte ein gewaltiger Druck von oben und unten. Uns beiden kribbelte es am ganzen Körper, als sei von Kopf bis Fuß alles eingeschlafen. Ich versuchte, mich aus dem Sog der wirbelnden Luftmasse zu befreien, war aber gefangen. Ich sah zu Gary hinüber, seine Haare standen zu Berge. [Gary erzählte mir, daß auch Viviennes Haare zu Berge standen.] Ich versuchte, ihn zu rufen, aber meine Stimme ging offenbar in dem tosenden Lärm unter, während wir herumgewirbelt und -geschleudert wurden. Plötzlich fegte uns der Wind vom Weg fort ins Kornfeld. Wir bekamen einen starken Stoß. Es war äußerst beängstigend. Als wir zu Boden sahen, beobachteten wir, wie sich um uns herum ein großer Kreis bildete. Es passierte so schnell, es dauerte nur ein paar Sekunden. Eine Spirale bildete sich gegen den Uhrzeigersinn und setzte sich vom Mittelpunkt nach außen fort. [Vivienne schätzte den Durchmesser des Kreises auf etwa zwei Meter.] In der Mitte des Kreises war eine kleine Pyramide aus Korn, die Halme waren aufeinander geschichtet. Der Wirbelwind spaltete sich in zwei Teile, einer verschwand schwirrend in der Ferne und fegte dabei über die Getreidespitzen. Der andere sauste seitlich an mir vorbei und formte ein Stück weiter weg einen

zweiten Kreis. Auch das dauerte nur ein paar Sekunden. Wir sahen uns nach dem ersten Wirbelwind um und sahen ihn immer noch als dünnen Nebelschimmer in der Ferne einen Zickzackkurs über die Kornspitzen beschreiben.
In dem Kreis, in dem wir standen, gingen interessante Dinge vor sich. Kleine Wirbelwinde tauchten einer nach dem anderen auf, glitzernde Wirbel mit etwa 10 Zentimetern Abstand untereinander. Sie wirbelten in kleinen Gruppen im Korn herum auf den Kreisrand zu, drückten das Korn sanft zu Boden und vergrößerten den Kreis. Es blies jetzt kein Wind mehr, und es war merkwürdig, diesen schimmernden Wirbeln zuzusehen, wie sie sich drehten. Es wurden offenbar immer mehr. Wir sahen beide zu dem zweiten Wirbelwind hinüber, der aussah wie eine durchsichtige, glühende Röhre, die sich endlos in den Himmel erstreckte. Der Sonnuntergang verblaßte allmählich. Ich wandte mich wieder den Miniaturwirbeln zu. Sie hatten offenbar ihr dunstiges Aussehen verloren und wirkten nun wie matt leuchtendes Glas mit einer zitternden Linie im Inneren. Sie flackerten schwach und liefen immer noch am Kreisrand entlang. Es waren anscheinend auch weniger geworden. Es wurde dunkel, und mich ergriff Panik. Ich faßte Gary an der Hand und zog ihn aus dem Kreis. Langsam und schweigend machten wir uns auf den Heimweg, von dem Erlebnis wie betäubt. Meine Ohren schmerzten, und wir beide fühlten uns lethargisch, uns war übel, und wir standen unter Schock.

Weder Gary noch Vivienne trugen damals eine Uhr. Sie schätzten, daß die Episode nur etwa sieben Minuten gedauert hatte, die ihnen allerdings wie eine Ewigkeit vorgekommen waren.
Wie Vivienne mir erzählte, hatte sie so heftige Ohrenschmerzen, daß sie einen Arzt aufsuchte, der eine Perforation der Trommelfelle feststellte. Sie hatte vorher noch nie Probleme mit den Ohren gehabt. Dieser denkwürdige Tag liegt mittlerweile zwei Jahre zurück, und Viviennes Ohren sind wieder geheilt. Interessant ist, daß sie heute besser hört und empfindlicher auf Lärm reagiert. Gary und Vivienne erklären übereinstimmend, daß es eine Woche dauerte, bis ihre Lethargie und ihre Übelkeit nachließ. Außerdem klagten sie über schwere, müde Augen. Es dauerte längere Zeit, bis diese Nachwirkungen und der Schock abgeklungen waren. Beide sind heute wieder völlig gesund.

2. Heilungen

Margaret Randall

In meinem Beitrag zu dem Buch *Die Kreise im Korn* (Herausgegeben von Ralph Noyes, München: Heyne 1991) habe ich die bemerkenswerte Heilwirkung geschildert, die Margaret Randall 1990 in einem Kornkreis erlebt hat. Sie leidet an einer schweren Form der Raynaud-Krankheit, einer Kreislaufstörung, die durch eine systemische Sklerodermie erschwert wird. Seit damals habe ich sie 1991 und 1992 wiederholt mit in Kornkreise genommen. Sie schildert ihre Erfahrungen so:

Eines der am häufigsten befallenen Organe ist die Speiseröhre; der Magenmund (der Übergang von der Speiseröhre zum Magen) erschlafft und läßt folglich Magensäure aufsteigen. Sie verursacht Geschwüre, die zwar heilen, aber die Speiseröhre verengen. Aus diesem Grund habe ich mir angewöhnt, halb sitzend auf Kissen gelehnt zu liegen, weil ich sonst so etwas wie ständiges Sodbrennen habe. Und als ich im Kornkreis lag, spürte ich kein »Sodbrennen«.

Im August 1991 brachte ich sie in eine andere Formation in Cheesefoot Head, Hampshire. Über ihre Erfahrungen berichtet sie:

Wie bei früherer Gelegenheit 1990 empfand ich ein starkes Gefühl der Ruhe und des Friedens. Lucy sagt, ich sei für zehn Minuten in tiefen Schlaf gefallen und wir seien über vierzig Minuten in diesem Kreis geblieben. Mein eigener Eindruck war, daß wir nur kurz dort waren!
Am nächsten Tag arbeitete ich in meinem Garten, und erst abends fiel mir auf, daß ich keine Ruhepause hatte einlegen müssen und meine Beine durchgehalten hatten.
Der folgende Tag war ein Montag, ein Arbeitstag. Normalerweise sitze ich fast den ganzen Tag am Schreibtisch, doch aus irgendeinem Grund war es an diesem Tag anders, ich war fast ständig auf den Beinen. Keine Schmerzen und Beschwerden!
Über Tage und sogar Wochen hielt diese Schmerzfreiheit in den Beinen an, so daß ich sie schon für selbstverständlich nahm und fast vergessen hatte, wie ich mich gewöhnlich fühlte.
Und ich bin immer noch schmerzfrei. Natürlich ruhe ich mich wie die meisten Menschen nach einem arbeits-

reichen Tag abends aus, und gelegentlich habe ich auch müde Beine, aber nicht mehr als normal ist. Das kommt bei bedecktem, schwülen Wetter vor, wenn ich mich von einer Erkältung erhole oder wenn ich meine Bügelwäsche habe auflaufen lassen und eine Stunde ununterbrochen stehen muß.

Lucy hatte versprochen, mich 1992 mit in einen Kornkreis zu nehmen, und am Samstag, den 8. August, war es soweit. Es herrschte trübes, drückendes Nieselwetter. Gerade als wir eintrafen, kam die Sonne durch. Lucy brachte ihre Schwester Amanda und mich zu einer Formation in Ogborne St. George. Wieder verspürte ich ein starkes Gefühl des Friedens, als stünde ich »über allem«. Im Kreis schien es auch viel wärmer zu sein als außerhalb. Während ich dort war, hatte ich den Eindruck, daß die ganze Welt in Ordnung sei, und ich bemühte mich sogar bewußt, an etwas Unerfreuliches zu denken, schaffte es aber nicht. Ich fand das seltsam, in Anbetracht der Tatsache, wieviel Unerfreuliches es auf der ganzen Welt gibt. Diese Empfindung hielt sich noch etwa eine Stunde nach Verlassen des Kreises. Ich verlor auch diesmal wieder jedes Zeitgefühl; ich dachte, wir hätten uns etwa eine Viertelstunde im Kreis aufgehalten, tatsächlich waren wir aber über eine Stunde dort. Ich frage mich, ob es sich um einen Verlust des Zeitgefühls handelt oder um eine Art Zeitraffer. Körperlich spürte ich ein leichtes Kribbeln in den Fingern.

Ich habe zwar keinen medizinischen Befund erhalten, muß aber annehmen, daß sich mein grundlegender Zustand (die systemische Sklerose durch die Sklerodermie) nicht verschlechtert hat, und man hat mir sogar gesagt, daß ich, falls keine Verschlechterung eintritt, von jetzt an nur noch einmal im Jahr zur Untersuchung muß (wegen meiner Speiseröhrenprobleme), während ich früher in der Regel zwei bis dreimal jährlich untersucht wurde. Das gleiche gilt für Untersuchungen wegen meiner Probleme mit Händen und Haut.

Lesley Clementson

Lesley Clementson leidet seit etwa 1969 unter Arthritis. Im Laufe der Jahre wurden mehr und mehr Gelenke befallen und beide Knie und Ellbogen schmerzen. Auch ihre rechte Hüfte macht ihr große Beschwerden, und ihr steht höchstwahrscheinlich bevor, beide Hüften und Knie durch Prothesen ersetzen zu lassen. Gegen die Schmerzen bekommt sie Medikamente (DF118). Sie leidet zudem unter Diabetes, die medikamentös reguliert wird. Ihre Geschichte beginnt am 25. Mai 1992, als sie mit ihrem Mann und ihrem Hund das Feld in Lockeridge betrat.

»Wir betraten das Feld und gingen zuerst zu dem einzelnen Kreis, den wir für eine Fälschung hielten. Um zu den anderen Kreisen zu kommen, mußten wir den Traktorspuren bis zum Ende des Feldes folgen.« Da Lesleys Gelenke so sehr schmerzten, schickte sie ihren Mann Steve voraus, um ihn nicht aufzuhalten. »Meine Gelenke waren sehr steif und taten weh, ich ging daher ganz langsam. Ich hatte solche Schmerzen, daß ich manchmal in Tränen ausbrach. Im Kreis stand ich erst einmal ganz still, erleichtert, daß ich ihn erreicht hatte. Ich blieb regungslos stehen und sah mir den Kreis an, er war wunderschön. Nach etwa zehn Minuten spürte ich, wie die Schmerzen zu meinen Zehen hinaussickerten. Fast schmerzfrei ging ich um den Kreis herum und in die Schnecke hinein.« Ungefähr eine Stunde später beschlossen sie, den Hang hinunter zur Straße zu gehen. Lesley trägt Schnürschuhe, die sie lockern kann, wenn ihre Füße weh tun. »Als ich durch das Feld zur Straße hinunterging, war ich immer noch so gut wie schmerzfrei, und ich hatte den Eindruck, meine Schuhe seien zu groß. Als wir die Straße erreichten, mußte ich mir die Schuhe erheblich fester binden, da die Schwellung meiner Füße zurückgegangen war und sie fast ihre Normalgröße erreicht hatten.« Als ich zehn Tage nach diesem Erlebnis mit Lesley sprach, klang diese wohltuende Wirkung allmählich ab.

3. Sonstige merkwürdige Erlebnisse

Patricia Rhodes

Viele normale, gesunde und sensible Menschen berichten von Auswirkungen, die ihren Erwartungen völlig zuwiderliefen und für sie sehr überraschend kamen. Da ist zum Beispiel der merkwürdige Fall Patricia Rhodes' von der Isle of Wight, die von allen Bekannten als ein bemerkenswert gutmütiger, ausgeglichener Menschen beschrieben wird. 1990 tauchten in der Nähe von Hazeley Manor fünf Kornreise auf, zwei in einem Feld und eine im Dreieck angeordnete Dreierformation in einem benachbarten Feld. Im Juli besuchte sie den großen Einzelkreis und merkte beim Näherkommen, daß sie »unwillkürlich lächelte und sehr glücklich war, je näher ich dem Kreis kam. Ich stand in der Kreismitte, fühlte mich sehr behaglich und merkte, daß ich lächelte und gar nicht damit aufhören konnte!« Eine Woche später, Anfang August, machte Patricia Rhodes jedoch eine völlig andere Erfahrung. Sie ging in den zweiten Kreis der Dreiergruppe »und verspürte unmittelbar Wut. Er war unordentlich, während die anderen beiden ordentlich und schön waren. So erklärte ich mir jedenfalls selbst meine Wut rational, wußte aber, daß es Unsinn war. Ich verließ schnell den Kreis, ich war verwirrt und aufgewühlt. Obwohl ich sehr angespannt war, trat ich noch einmal in den Kreis und wurde wieder wütend. Ich ging wieder hinaus und hinüber zu den beiden anderen Kreisen, in denen ich keinerlei Reaktion verspürte.« Eine Freundin, die in den Kreisen auf dem anderen Feld gewesen war, betrat den zweiten Kreis und rief sofort zu Patricia Rhodes hinüber, sie sei »wütend«. Die beiden Freundinnen hatten in der Zwischenzeit nicht miteinander gesprochen.

Ralph Noyes

Ralph Noyes besuchte im August 1990 mit zwei Bekannten die Dreierformation in Beckhampton und hatte ein seltsames Erlebnis, das er folgendermaßen beschreibt:

Wir hielten uns eine Weile in den »Schnecken« auf und betraten dann das »Dreieck«. Der Eindruck einer starken Energie verstärkte sich im »Dreieck« nachhaltig. Zudem hatte ich den ausgeprägten visuellen Eindruck, daß ein »Energiefluß« von Nordnordost nach Südsüdwest durch das Dreieck strömte. Es wirkte wie ein endloser Strom heller Partikel, die jeweils nur über eine Strecke von 30 bis 60 Zentimetern bestehen blieben, allerdings unmittelbar aufeinander folgten. Als Analogie fiel mir dazu der Fluß atomarer und subatomarer Partikel durch die altmodische Nebelkammer ein, in der Physiker früher winzige Teilchen kurzzeitig sichtbar machten.
Ich fragte Alick und Mari, ob sie das gleiche sähen wie ich. Sie sahen es nicht. Ich schloß daraus, daß ich »draußen« nichts sah, sondern die für meine Sehfähigkeit verantwortliche Hirnrinde (oder ein anderer Teil meines »inneren« Wahrnehmungsapparates) von einer ansonsten unsichtbaren Energiequelle beeinflußt wurde.
Ich denke, wir alle (ich ganz bestimmt) hatten das Gefühl, diesem »Dreieck« wie einer »Sucht verfallen zu sein«. Wir müssen über anderthalb Stunden dort geblieben sein, anfangs standen wir, schließlich knieten wir uns hin und legten uns letzten Endes auf den Boden. Ich berichte das lediglich und interpretiere es nicht; es muß anderen überlassen bleiben, zu überlegen, ob wir uns durch Suggestion in einen wunderlichen Zustand versetzt hatten; schließlich ging gerade groß der Vollmond auf und wir betrachteten Vorgänge, die gelinde gesagt überraschend waren. Ich muß allerdings sagen, daß ich (und ich denke auch meine Begleiter) den Eindruck hatten, einen »bedeutsamen« Moment zu erleben. Wir waren auf eine Weise »bezaubert« oder »berückt«, die an die Erfahrungen in alten Märchen zu erinnern scheint, in denen Sterbliche den Fehler begehen, sich mit Feen, Elfen und Kobolden einzulassen! Es hätte mir nicht sonderlich viel ausgemacht, für immer dort zu bleiben und alle irdischen Verpflichtungen und Mißlichkeiten zu vernachlässigen, mit denen wir uns herumschlagen müssen.
Ich muß noch sagen, daß dieses Erlebnis insgesamt verwirrend war. Mir gefiel das suchthafte Gefühl nicht und ich hatte den Eindruck, daß dieses Erlebnis unser ganzes Interesse, unser eigenes Alltagsleben und das unseres Planeten zu regeln, potentiell ebenso zerstören könnte wie, sagen wir, Drogenabhängigkeit oder eine allzu starke Neigung zu einschläfernden Halluzinationen oder Träumen.

4. Geräusche in Kornkreisen

Es gibt zahlreiche und vielfältige akustische Effekte in Verbindung mit Kornkreisen, die allerdings nicht nur dort zu hören sind, sondern auch in Situationen, die mit diesem Phänomen in Zusammenhang stehen und kilometerweit entfernt sind. Wie ich gehört habe, gibt es eine Reihe »innerer« Geräusche, die mit einem

»meditativen« geistigen Zustand verbunden sind (das heißt mit einem gesteigerten Bewußtsein); zu ihnen gehört auch das Trillern und Ticken, von dem George Wingfield, Colin Andrews und andere so häufig berichtet haben. Ich selbst habe dieses »Ticken« schon erlebt, nicht nur in Kornkreisen, sondern auch zu Hause und noch dramatischer während einer Meditation im Harry Edwards Healing Centre in Shere. Ich hatte morgens in der Kapelle einen Vortrag gehalten, und nach dem Mittagessen beschlossen wir, anhand jenes Dias zu meditieren, das diesen herrlichen tanzenden Mann bei Michaeldever Station zeigt. Nachdem ich mir das Bild ein paar Minuten angesehen hatte, schloß ich die Augen, stellte aber zu meinem Leidwesen fest, daß mich das Ticken einer Uhr in der Ecke des Raumes störte. Ich beschloß, mich über solche irdischen Ablenkungen zu erheben und mich auf das Geistige zu konzentrieren. Nach kurzer Zeit gelang es mir, das Geräusch auszuschalten. Während des an die Meditation anschließenden Gesprächs erwähnten zwei Leute, wie sehr das Ticken der Uhr sie irritiert habe. »Ja, die in der Ecke«, bestätigte ich. Aber ES GAB KEINE UHR in der Ecke, und es gab auch KEINE Uhr im Gang. In der ganzen Umgebung war NIRGENDWO eine Uhr zu finden. Es waren über hundert Menschen in diesem Raum, und dreizehn von ihnen hatten das Geräusch gehört.

Ich erzählte diese Geschichte bei einem anderen Vortrag, und anschließend kam eine Frau zu mir, um mir zu sagen, daß sie vor kurzem in eben dieser Kapelle gebetet und ebenfalls die tickende »Uhr« gehört habe. Das »Geräusch« sei zwanzig Minuten lang zu hören gewesen.

An jenem Tag in Shere geschah noch etwas Merkwürdiges. Nach meinem Vortrag kamen mehrere Leute zu mir in die herrlichen Gärten, in denen wir zu Mittag aßen, und erklärten, sie seien ohne ersichtlichen Grund »eingeschlafen«, als ich gerade Bilder der komplizierteren Formationen zeigte und es, wie sie sagten, »WIRKLICH spannend wurde«.

Eine junge Frau war besonders bestürzt und meinte, sie sei noch NIE im Leben morgens eingeschlafen. Solche Dinge waren mir schon vorher passiert, und da ich eine schüchterne Rednerin bin, hatte es mich tief getroffen. Allerdings bestätigte sich schon bald meine anfängliche Vermutung, als mehrere Teilnehmer sich unserer Gruppe anschlossen und verschiedene Aspekte meines Vortrags zu diskutieren begannen. Diejenigen, die gedacht hatten, sie wären eingeschlafen, hatten in Wirklichkeit alles gehört!

Chris Mansell

Ich traf Chris Mansell zum erstenmal bei der Winchester-Konferenz im vergangenen Sommer. Im Laufe des Sommers lernte ich ihn besser kennen, er gehört zu den vielen Menschen, mit denen ich in den folgenden Wochen gerne zusammen war. Seine Freundin Annick Nevejan und er hatten kürzlich auf der Galteemore Farm ein äußerst merkwürdiges und ungewöhnliches Erlebnis gehabt. Sie gingen von Durran Farm auf dem Fußweg über Galteemore Farm Richtung Beckhampton nach Allington und schauten über ein Feld hinunter ins Tal. Es wehte ein mäßiger bis starker Wind, der Himmel war weitgehend bewölkt, hin und wieder aufgelockert durch dunstige Sonnenstrahlen. Chris erzählte:

Über diesem Feld schwebte ein Dunstschwaden oder stieg auf, der, wie mir auffiel, nur auf dieses Feld beschränkt war. Er war etwa ein mal ein Meter groß und einen halben Meter über dem Getreide. Innerhalb von drei oder vier Minuten nahm der Dunst eine »schlangenartige« Form an, bewegte sich nordöstlich das Feld hinunter und bekam recht deutlich ausgeprägte Konturen, während er weiterhin dunstig und halbopak blieb. Dann löste er sich allmählich auf. Meine Freundin beobachtete diesen Vorgang zum Teil, verfolgte aber nicht die ganze Entwicklung.

Annick hatte beschlossen, sich die Sache aus einem anderen Blickwinkel anzusehen, und ging weiter den Fußweg entlang; offenbar schien der Dunstschwaden sich genau zu diesem Zeitpunkt in eine »schlangenartige Figur mit gewundenem Schwanz zu verwandeln, ehe er sich langsam auflöste«. Annick sah den Schwanz nicht.

Colin Parsons, Autor des Buches *Encounters with the Unknown*, wird jedesmal mißtrauisch, wenn er Menschen über ihre merkwürdigen Erlebnisse interviewt und sich die Berichte von zwei oder mehr Personen in allen Details decken. Seiner Ansicht nach ist es höchst unwahrscheinlich, daß zwei Menschen alles auf *genau* die gleiche Weise wahrnehmen, und zudem meint er: »Gauner arbeiten ihre Geschichten zu gut aus; es sind die Ehrlichen, die nicht übereinstimmen.«

Karen und Michael Neary

Michael und Karen Neary interessierten sich seit einigen Jahren für das Kornkreisphänomen, da sie jedoch kein Auto besaßen, war es ihnen erst an einem Samstagnachmittag im Juli 1990 möglich, eine Formation aufzusuchen. Sie entschlossen sich zu einem Besuch der herrlichen Formation bei Newton St. Loe in der Nähe von Bath, da sie in ihrer Nähe lag. Es war ein strahlender Sommernachmittag, kein Wölkchen war am Himmel. Michael berichtet:

Karen war damals etwa in der siebundzwanzigsten Schwangerschaftswoche und hatte keinerlei Schwierigkeiten mit ihrer Schwangerschaft. Wir parkten auf dem der Formation benachbarten Feld, bezahlten den Eintritt und folgten gespannt den Traktorspuren bis zum Piktogramm. Was wir spürten, als wir es betraten, ist schwer zu beschreiben. Karen wußte, daß sie im Kreis war, noch ehe sie ihn in seinen greifbaren Merkmalen (das heißt flach gelagertes Korn, Windungen, Kreiswände und so weiter) wahrgenommen hatte. Auch das Baby schien es zu »wissen«. Es hüpfte! Sehr schnell und ganz plötzlich! Es war, als hätte das Kind Arme und Beine augenblicklich in voller Länge ausgestreckt. Danach wurde das Baby ruhiger, Karen sagte jedoch, daß es sich seltsam bewegte, so als wiege es sich hin und her.

Michael reagierte beim Eintreten in die Formation mit einem »plötzlichen Bewußtsein oder einer geistigen Klarheit, als hätte ich von einem Augenblick zum nächsten eine Erweiterung der Wirklichkeit erlebt. Das hielt ein paar Sekunden an, ehe es sich wieder normalisierte. Auch wenn ich nie wieder in einem Kornkreis stehen sollte, wäre mir diese Erfahrung genug.«

Als sie an diesem Sonntagabend nach Hause fuhren, war alles normal. Am Montagmorgen rückten die Erlebnisse des Vortages jedoch in weite Ferne, als Ärzte darum rangen, die viel zu frühe Geburt des Babys zu verhindern. Sie gewannen den Kampf und am Donnerstagabend erklärten sie Karen, sie dürfe am nächsten Tag wieder nach Hause. Sie hörte sofort auf zu arbeiten und ließ die Dinge für den Rest ihrer Schwangerschaft ruhig angehen. Die Ärzte nannten viele mögliche Gründe für das Geschehene. Hatte Karen sich an diesem Tag überanstrengt? Das scheint unwahrscheinlich, denn sie war in den sechs Monaten vorher zu Fuß zur Arbeit gegangen (40 Minuten täglich), ohne negative Auswirkungen zu verspüren.

Ich bin seit diesem ereignisreichen Tag regelmäßig mit Karen in Kontakt. Rachael wurde am 12. Oktober geboren und wog knapp fünf Pfund. Obwohl es Karens erstes Kind war, hatte sie eine leichte Geburt. Heute ist Rachael elf Monate alt, glücklich und zufrieden, macht nach Angaben der Ärzte hervorragende Fortschritte und ist normal entwickelt.

Zusammenfassend sind wir mit Karen und Michael der Meinung, daß Schwangeren vom Besuch eines Kornkreises abzuraten ist.

5. Berichte aus frühen Kornkreisen

Mit der Zeit erreichen uns immer mehr Berichte von Kornkreisen, die vor den achtziger Jahren gesichtet wurden, und über seltsame Sinneseindrücke und merkwürdige Erlebnisse, die Menschen im Laufe der Jahre in solchen Kreisen hatten.

Ich habe Kontakt zu dem Bildhauer John Houston, der von der Zeit erzählte, als er während des Krieges im Alter von sechs Jahren mit seiner Familie aus London nach Wiltshire evakuiert war. Obwohl die schlimmste Zeit des »Blitzkrieges« 1943 bereits vorüber war, brachten seine Eltern ihn und seine beiden Schwestern (eine älter und eine jünger als er) in das kleine Dorf Rowde in Wiltshire, um sie aus London fortzubringen und ihnen die restlichen Bombardements zu ersparen.

Während der beiden Sommer, die John mit seiner Familie in Rowde verbrachte, gab es Kreise im Weizen. Er erinnert sich, daß die Bauern ihn, seine ältere Schwester und ein kleines Mädchen aus der Nachbarschaft mitnahmen, sich die Kreise anzuschauen. Es schien niemanden zu überraschen, daß dort Kreise waren, und sie zeigten sie ihnen wie eine Selbstverständlichkeit, einen in einem Jahr und den anderen im folgenden. Sie spielten munter in den Kreisen und gingen oft dorthin. Die Kreise waren grob geschätzt gut 25 Meter im Durchmesser (im Verhältnis zu Johns Größe »wirkten sie sehr groß«). »Sie hatten ganz glatte Ränder, und der Weizen am Boden war ordentlich flach gelagert, alle Halme zeigten in eine Richtung und bildeten eine gekrümmte Parallele zum Kreisrand.«

Diana Hancock, mit der ich ebenfalls in Kontakt stehe, lebte als junges Mädchen in Winchester und erinnert sich, daß sie Mitte der dreißiger Jahren mit ihren Eltern und ihrer Schwester durch Cheesefoot Head fuhr und in der Punch Bowl und den umliegenden Feldern Kreise bemerkte. Damals dachte sich niemand etwas dabei, erklärte sie.

Vor kurzem erhielt ich einen Brief von einer Frau, die vor sechzig Jahren Kornkreise im County Donegal gesehen hat, in Weizen und, wie sie meint, in Raps. Es waren alles einfache Kreise, spiralförmig gegen den Uhrzeigersinn gewunden, doch die Kreise im Raps waren größer als die anderen. Sie schreibt:

Es kann keine Rede davon sein, daß jemand diese Kreise angelegt hätte. Die Bauernhöfe lagen in einer armen, gebirgigen Gegend, und auf den Feldern gab es viel Stechginster und Steine. Die Menschen lebten von der Hand in den Mund und hätten keinerlei Interesse gehabt, Kreise anzulegen. Die Kreise galten als nachteilig, weil die Bauern auf jeden Penny angewiesen waren, den die Getreidehändler ihnen gaben. Gerüchte, daß mit dem Getreide etwas nicht stimmte, hätten den Ruin bedeutet, also richteten sie es schnell wieder auf und sprachen nicht darüber.

Schluß

Bislang haben wir für das Jahr 1992 weniger Berichte über ungewöhnliche Erlebnisse in Zusammenhang mit Kornkreisen erhalten als in den zwei vorhergehenden Jahren. Das mag durchaus mit dem schlechten Wetter zu tun haben – der August 1992 war der nasseste seit vier Jahren –, das die Besucherzahlen in den Kornkreisen sinken ließ.

Diana und ich möchten allen danken, die einen Bericht eingesandt oder unsere Fragebögen beantwortet haben. Bitte senden Sie sie uns auch weiterhin. Wir brauchen Ihre Hilfe, um unsere Forschungsarbeit fortsetzen zu können.

Besonderer Dank

Ich möchte allen danken, die mir erlaubt haben, über ihre Erlebnisse zu berichten, und die mir geholfen haben, die Informationen zu sammeln. Besonders danke ich Ray Barnes, Lesley und Steve Clementson, Robin Finlay, John Houston, Chris Mansell, Karen und Michael Neary, Ralph Noyes, Margaret Randall, Patricia Rhodes und Gary und Vivienne Tomlinson.

Juni 1992, Lockeridge, Wiltshire. Geschlungener Bogen und Alpha-»Unterschrift« sollten zum Erkennungszeichen eines Duos aus der Beckhamptongruppe werden.

Juni 1992, nahe Wroughton, Wiltshire. Wurde von einer Frau aus der Beckhamptongruppe gemacht, die an das Phänomen glaubt. Sie tat sich im Sommer 1992 mit einem »Debunker« – Entlarver – zusammen und war, wie berichtet, sehr stolz auf ihre Leistung.

Juli 1992, Kreis und »Grapeshot« (Kreiswinzling) nahe Milk Hill, Wiltshire.

Juli 1992, Kreis und Alphaunterschrift in einem Feld nahe dem »Waggon and Horses«, der Gaststätte, in der sich die verschiedenen Fraktionen der Kreiswelt, Forscher, Skeptiker und Fälscher, treffen.

August 1992, Guildford, Hampshire.

August 1992, nahe einer Doppelreihe prähistorischer Steine der Avebury Avenue. Die Linien im Hintergrund wirken wie der Versuch, das »Brain«, eine der eindrucksvollsten Formationen des Jahres 1991, nachzuahmen. Kreis und Ring im Vordergrund sind das Werk eines »Debunker«-Teams.

August 1992, nahe Alton Priors, Wiltshire. Einer der vielen Versuche, die Arbeit des angloamerikanischen Forschungsteams »Argus« durch Fälschungen zu erschweren.

Juli 1992, nahe Milkhill, Wiltshire, wurde »God's Telephone« – Gottes Telefon – getauft. Die Kreiswelt schätzt einprägsame Namen.

rechts unten: Juli 1992, nahe dem »Weißen Pferd« von Alton Barnes, Wiltshire.

Juni 1992, Alton Priors, Wiltshire. Spirale, deutlich als Fälschung erkennbar. Wird Jim Schnabel zugeschrieben, der beim Kornkreis-Wettbewerb im Juli 1992 den 2. Platz belegte.

Juni 1992, nahe Silbury Hill, Wiltshire. Im Hintergrund die baumbestandenen Rundgräber der Bronzezeit. Obgleich der Ring als Fälschung gilt, verharrten viele Menschen in meditativer Versenkung.

Juli 1992, Kreis und Ring nahe Woodborough Hill, Wiltshire. Wurde entdeckt, bevor die Operation CSETI auf dem Hügel von Woodborough ihr Hauptquartier aufschlug.

Juli 1992, eine von mehreren Formationen im Eastfield der Farm von Polly und Tim Carson, Alton Priors. Ein weiteres Produkt des Debunker-Duos Pam P. und Rob J.?

oben rechts: Juni 1992, der Pfeil zeigt auf die prähistorische Erdpyramide von Silbury Hill.

Ende Juni 1992, Patcham, Grafschaft Sussex.

Ende Juni 1992, Sompting, Grafschaft Sussex.

Juli 1992, Froxfield, Wiltshire.

Werbung mit dem Kornkreisphänomen.

Die Reklamepostkarte an Landwirte wirbt für das Pestizid »Cheetah R«. Es enthält Fenoxapropethyl und ist ein Produkt von Hoechst.

Die Sonntagszeitung *Mail on Sunday* zahlte dem Farmer für die Reklamefläche dem Vernehmen nach 1000 Pfund Sterling.

Juli 1992, Formation in der Nähe von Upton Scudamore, Wiltshire.

Juli 1992, Streichholzfigur nahe Froxfield, Wiltshire. Die Fälscher und Debunker verlagerten ihre Aktivitäten in diese Gegend, um der Gefahr zu entgegen, bei ihrer nächtlichen Arbeit ertappt zu werden.

Juli 1992, Chilbolton, Hampshire. Variante einer Formation aus dem Jahre 1990, die Filmemacher John Macnish zum Logo für seine Gesellschaft »Circle Vision« machte.

Ende Juli 1992, Dreiecke vor »Oliver's Castle«, einem prähistorischen Hillfort in der Nähe des Städtchens Devizes in Wiltshire. Die Ufologen um den Amerikaner Dr. Stephen Greer interpretierten es als kosmische Antwort auf ihre Kommunikationsversuche. Es handelte sich jedoch um eine sehr menschliche Erwiderung (siehe Kapitel von Jürgen Krönig).

August 1992, nahe Draycottfarm, Wiltshire. Kreis und Halbmond, wird Jim Schnabel zugeschrieben.

August 1992, Halbmond in der Nähe von Tawnsmeadcops, Wiltshire. Doug und Dave sagen, sie hätten Ende des Sommers 1991 eine Formation nahe Winchester ins Korn gelegt, in der erstmals der Halbmond verwendet wurde. Ihre Entwurfskizze zeigten sie dem amerikanischen Journalisten Jim Schnabel, der den Halbmond in der Saison 1992 mehrfach für seine Fälschungen verwendet hat.

Juni 1992, Chilbolton, Hampshire. Ein ziemlich erbärmlich ausschauendes Muster im Korn.

oben rechts: Juli 1992, nahe Chute Causeway, im Grenzland zwischen Hampshire und Wiltshire. Erinnert an die Technik von Doug und Dave.

Juli 1992, eine Formation zwischen Winterbourne Stoke und Stonehenge. Der Verdacht richtete sich gegen Mitglieder der Gruppe UBI (siehe Kapitel von Jürgen Krönig). Einige »Kornkreisexperten« griffen, um falsch von echt zu unterscheiden, auf die Hilfe von »Seherinnen« zurück.

Anfang Juli 1992. Wurde am Morgen des Kornkreis-Wettbewerbs von einem Mitglied des Argus-Teams, Ralph Noyes entdeckt, auf dem Weg nach Buckinghamshire, wo der Wettbewerb stattfand. Die Formation wird Rob Irving zugeschrieben, der sich zu spät entschlossen hatte, am Wettbewerb teilzunehmen. Siehe auch die beiden Erkennungsmerkmale: geschwungener Bogen und Alpha (in Bildmitte, durch Windschaden verdeckt).

Seite 86, von oben links nach unten rechts:

Juli 1992, Whitchurch, Hampshire. Ein eher »traditionelles« Design, das an die Zeit vor 1990 erinnert. Links im Bild ein Kreis, der bereits zu 2/3 abgeerntet wurde.

Juli 1992, Essex. Ein weiteres Beispiel für die regionalen Varianten des Kreisphänomens.

Juni 1992, nahe Westbury, Wiltshire. Wenig überzeugende Piktogrammversuche, die nichts von der Ästhetik der Kornkreis-Landart in früheren Jahren aufweisen.

August 1992, 3 Kreisformationen im Feld nahe Ramsbury, Berkshire. Links im Bild ein Weizenfeld, das schwere Wind- und Regenschäden aufweist, wie so viele Felder im Sommer dieses Jahres.

August 1992, Formation in der Grafschaft Essex, östlich von London.

Juli 1992, 3 Kreise auf der Galtimore Farm, nahe Beckhampton, Wiltshire. Der Landwirtschaftskorrespondent des *Independent*, Duff Hart Davies, kam nach genauem Studium dieser Formation zu dem Schluß, es handele sich »um ein Beispiel für das echte, rätselhafte Phänomen«.

Juni 1992, am Rande des »Savernake Forest«, eines Waldgebietes zwischen den Städten Hungerford und Marlborough. Auf diesem Feld wurde offenkundig für den Kornkreiswettbewerb geübt. Die »Hantel« hier entspricht der Aufgabe des »Crop Circle Contests«.

August 1992, nahe Froxfield, Wiltshire. Diese Gegend wurde im Verlauf der Saison mehr und mehr zu Test- und Übungszwecken genutzt.

Juli 1992, nahe der prähistorischen Anlage von Avebury. Filmemacher John Macnish nahm mit Nachtsichtkamera ein Dreier-Team bei der Arbeit auf: Robert Irving, Pam Price und Jim Schnabel. Die drei gerieten in Streit und operierten von da an lieber getrennt voneinander.

unten rechts: Juli 1992, nahe Woodborough Hill, Alton Priors, auf dem Land von Polly und Tim Carson. Zwei Berliner Mitglieder von Mufon CES, der UFO-Forschungsgruppe, fertigten im Einverständnis mit den Farmern dieses Gebilde.

Ende Mai 1992 in Raps, Urchfont, Wiltshire. Zunächst produzierten Mitglieder von UBI den gelben Kreis und Ring im Vordergrund; Paul Rendell und seine Freunde bestreiten, für die Ergänzung zum ausgewachsenen Piktogramm verantwortlich zu sein.

August 1992, Eastfield, Alton Barnes, Wiltshire. Von Exegeten der Kornkreissymbolik als »Merkur« gedeutet. Der Halbmond verweist auf den möglichen Urheber.

unten links: Juli 1992, Eastfield, Alton Barnes. Eine Variation des Entwurfs, der beim Wettbewerb verlangt wurde. Vom Argus-Team mit Skepsis betrachtet.

Juli 1992, Warminster, Wiltshire. Der »römische Adler«.

August 1992, nahe Ogbourne St. George, Wiltshire.
Kann diese Variation klassischer Kornkreisformen als gelungenste Leistung des Ein-Mann-Teams Schnabel bezeichnet werden? Später setzte sein Mitstreiter und Rivale eine weitere Formation ins gleiche Feld.

Juli 1992, nahe Warminster, Wiltshire. Patrick Mulgrove Moore vom CCCS wurde am Tag vor der Entdeckung dieser großen Formation von einem anonymen Anrufer darüber informiert, daß »das Militär eine große Sache« plane.

August 1992, eine elaborierte Formation nahe Pepperboxhill, Hampshire, einer Gegend, in der sich Doug und Dave mit Vorliebe getummelt haben. Im Verlauf der Saison 1992 haben sie an die 30 Formationen ins Korn gelegt. Die Entwürfe schickten sie per Post dem Filmemacher John Macnish zu.

Juli 1992, »The Snail«, Alton Barnes. Ob skeptisch, gläubig oder schlicht neugierig: Tausende strömten auch im Sommer 1992 wieder in die Kreise und Formationen der Felder um Alton Barnes.

Juli 1992, »The Snail« – die Schnecke, Alton Barnes, Wiltshire. Riesiges Piktogramm in jenem Feld, das seit 1990 von vielen Formationen heimgesucht wurde. In der Nacht der Entstehung wurde das Feld von verschiedenen Gruppen und Individuen bewacht. Haben die »Dodmen« – so der Spitzname von UBI – im Nebel des Morgens zugeschlagen oder handelt es sich um ein Beispiel für das »echte« Phänomen?

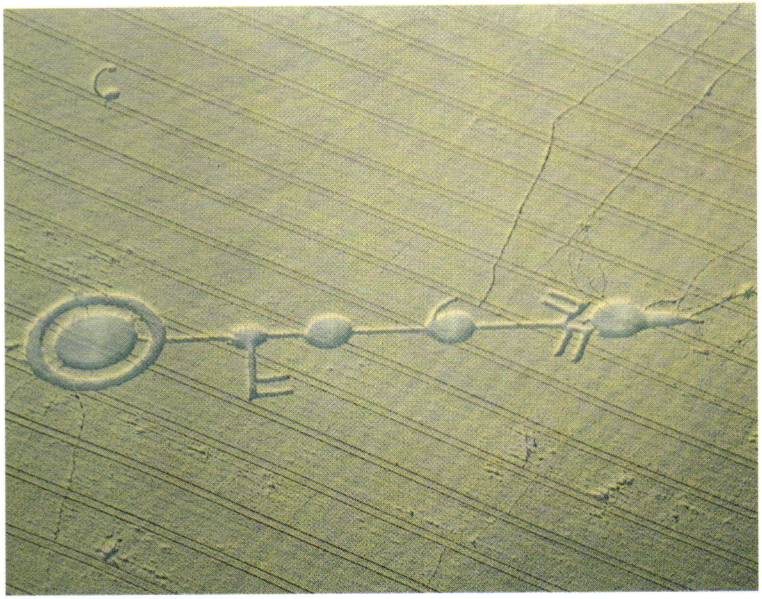

Juli 1992, eine große Formation nahe der prähistorischen Erdwallanlage und normannischen Festung »Old Sarum«, unweit der Kathedralenstadt Salisbury. Der Kopf der Gruppe »UBI«, John Martineau, wird verdächtigt, an der Erstellung eines Piktogramms beteiligt gewesen zu sein.

Seite 95 oben: August 1992, Froxfield, Wiltshire. Der Mann, der als Urheber des Piktogramms gilt, Rob Irving, konnte nicht abwarten, bis es entdeckt wurde und sorgte selbst für die Verbreitung der Nachricht. Die Kreisszene reagierte skeptisch, die meisten fanden die Formation zu »elaboriert und eitel«.

Juli 1992, »Imitation-Schnecke« 92, nahe Stantton St. Bernard, Wiltshire. Erreicht nicht die Qualität des »Originals«.

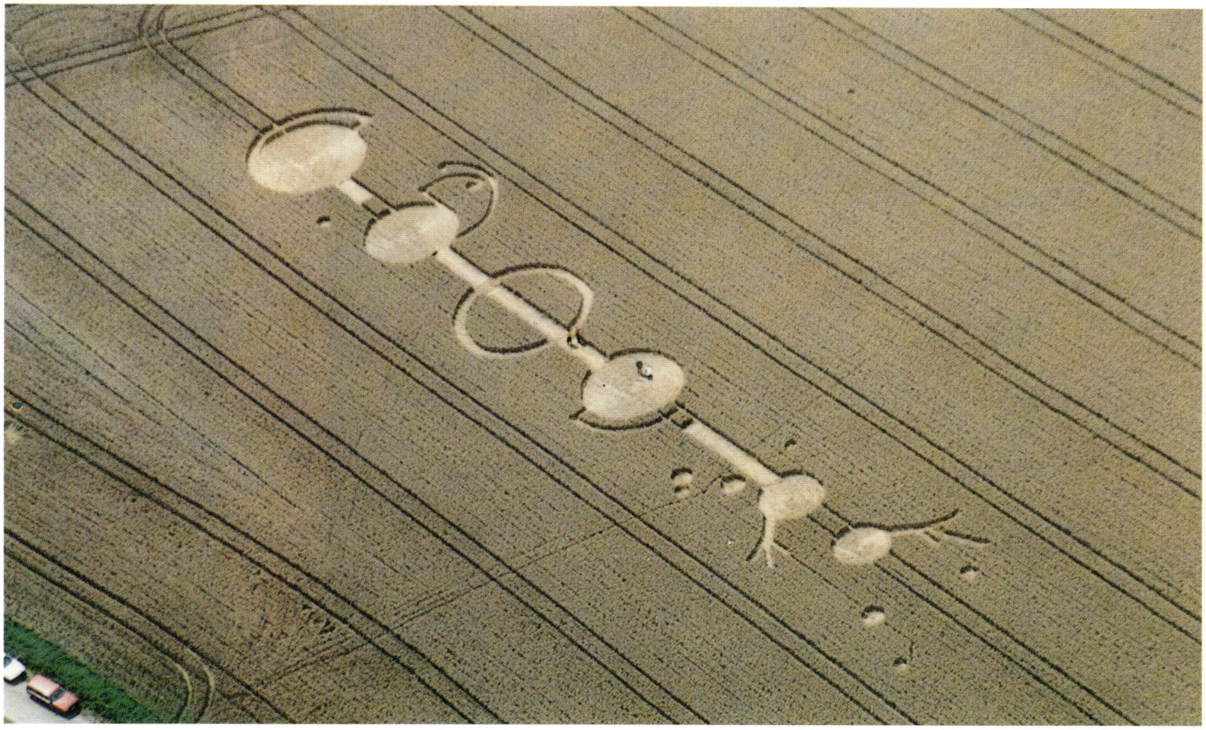

Juli 1992, Eastmeon in Hampshire. Als Test für die Fachleute der Kreiswelt gedacht. Doug und Dave wurden bei der Herstellung dieses Piktogramms von John Macnish gefilmt, der den Entwurf der beiden älteren Herren aus Southampton um das »Indalo«-Symbol bereicherte, das für »die Einheit von Menschen und Erde« stehen soll. Die Aufnahmen wird John Macnish in einem Video verwenden, das Ende 1993 in Großbritannien und den USA herauskommen soll. Das Piktogramm von Eastmeon wurde von einigen Experten als echt bezeichnet, Heilerinnen entdeckten darin »Yin«- und »Yang«-Energien.

August 1992, Froxfield. Aufnahme mit einem extra hohen Stativ. Das Bild macht verständlich, warum Landschaft, Licht, Schatten und Formen im Korn auf viele Menschen so inspirierend wirken.

Juni 1992, Urchfont, Wiltshire.
Test-Dreieck, von Mitgliedern der
Gruppe UBI erstellt.

Juli 1992, Dreieck nahe
Roundway Devizes, Wiltshire.

Juni 1992, Lockeridge, Wiltshire.

Juli 1992, nahe Baltic Farm, Wiltshire. Oval, Kreise und »Grapeshots«, die klassischen Formen des Phänomens.

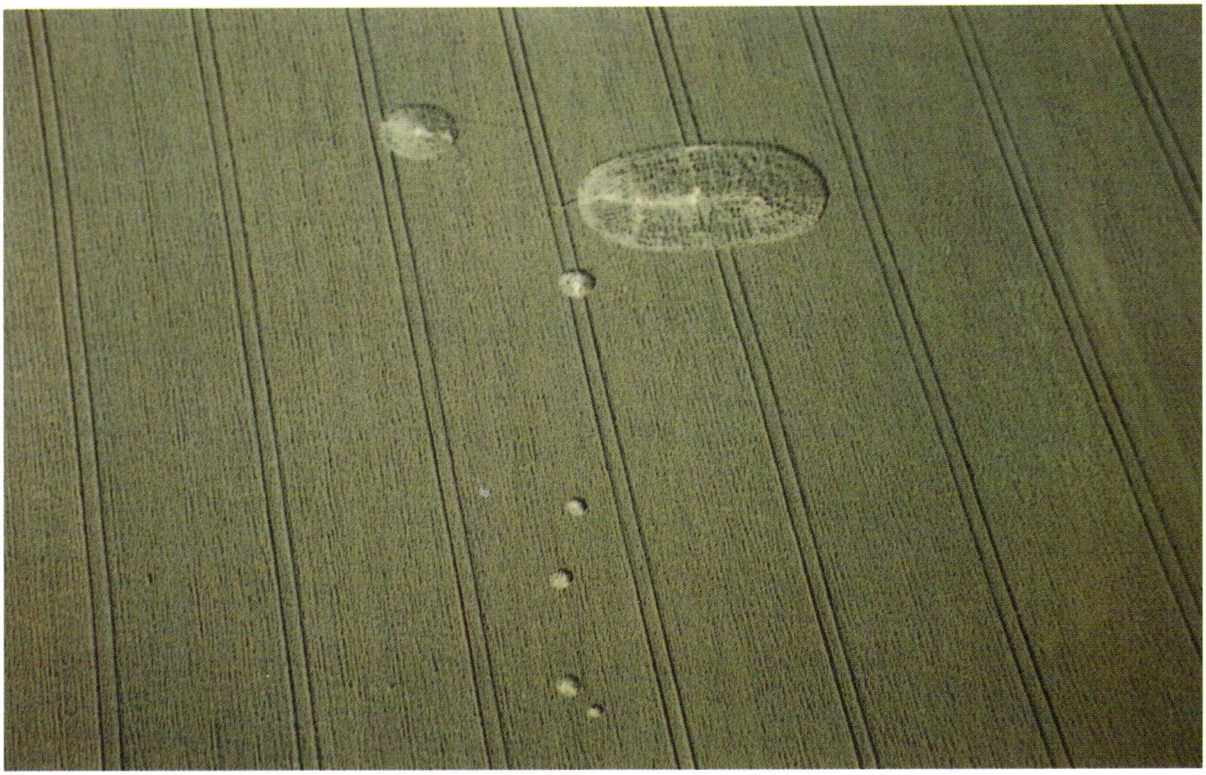

August 1992, nahe Silbury Hill. Von Enthusiasten »Charm Bracelet« – magisches Armband – getauft. Das Meisterwerk des Debunkers und Fälschers Jim Schnabel, der sich im Verlauf der Saison immer mehr in einen enthusiastischen Landschaftskünstler verwandelte.

Auch 1993 begann die Saison mit einfachen Kreisen – in Oxfordshire nahe der Autobahn M40 und in Wiltshire unweit von Marlborough. Beide Kreise fanden sich im Mai in Rapsfeldern.

Michael Chorost (Hrsg.)

ARGUS IN WILTSHIRE

Auf der Suche nach wissenschaftlichen Fakten

Einleitung

Im Sommer 1992 übernahm ich es, die Arbeit des Teams zu koordinieren, das sich im Project Argus zusammengefunden hatte und aus qualifizierten und engagierten Wissenschaftlern bestand. Wir untersuchten eines der bemerkenswertesten Rätsel unseres Jahrhunderts, das plötzliche und unerklärliche Auftauchen Hunderter riesiger, herrlicher Muster in den Feldern Englands und anderer Länder der Welt. Woher kamen sie? Was bedeuteten sie? Warum traten sie so gehäuft in Südengland in unmittelbarer Nachbarschaft von Stonehenge und Avebury auf, Europas größten prähistorischen Megalith-Monumenten? Ließ sich beweisen, daß es sich nicht um Ulks handelte? Es waren bohrende Fragen, und im Sommer 1992 waren wir imstande, den Versuch ihrer Beantwortung mit einem breiten Instrumentarium in Angriff zu nehmen: mit Gammaspektrometer, Szintillationszähler, Elektronenmikroskop, elektrophoretischen Trennvorrichtungen auf Gelbasis, Keimversuchen, Analysen pflanzlicher Gewebeproben, Untersuchungen des Bodens auf magnetische Rückstände und Varianzen, Detektoren elektromagnetischer Felder und natürlich mit wachsamen Augen und einem regen Verstand.

Dieser Beitrag stellt einige unserer Ergebnisse vor. Es ist zu betonen, daß bei Entstehung dieses Artikels erst einige wenige Resultate unserer Laboruntersuchungen vorlagen; die umfassenden Ergebnisse bleiben einem abschließenden Bericht vorbehalten. (Wir hoffen, daß er demnächst erscheinen kann. Er wird alle Daten und detaillierte Angaben zu weiteren Aspekten dieses Unternehmens enthalten, zum Beispiel zu Art und Ort der Experimente, zur Finanzierung des Projekts und so weiter. Wann und wo dieser Bericht zu erhalten ist, wird den Zeitschriften *The Circular* und *The Cereologist* zu entnehmen sein.) Bislang deutet jedoch alles auf negative Resultate hin, das heißt, wir haben noch keinen eindeutigen Beleg gefunden, der die Fälschungstheorie widerlegen würde. Das heißt allerdings nicht, daß wir »gescheitert« sind. Ein Experiment ist geglückt, wenn es brauchbare und sinnvolle Daten liefert, und das gilt für das Project Argus. Natürlich hätten uns positive Ergebnisse besser gefallen, aber Wissenschaft ist Wissenschaft: Da heißt es akzeptieren, was die Instrumente messen. Tatsache ist jedoch, daß das Fehlen positiver Daten noch nicht bedeutet, daß das Phänomen ein Schwindel sein muß. Es gibt ein Sprichwort, das besagt: Das Fehlen von Beweisen ist kein Beweis des Fehlens. Dieser Punkt kann nicht oft genug betont werden, da es durchaus möglich ist, daß wir ein echtes Phänomen am falschen Ort suchen. Es ist zum Beispiel denkbar, daß sich der Beweis, den wir suchen, mit chemischen Tests hätte finden lassen, am Project Argus sind jedoch keine Chemiker beteiligt. Vielleicht hätten wir ihn auch mit Messungen des elektromagnetischen Felds entdeckt, doch damit haben wir erst im Hochsommer in Einzelfällen angefangen und konnten interessante Meßergebnisse nicht systematisch weiterverfolgen (eventuell werden wir das 1993 in Angriff nehmen). Es gibt Tausende von Testverfahren, die wir hätten anwenden können, aus diesen fast unbegrenzten

Möglichkeiten konnten wir jedoch nur zehn oder zwölf auswählen. Mit dem Unbekannten konfrontiert, hieß es für uns im Grunde, an einer beliebigen Stelle anzufangen, und genau das haben wir getan. Verschiedene Möglichkeiten haben wir durch Schlußfolgerungen ausgeschlossen, und das ist unserer Ansicht nach ein vertretbarer Ansatz.

Project Argus setzte sich aus einer Reihe von Wissenschaftlern, Ingenieuren, Technikern und Autoren von verschiedenen Institutionen aus vier Ländern zusammen. Über die Ursache des Phänomens waren wir nicht alle einer Meinung, aber wir waren uns einig, daß eine ernsthafte Theoriebildung nur in einer Umgebung stattfinden konnte, die über ausreichendes Datenmaterial verfügte. Das vorliegende, kärgliche Datenmaterial war von den Forschungsgruppen ignoriert worden, da sie offensichtlich auf den ersten Blick den Schluß gezogen hatten, es handele sich um einen Ulk, der ihre Aufmerksamkeit nicht verdient habe.

Meine Organisation, der North American Circle, begann ihre Arbeit unter diesen informationsarmen Bedingungen. Nach seiner Gründung 1991 gewann der Kreis allmählich wissenschaftlich vorgebildete Mitglieder hinzu, die spezielle Vorstellungen über Testverfahren besaßen, die sich durchführen ließen, und über die entsprechende Ausrüstung verfügten. Nachdem die Gruppe erst einmal eine gewisse Größe erreicht hatte, wuchs sie wie von selbst, da die Mitglieder sich mit ihren Kollegen und Kolleginnen unterhielten und deren Neugier weckten. Wir taten uns mit dem Centre for Crop Circle Studies (CCCS) in England zusammen, dessen Mitglieder über die Notwendigkeit einer grundlegenden physikalischen Forschungsarbeit großenteils ebenso dachten wie wir.

Ende 1991 wurde deutlich, daß beide Organisationen das erforderliche geistige Kapital beisammen hatten, ein gemeinsames Forschungsprojekt durchzuführen. Es erhielt den Namen »Argus« nach dem Hund des Odysseus, der ihn trotz seiner Verkleidung erkannte. Das CCCS stattete das Projekt mit einem Startkapital von 1000 Pfund aus und verpflichtete sich zu logistischer Unterstützung; das Bemühen des North American Circle um Sponsoren erbrachte bis Mai 1992 eine Gesamtsumme von 35000 Dollar. Damit konnten wir die wissenschaftliche Ausrüstung kaufen, die wir brauchten, und die Laborkosten bestreiten. Außerdem konnten wir ein Cottage in Alton Barnes mieten, einem Dorf im Herzen des Kornkreisgebietes, und die Anreise des Teams sowie seine Versorgung mit Mietwagen, Benzin, Lebensmitteln und anderen Notwendigkeiten finanzieren.

Wir fanden verschiedene großzügige Sponsoren. Unterstützung erhielten wir vom CCCS, zwei UFO-Organisationen (MUFON und FUFOR) und der Immobilienfirma Robert Bigelow Holding Company. Zudem erhielten wir Unterstützung von einigen Privatpersonen: Sam Leibowitz, Lyman Spitzer, George und Joan Sweanor und Richard Benham. Wir danken ihnen allen für ihre moralische und finanzielle Hilfe.

Es dürfte auffallen, daß Project Argus erhebliche Mittelzuwendungen von UFO-Gruppen erhielt. Das Verhältnis zwischen dem Project Argus und der Ufologie bedarf einer Erläuterung. Offiziell hatte Project Argus nichts mit UFOs oder Ufologie zu tun. Wir sind berichteten Sichtungen (abgesehen von einigen oberflächlichen Gesprächen mit Augenzeugen in unserer Umgebung) nicht weiter nachgegangen und haben auch keine Forschungen zu der Frage unternommen, ob es UFOs »gibt« oder nicht. Unsere Arbeit war jedoch von der weit verbreiteten Vorstellung überschattet, daß Kornkreise etwas mit UFOs zu tun haben könnten. Die Ufologen haben viele Nachrichten über »Bodenspuren« gesammelt, die in Verbindung mit gesichteten UFOs gemeldet wurden, und manche dieser Bodenspuren weisen deutliche Ähnlichkeiten mit Kornkreisen auf. Wir konnten auch der weit verbreiteten Vorstellung nicht aus dem Weg gehen, daß Kornkreise eine »Sprache« oder ein »Code« seien, den nichtmenschliche Wesen erfunden haben, um uns etwas »mitzuteilen«. Mit Sicherheit läßt die Strukturvielfalt der Formationen die Idee aufkommen, es handele sich um eine Art Symbolsystem, eine Auffassung, die ich an anderer Stelle ausführlich behandelt habe.[1] Und schließlich konnten wir kaum die Tatsache außer acht lassen, daß es tatsächlich im Laufe der Jahre in der Umgebung von Alton Barnes zahlreiche UFO-Sichtungen gegeben hat. Wir gingen zwar nicht davon aus, daß ein Zusammenhang zwischen Kornkreisen und UFOs besteht, konnten aber aus den genannten Gründen die Möglichkeit auch nicht ausschließen. In unserer täglichen wissenschaftlichen Arbeit machte das allerdings keinen Unterschied, da es nicht unser Ziel war, die Kornkreise zu »entschlüsseln« oder ihre Ursache herauszufinden, sondern lediglich zu sehen, ob sich Beweise gegen die Fälschungstheorie finden ließen. Ein solches Ergebnis hätte keinerlei positiven Beweis über UFOs erbracht.

Und dennoch war es nur natürlich, daß Project Argus von der UFO-Gemeinschaft große Unterstützung erhielt. Pragmatisch betrachtet gab es kaum andere Stellen, an die wir uns hätten wenden können; das Projekt hat sich um Zuwendungen aus herkömmlichen Quellen bemüht (National Science Foundation, *National Geographic*) und Ablehnungen erhalten. Da ich mit Ufologie nichts zu tun hatte, ehe ich mich für Kornkreise zu interessieren begann, war ich überrascht, als ich erfuhr, daß sie über mehr Mittel verfügt, als Außenstehende vermuten mögen. Ich war auch überrascht, als ich entdeckte, wie viele Wissenschaftler auf UFO-Konferenzen zu finden sind und UFO-Zeitschriften lesen. Manche von ihnen gehen aus reiner Neugier dorthin und aus einem gewissen verschrobenen Individualismus; andere gehen, weil sie an irgendeinem Punkt ihres Lebens etwas gesehen haben, das sie nicht erklären konnten. Auf jeden Fall rekrutierte sich die Kerngruppe des North American Circle aus der Ufologie; diese Menschen brachten anschließend Kollegen mit, die zum Teil auch eine Verbindung zu diesem Gebiet hatten.

Offiziell dauerte das Projekt vom 9. Juli bis zum 19. August, ein Teil der Arbeit fand allerdings vorher und nachher statt. Da innerhalb dieses Zeitraumes in unserer unmittelbaren Umgebung und in entfernteren Gebieten zahlreiche Kornkreise auftauchten, mangelte es uns nicht an Kornkreisen, die wir untersuchen und denen wir Proben entnehmen konnten.

Unsere Alltagsroutine war einfach, zumindest in der Theorie: wir brauchten nur zu warten, bis wir von Kornkreisen erfuhren, und konnten dann hingehen und Proben entnehmen. Die Praxis gestaltete sich allerdings wesentlich komplizierter. Wenn wir von einer neuen Formation hörten, mußten wir erst die Genehmigung des Bauern einholen, das Feld zu betreten, und das nahm häufig Stunden in Anspruch. Einmal brauchten wir vier Tage, was uns fast zum Wahnsinn trieb, da es sich um eine der besten Formationen der Saison handelte. Anschließend mußten wir eine genaue Wegbeschreibung bekommen, wie wir dorthin gelangten, da die meisten Kornkreise vom Boden aus sehr schlecht zu entdecken sind. Hatten wir diese Informationen beisammen, schickten wir, wenn es ging, einen oder zwei als Kundschafter zu der Formation, die herausfinden sollten, ob es sich lohnte, dort Proben zu nehmen. Fiel ihr Bericht positiv aus, entschied das Team, welchen Labors es wieviele Proben schicken wollte und machte sich an die mühselige Arbeit, die Beutel für die Proben zu beschriften. Anschließend teilten wir uns auf unsere Wagen auf und fuhren im Konvoi zu der Formation. Dort angekommen erledigten alle ihre jeweiligen Spezialaufgaben. Wieder in unserem Cottage sortierten wir die Proben und legten sie zum Trocknen aus. Nach getaner Arbeit gab es dann Abendessen.

Im Projekt gab es zum Glück einige gute Köche und Köchinnen. Da ich die geringsten wissenschaftlichen Vorkenntnisse hatte, fiel mir häufig die Aufgabe zu, einzukaufen, und ich fand, daß es gut für die Arbeitsmoral war, wenn ich gute, nahrhafte Lebensmittel kaufte, aus denen sich schmackhafte Mahlzeiten zubereiten ließen. Die Teammitglieder bedankten sich, indem sie gut kochten, und ich glaube, ich habe während der Arguszeit besser gegessen als je zuvor in meinem Leben. An dieser Stelle möchte ich Dr. Ernest Peck von UNLV danken, der als Gastgeschenk eine Flasche feinen »Maker's Mark Bourbon« mitbrachte und am letzten Tag vor seiner Abreise ein köstliches Abschiedsessen für das Team kochte.

Unsere Alltagsroutine wurde unterbrochen von anderen Aufgaben. So mußten wir regelmäßig zu unserem Gammaspektroskop nach High Wycombe fahren, hin und zurück jeweils zwei Autostunden. Diese leidige Pflicht übernahmen meist Marshall Dudley und Greg Kennedy. Eine weitere Aufgabe bestand in der Pflege guter Kontakte zu den ortsansässigen Farmern, und ich bin Una Dawood dankbar, die mich zwei Tage lang herumführte, um verschiedene Dorfbewohner zu besuchen und ihnen zu erklären, was wir dort taten. Außerdem nahmen wir zu mehreren an der CCCS-Konferenz in Winchester teil, die wir allerdings vorzeitig verlassen mußten, weil eine wichtige neue Formation aufgetaucht war.

Eine weitere Aufgabe bestand in Flügen mit dem Beobachtungsflugzeug, um neue Formationen auszumachen. Niemand scheint diese Pflicht als sonderlich lästig empfunden zu haben, und wir taten unser Bestes, die verfügbaren Plätze gerecht unter den Teammitgliedern aufzuteilen. Beim letzten Flug überließen wir unsere Plätze als Dank für ihre Aufsicht und Unterstützung Mitgliedern der Gruppe »Dreadlocks«, freundlichen, schwer arbeitenden Menschen, die den Zutritt der Öffentlichkeit zu Formationen auf der Carson-Farm regelten. Sie hatten eine Reihe von Freunden, denen wir den Spitznamen »Dreadnet« gegeben hatten und die mit dem Wagen die Felder nach neuen Formationen absuchten, tatsächlich haben sie auf diese Weise mehr Formationen entdeckt als wir vom Flugzeug aus. Die Dreadlocks waren ungemein spitzfindig, wenn es darum ging, Spuren zu entdecken, die auf eine Fälschung hindeuteten, und oft verließen wir uns bei Entscheidungen, von welchen Formationen wir Proben nehmen sollten, auf ihr Urteil. Und nicht nur das, sie waren auch wachsam: Eines Nachts erwischten sie einige Männer, die gerade versuchten, sich aus Gründen, die nur ihnen bekannt sind, in die »Schlange« zu schleichen. Daß die Dreadlocks, die Carsons und die Polizei so bemerkenswert schnell reagierten – die Eindringlinge wurden gefaßt, ehe sie Gelegenheit hatten, irgend etwas anzurichten –, verdeutlicht die Schwierigkeiten, denen potentielle Fälscher sich gegenübersehen. Was viele Möchtegernfälscher nicht wußten: Die Dreadlocks hatten ein militärisches Nachtfernglas, das John Haddington ihnen geliehen hatte.

Unsere Aufgaben waren zwar klar umrissen, ihr Tempo war es jedoch nicht. Wir waren insofern wie Feuerwehrleute, da wir völlig von dem Phänomen abhängig waren. Manchmal ging alles sehr langsam voran; über fünf Tage hinweg wurde uns nicht eine einzige Formation gemeldet. Zu anderen Zeiten konnten wir uns kaum retten und mußten schwierige Entscheidungen treffen, welche der Formationen wir untersuchen und welche wir auslassen sollten. An einem denkwürdigen Tag erreichten uns Meldungen von nicht weniger als fünf Formationen, von denen drei in der vorangegangenen Nacht entstanden waren. Andere Male war das Wetter zu naß, um Proben zu nehmen, eine wichtige wissenschaftliche Einschränkung, da die Pflanzen so trocken wie möglich sein mußten, um zu verhindern, daß sie während des Transports schimmelten.

Der Schimmel stellte gesundheitlich und wissenschaftlich ein Problem dar, da wir die Proben im Haus trocknen mußten und die Allergiker unter uns Symptome entwickelten, die sie zeitweise stark schwächten. Für mich und andere hieß das, sechs Wochen durchgängig so gut wie krank zu sein, und oft trug ich beim Schlafen und im Feld eine Staubmaske. Teams, die in Zukunft an dieser Sache arbeiten, sollten Vorkehrungen gegen dieses Problem treffen.

In diesem Beitrag geht es natürlich darum, unsere Forschungsarbeit und ihre Ergebnisse zu erläutern. Er dient aber noch einem weiteren Zweck: Unsere Arbeit soll zukünftigen Unternehmen dieser Art als Beispiel dienen. In vieler Hinsicht stellte Project Argus einen Meilenstein dar. Es war das erste Forschungsvorhaben, das Kornkreise unter verschiedenen wissenschaftlichen Gesichtspunkten untersuchen sollte. Das Projekt machte deutlich, daß sein Ursprungsgebiet, die Ufologie, trotz ihrer Existenz als wissenschaftliches Randgebiet über größere intellektuelle und finanzielle Ressourcen verfügt, als den meisten Wissenschaftlern klar ist. Es war ein bemerkenswert international besetztes Unternehmen und erforderte ein Maß an Koordination über die Grenzen und Ozeane hinweg, wie es die Erforschung des »Paranormalen« und auch die herkömmliche Wissenschaft noch nicht oft erlebt hat.

Manche gehen vielleicht von der falschen Vorstellung aus, Project Argus sei ein »amerikanisches« Vorhaben gewesen. In Wirklichkeit war es ein in außergewöhnlichem Maße internationales Forschungsprojekt. Unsere Wissenschaftler und Techniker kamen aus England, Kanada und den Vereinigten Staaten, und wir hatten Berater aus Deutschland; unsere Finanzmittel erreichten uns in deutschem, amerikanischem und englischem Geld; die Strahlendetektoren stellten uns englische und kanadische Firmen zur Verfügung; und Engländer stellten praktisch die gesamte logistische und überwachungstechnische Hilfe bereit. Der Herausgeber dieses Buches, Jürgen Krönig, leistete einen Teil der Luftüberwachung (wofür wir ihm an dieser Stelle danken möchten). Die Aufteilung und Durchführung der Arbeiten erfolgte ohne Rücksicht auf die Nationalität, eine durchaus nicht zu unterschätzende Leistung angesichts der Tatsache, daß die Mitglieder des Teams Tausende Kilometer voneinander entfernt leben. Und mit Sicherheit läßt sich sagen, daß Project Argus ohne Telefon und Fax unmöglich gewesen wäre.

Ich hoffe, Project Argus dient als ermutigendes Beispiel für all jene, die neue und unbekannte Phänomene erforschen wollen. Es zeigt, daß wissenschaftliche Forschungsprojekte sich tatsächlich außerhalb der finanziellen und moralischen Unterstützung der »Mainstream-Wissenschaft« realisieren lassen. Natürlich ist es ganz hilfreich, wenn bestimmte Voraussetzungen erfüllt sind. Das Phänomen muß in gewisser Weise fesselnd sein und die Fantasie potentieller Sponsoren beschäftigen; das Vorhaben muß sich strikt auf klar formulierte Zielsetzungen beschränken. Zudem half uns der Umstand erheblich, daß Kornkreise im Gegensatz zu den meisten paranormalen Erscheinungen nicht flüchtiger Natur sind. Anders als UFOs, Geister und ähnliches, tauchten sie vorhersagbar in einer bestimmten Umgebung auf und ließen sich in aller Ruhe mit dem herkömmlichen wissenschaftlichen Instrumentarium untersuchen.

Ich hoffe, es wird mir verziehen, daß ich recht ehrgeizige Ansprüche auf die historische Bedeutung von Project Argus erhebe. Es ist möglicherweise das erste wissenschaftliche Forschungsvorhaben in der Geschichte, das eine Gruppe offensichtlich künstlicher Konstruktionen untersucht hat, für die eine menschliche Herkunft nicht *bekannt* war. Etwas Derartiges ist bislang noch nicht geschehen, weil die Menschheit bisher einfach noch nicht mit Artefakten konfrontiert war, die möglicherweise außerirdischen Ursprungs waren. Dem läßt sich vielleicht entgegenhalten, daß die Organisation SETI (Search for Extraterrestrial Intelligence) sich gelegentlich mit anomalen Funksignalen befaßt hat, die möglicherweise außerirdischen Ursprungs waren, zum Beispiel in dem berühmten Fall von Project Ozma, bei dem sie äußerst regelmäßige Impulse einfing, die auf den ersten Blick künstlichen Ursprungs zu sein schienen (sich schließlich aber als natürlich herausstellten). Allerdings handelte es sich hier um gelegentlich auftauchende, kurzfristige Erscheinungen mit geringem erkennbaren »linguistischen« Gehalt. Die Gruppe SETI hat bisher keine hochkomplexen Signale eingefangen, die ein Symbolsystem darzustellen schienen. Sie mußte noch keine Beurteilung einer tatsächlichen Serie regelmäßiger, anhaltender und verschiedenartiger »linguistischer« Artefakte vornehmen. Das hat Project Argus getan; und ich hoffe, zukünftige Historiker werden es als ersten Versuch der Wissenschaft werten, sich mit den wissenschaftlichen Problemen der realen Welt und den erkenntnistheoretischen Fragen auseinanderzusetzen, die ein möglicherweise außerirdischer Code aufwirft. Historisch gesehen halte ich die Tatsache, daß dieses Projekt überhaupt zustandegekommen ist, für wichtiger als seine spezifischen Ergebnisse.

Ich persönlich habe aus diesem Projekt gelernt, daß die Welt ein seltsamerer Ort ist, als die Wissenschaft des zwanzigsten Jahrhunderts meint. Gleichzeitig habe ich gelernt, daß die Wissenschaft Neues und Fremdes erforschen kann: Sie ist nicht so engstirnig und konservativ wie ihre Kritiker glauben. Letztlich zeigt Project Argus, daß es Hoffnung auf eine Wissenschaft gibt, die die rationale Erforschung von Rätseln leisten kann.

Die Zielsetzungen von Project Argus

Dieser Bericht legt die Ergebnisse von Project Argus vor, eines Forschungsvorhabens, das im Sommer 1992 durchgeführt wurde, um grundlegende physikalische Daten über Kornkreise zu sammeln. Wir konzentrierten uns auf die Materialien der Kornkreise – Boden und Pflanzen –, um zu sehen, ob wir Anomalien feststellen konnten, die die am weitesten verbreitete Theorie ihres Ursprungs ausschließen würden: daß nämlich Witzbolde die Pflanzen mit Seilen und Brettern flachdrückten.

Es ist zu betonen, daß Project Argus eine negative Zielsetzung verfolgte, keine positive. Wir versuchten eine Theorie – die Fälschungshypothese – auszuschließen, und nicht, eine Theorie zu belegen. Sollten wir Anomalien in Boden oder Pflanzen finden, die sich nicht als Folge menschlicher Bemühungen, das Korn flachzudrücken, erklären ließen, würde das Menschen als einzige Ursache des Phänomens ausschließen. Wenn wir zum Beispiel radioaktive Isotope im Boden fänden, die weder natürlich entstanden wären noch auf radioaktiven Niederschlag zurückgingen und die es in den Kontrollproben nicht gäbe, würde das auf eine Kraft hindeuten, die in diesem Gebiet geherrscht hätte und die wesentlich exotischer wäre als menschliche Füße. Oder wenn wir feststellten, daß sich die DNS in den Pflanzenzellen in kleine Teilchen aufgespaltet hätte, wäre das ein Hinweis, daß die Pflanzen ultravioletter oder radioaktiver Strahlung ausgesetzt waren, Kräften also, die die Aktivitäten von Fälschern kaum hervorbringen könnten. Die meisten unserer Tests beruhten auf dem Ansatz, Fälschungen auszuschließen.

Wenn wir in einer bestimmten Formation Beweise fänden, die eine Fälschung ausschlossen, dürften wir daraus schließen, daß die Formation »echt« wäre, das heißt, von einer anderen Kraft geschaffen als simplen menschlichen Fußtritten. Natürlich bedeutete das Fehlen eines ausschließenden Beweises nicht zwangsläufig, daß es sich um eine Fälschung handelte, da es durchaus möglich war, daß das Phänomen Kornkreise nicht immer auf die gleiche Weise erzeugte. Ausschließende Beweise haben ihre Grenzen. Als Ausgangspunkt genügten sie uns allerdings, um eine Bestimmung zu versuchen, welche Formationen eindeutig *nicht* gefälscht waren.

Wir wußten, daß die Verwendung des Wortes »Fälschung« die Existenz eines entsprechenden »echten« Gegenstücks unterstellte, was wir ja gerade in Frage stellten. Wir überlegten daher, die Begriffe »gefälscht« und »echt« durch neutralere Formulierungen wie »von Menschen gemacht« und »nicht von Menschen gemacht« zu ersetzen. Das wäre in der Tat eine präzisere Terminologie. Wir hielten es jedoch für wahrscheinlich, daß Menschen, die Kreise machten, damit oft versuchen wollten, Forscher zu dem Glauben zu verleiten, daß eine nichtmenschliche Kraft dafür verantwortlich sei. Jemanden in die Irre zu führen oder zu täuschen, heißt fälschen. Da jeder wußte, was das Wort »Fälschung« bedeutete, trotz seiner Ungenauigkeit, hielten wir es für sinnvoll, es weiterhin als Abkürzung zu benutzen.

Wir gingen mit einiger Sicherheit von der Annahme aus, daß ein gewisser Prozentsatz des Phänomens auf Fälschungen beruhte. Wir mußten durchaus vermuten, daß manche versucht waren, eine Formation auf eigene Faust anzulegen, sei es aus Neugier oder aus Bosheit. Wir erwarteten daher nicht, daß wir durchgängig für alle Formationen übereinstimmende Ergebnisse erzielten, selbst wenn das Phänomen »echt« wäre. Bestenfalls hofften wir herauszufinden, daß ein signifikanter Prozentsatz von Formationen eine unfälschbare »Signatur« aufwies.

Wir zogen auch die Möglichkeit in Betracht, daß eine äußerst entschlossene Gruppe von Fälschern sich große Mühe geben würde, uns hereinzulegen. Sie konnten zum Beispiel versuchen, einen Kornkreis mit radioaktiven Isotopen zu kontaminieren, nachdem sie ihn angelegt hätten, oder irgendein Gerät zu erfinden, um die Pflanzen zu erhitzen. Diese Möglichkeiten nahmen wir nicht sonderlich ernst, da die meisten kriminellen Handlungen, enormen Stromverbrauch oder große Geldmengen erforderten, allerdings diskutierten wir Kriterien, solche Versuche auszumachen. So sorgten wir zum Beispiel dafür, daß wir ohne weiteres Isotope entdecken konnten, die unter der Hand aus Krankenhäusern und Laboratorien zu beschaffen waren.

Uns standen eine Reihe grober Kriterien zur Verfügung, mögliche Fälschungen zu erkennen. So hielten wir zum Beispiel eine Formation für »verdächtig«, wenn sie sehr frisch war, aber stark beschädigte und verschmutzte Pflanzen aufwies. Wir nutzten auch Stanley Morcoms Kriterien und achteten auf feine Details der Bodenmuster, den Lückeneffekt, einzelne, stehende Halme und verschiedene andere Dinge. Diese Kriterien spielten eine Rolle, sobald wir uns zwischen mehreren Formationen entscheiden mußten: Wir nahmen dann die Formation, die unserer Ansicht nach am wenigsten offensichtlich gefälscht war. Wir nahmen auch Proben aus mehreren Formationen, die wir für verdächtig hielten, um zu sehen, ob die Labortests diese Vermutung bestätigen konnten. Außerdem nahmen wir auch Proben aus einer Formation, von der wir wußten, daß Menschen sie angelegt hatten, da es die preisgekrönte Formation eines »Fälschungswettbewerbs« war, der am 12. Juli 1992 stattgefunden hatte.

Wenn uns nur eine Formation zur Verfügung stand, nahmen wir Proben, ungeachtet ihrer Form, Größe oder äußeren Erscheinung. Als wir im Laufe des Sommers jedoch mehr Proben sammelten, als die Labors bearbeiten konnten, mußten wir jeweils entscheiden, ob wir unsere Energie und die Möglichkeiten der Labors für Proben einer neuen Formation aufwenden sollten. Wir sind der Ansicht, unsere Auswahl an Proben repräsentiert die unterschiedlichen Arten von Formationen, die im Bereich Wiltshire/Hampshire im Sommer 1992 aufgetaucht sind.

Natürlich konnten wir nicht davon ausgehen, daß es eine einfache Möglichkeit gibt, auf den ersten Blick mit Sicherheit zu sagen, ob eine bestimmte Formation gefälscht war. Es hat viele Spekulationen über die Machbarkeit von Fälschungen gegeben, aber sie basierten allesamt auf Vermutungen, was Menschen zu leisten bereit und imstande sind. Niemand hatte diese Vermutungen mit praktischen Versuchen belegt. Niemand hatte versucht, die Fälschungstheorie mit greifbaren Beweisen auszuschließen. Die ganze Debatte fand am grünen Tisch statt und blieb daher unfruchtbar. Project Argus war unser Versuch, vom grünen Tisch wegzukommen und ins Feld zu gehen.

Project Argus verfolgte noch mehrere Nebenziele. Unter anderem wollte es einen länderübergreifenden Vergleich des Phänomens anregen. Chad Deetken, ein Kanadier, schloß sich dem Projekt an, um Bodenmuster kanadischer Kornkreise mit denen englischer Formationen zu vergleichen. Ein weiteres Ziel war es, Forschungen in der Wissenschaftssoziologie zu unterstützen und einen Berater zur Hand zu haben, falls die Debatte sich noch boshafter gestalten sollte als üblich; daher bat das Projekt Trevor Pinch, einen Soziologen aus Cornell, unsere Arbeit und die anderer zu beobachten. Zudem wollten wir die Fälschungstheorie prüfen, indem wir selbst eine Fälschung anlegten; das Ergebnis dieses Versuchs beschreibt Chad Deetken in seinem Beitrag. Darüber hinaus wollten wir andere, ähnlich ausgerichtete Forschungen unterstützen. So leisteten wir einen bescheidenen finanziellen Beitrag zu den Aufwendungen einiger Beobachter, die Kornkreise vermaßen, und gaben dem Fotografen Grant Wakefield, der in unserer Umgebung eine fotografische Überwachung durchführte, logistische Hilfestellung.

Einige mögliche Zielsetzungen mußten wir notgedrungen ausschließen. So führten wir keine eigenen nächtlichen Überwachungen durch, weil es einfach zu kraftraubend gewesen wäre. Allerdings beteiligten sich die Mitglieder unseres Teams gelegentlich an Überwachungen, die andere Gruppen durchführten, vor allem an denen von Stephen Greer, die am Woodborough Hill in Sichtweite unserer Unterkunft stattfanden. Wir führten auch nicht umfassend Buch über die Kornkreise dieser Saison, da George Wingfield und andere diese Aufgabe erledigten. Ebenso überließen wir es John Langrish, John Martineau und anderen, Diagramme der Formationen zu erstellen, da wir nicht die Zeit hatten, eigene Messungen im Feld durchzuführen. Allerdings beteiligten wir uns, wo immer es ging, an ihren Fahrkosten.

Die Resultate von Project Argus

Im folgenden erläutern wir die Resultate nachstehender Experimente: Gammaspektroskopie, DNS-Analyse, Messungen der elektromagnetischen Feldstärke, visuelle Beobachtungen der Bodenmuster, tägliche Aufzeichnung von Wetterdaten und das Sammeln von Berichten über nicht identifizierte Lichterscheinungen am Himmel. Die Ergebnisse zahlreicher Tests können wir zur Zeit noch nicht vorlegen, da die vollständigen Berichte noch ausstehen. Dazu gehören die Resultate der Elektronenmikroskopie, der Keimversuche, der Gewebeuntersuchungen, der Untersuchungen zur Restmagnetisierung und zur magnetischen Varianz. Dieser Beitrag enthält also nur einen Teil der Gesamtresultate von Project Argus.

I. Gammaspektroskopie

Im Sommer 1991 hatten wir fünf Bodenproben aus Kornkreisen auf ungewöhnliche radioaktive Emissionen prüfen lassen. Diese Tests hatten ihre Grenzen und ließen keine zuverlässigen Schlüsse zu. Allerdings ergaben Proben aus zwei Formationen hinreichend interessante Ergebnisse, die eine weitere Untersuchung im Rahmen von Project Argus rechtfertigten. Die Proben dieser beiden Formationen schienen mehr radioaktive Partikel auszustrahlen als ihre jeweiligen Kontrollproben, und weitere Untersuchungen schienen auf höchstungewöhnliche radioaktive Isotope als Quelle dieser Strahlung hinzudeuten.[2] Daher beschlossen wir, diese möglichen Befunde im Rahmen von Project Argus zu prüfen, indem wir umfassendere und eingehendere Strahlenmessungen durchführten.
Unser wichtigstes Instrument für diesen Zweck war ein Gammaspektroskop, das radioaktive Isotope in einer bestimmten Probe identifiziert. Eine Gammaspektroskopie läßt zum Beispiel erkennen, ob in einer Bodenprobe das natürlich vorkommende Uran 238 oder das in Tschernobyl freigesetzte Cäsium 137 vorhanden ist.
Wir suchten nach einer ganz bestimmten Art von Isotopen, den kurzlebigen. Kurzlebige Isotope zerfallen nach ihrer Bildung sehr schnell, innerhalb von Tagen oder sogar Stunden. Aus diesem Grund sind sie in normalen Böden nicht zu finden, wenn es nicht kurz vorher zu einer erheblichen Nukleareinwirkung gekommen ist. Aufgrund unserer vorläufigen Ergebnisse aus der Saison 1991 gingen wir von der Hypothese aus, daß eine nichtmenschliche Ursache der Kornkreise möglicherweise in einer starken radioaktiven Strahlenquelle bestehen könnte. So könnte zum Beispiel ein Raumschiff nichtmenschlichen Ursprungs mit einer Art Atomantrieb ausgestattet sein, oder die Kraft, die es zur Lagerung des Getreides einsetzte, könnte zum Teil aus radioaktiven Teilchen bestehen. Unter gewissen Bedingungen könnten solche Quellen nichtradioaktive Isotope im Boden in radioaktive umwandeln, die sich mit dem Gammaspektroskop nachweisen ließen. Sie wären in der Mehrzahl kurzlebig, und das hieß, wir mußten die Bodenproben schnell entnehmen und analysieren.
Oxford Instruments, ein Hersteller von Gammaspektroskopen, stellte Project Argus großzügig ein Gammaspektroskop als Leihgabe zur Verfügung. Wir stellten es in einem Labor in High Wycombe auf, einem Vorort von London, der etwa zwei Autostunden von unserem Quartier in Alton Barnes entfernt liegt. So konnten wir Bodenproben relativ schnell prüfen, ehe möglicherweise vorhandene radioaktive Isotope zerfallen waren.
Unsere Resultate lassen sich auf den einfachen Nenner bringen, daß wir keine Bestätigung unserer vorläufigen Ergebnisse von 1991 gefunden haben. Wir prüften Bodenproben aus 14 Kornkreisen, und keine enthielt ungewöhnliche Isotope irgendeiner Art.
Wir schließen daraus, daß Strahlung offenbar kein Bestandteil des Phänomens ist. Diese Schlußfolgerung wäre nur dann irrig, wenn wir mit ungewöhnlich großem Pech die Bodenproben lediglich aus gefälschten Formationen genommen und alle »echten« verpaßt hätten. Die Chance, daß wir in einem Gebiet, das eine besonders hohe Kornkreisdichte aufweist, 14 Fälschungen in Folge erwischt haben, scheint allerdings äußerst gering zu sein. In Anbetracht der Anzahl der Formationen, die wir untersucht haben, und der Emp-

findlichkeit unserer Ausrüstung ist die Wahrscheinlichkeit groß, daß wir Strahlung entdeckt hätten, wenn sie vorhanden gewesen wäre.

Eine Schlußfolgerung läßt sich aus unseren negativen Resultaten *nicht* ziehen. Die Tatsache, daß wir keine Strahlung gefunden haben, bedeutet nicht, daß das ganze Phänomen eine Fälschung ist. Es heißt lediglich, daß zu dem Phänomen, welchen Ursprungs es auch immer sein mag, keine radioaktive Strahlung gehört.

Zur Methode

Unsere Bodenproben entnahmen wir folgendermaßen: Wir sammelten gleich viele Bodenproben außerhalb und innerhalb eines Kornkreises, und zwar mindestens je vier und höchstens je acht. Die Stellen für die Entnahme der Proben legten wir vor Ort fest, achteten allerdings darauf, Proben aus jeder größeren Komponente einer Formation und Kontrollproben aus allen Richtungen in gleichen Abständen zur Formation zu nehmen. Im allgemeinen gingen wir dreißig Schritt (gut 18 Meter) auf einer Traktorspur entlang, die vom Rand einer Formation wegführte, und reichten eine Armlänge in die Pflanzen hinein, um den Boden abseits der Traktorspur zu erreichen. (Wir waren in unserer Bewegungsfreiheit eingeschränkt, da wir uns verpflichtet hatten, den Schaden für das Getreide des Bauern so gering wie möglich zu halten.) Die Proben nahmen wir mit einem Löffel oder kleinen Spatel, den wir etwa 2,5 Zentimeter in den Boden gruben. Da wir von der Annahme ausgingen, daß die Bodenoberfläche eher von Strahlung oder Kontaminationen betroffen wäre als tiefere Erdschichten, nahmen wir die Proben flach von der Oberfläche ab.

Ehe wir die Proben nahmen, legten wir wie bereits erwähnt die entsprechenden Stellen vor Ort fest. Der Teamchef machte in seinem Notizheft eine Zeichnung der Formation und kennzeichnete jede für Proben vorgesehene Stelle mit einem Buchstaben des Alphabets. Wenn das Team zum Beispiel beschloß, jeweils fünf Proben innerhalb und außerhalb einer Formation zu nehmen, markierte es die Stellen mit den Buchstaben A bis J. Die Verteilung der Buchstaben erfolgte zufällig, damit die Labors nicht raten konnten, woher die einzelnen Proben kamen. Anschließend erhielt jedes Mitglied des Teams eine Kopie dieser Zeichnung.

Jedes Teammitglied war dafür verantwortlich, Proben für ein Analyseverfahren zu nehmen. So nahm ein Mitarbeiter oder eine Mitarbeiterin Proben für die Gammaspektroskopie, ein anderer sammelte Ähren für die Elektronenmikroskopie, eine dritte nahm Blätter für die DNS-Analyse und so weiter. Alle nahmen die Proben an der gleichen Stelle. Das heißt, an Punkt A nahmen sie zuerst Proben für die Gammaspektroskopie, anschließend für die Elektronenmikroskopie, die DNS-Analyse und so weiter. Es ging wie am Fließband. Auf diese Weise erhielt jedes Labor Proben von denselben zehn Stellen. So ließen sich später interessante Untersuchungsergebnisse einer bestimmten Probe mit Resultaten anderer Proben von derselben Stelle vergleichen.

Die Bodenproben kamen in Reißverschlußtaschen und wurden mit Klebeband verschlossen. Sie bedurften keiner weiteren Behandlung, da sie lediglich in das Gammaspektroskop zu legen waren. Pflanzenproben erforderten eine komplexere Behandlung. Vor dem Versand waren sie zu trocknen, um Schimmelbefall auf ein Minimum zu reduzieren; daher ließen wir sie, soweit machbar, mindestens drei Tage außerhalb der Beutel trocknen. Sobald wir sie für trocken hielten, wurden sie verpackt und an das jeweilige Labor geschickt.

Einige unserer ersten Proben waren stark durch Schimmel beschädigt, weil wir sie nicht entsprechend getrocknet hatten. Wir verlängerten die Trockenzeit und vermieden es, bei feuchtem Wetter Proben zu nehmen. So konnten wir den Schimmelbefall zwar reduzieren, aber nicht völlig verhindern. Die meisten unserer Proben kamen in brauchbarem Zustand an.

Überraschenderweise hatten wir keinerlei Probleme mit dem Zoll. Eines unserer Labors hatte vom US-Landwirtschaftsministerium eine Genehmigung erhalten, die wir auf allen entsprechenden Sendungen angaben. Auf die anderen schrieben wir einfach: »Pflanzenmaterial zur wissenschaftlichen Untersuchung«. Wir achteten darauf, keine Wurzeln mitzuschicken, an denen noch Erde haftete. Offenbar hatte der Zoll keinerlei

Einwände, denn alle Proben erreichten ihren Bestimmungsort.
Die Proben aus einer Formation verschickten wir nie alle in einem Päckchen. Jeden Probensatz teilten wir auf mindestens zwei Sendungen auf. Falls eine beschlagnahmt würde oder verloren ginge, würde wenigstens die andere ankommen. Außerdem enthielt jede Sendung die gleiche Anzahl Proben und Kontrollproben sowie einen Zettel mit der Bezeichnung der Formation, dem Datum und den Buchstaben der beigefügten Proben.

II. Elektrophorese (DNS-Analyse)
(Kevin Folta)

Anhand von Pflanzenmaterial aus neun Kornkreisen in England wurde eine makromolekulare Analyse durchgeführt. Sie diente zur Feststellung, ob es zwischen den Pflanzen innerhalb und außerhalb des Kreises signifikante Unterschiede in den relativen Mengen der DNS-Fraktionen gab. Den Durchführenden war nicht bekannt, welche Proben aus dem Kreisinneren und welche von außerhalb stammten; diese Information besaß lediglich der Teamleiter. Die Nukleinsäuren wurden aus gleichen Mengen getrockneten Gewebes mittels der von Murray und Thompson (1980) beschriebenen CTAB-Nukleinsäurepräparation gewonnen. Die Nukleinsäuren wurden durch eine Fraktionierung in 0,9prozentiger Agarose mit Äthylbromidfärbung sichtbar gemacht. In allen Fällen zeigten die Ergebnisse keine signifikanten Abweichungen von den Proben der jeweiligen Kornkreise.
Dieses Resultat wich von den Untersuchungsergebnissen ab, die Proben aus einem Kornkreis bei Argonne, Illinois, 1991 ergeben hatten. Die Analyse zeigte erhebliche relative Abweichungen zwischen den Pflanzenproben aus dem Kreisinneren (stärkere Degeneration) und jenen aus der Kreisumgebung. Zudem zeigten diese Proben auf dem Szintillationszähler Meßwerte, die für das Kreisinnere eine signifikant höhere Aktivität nachwiesen.[3]
Die jüngsten, umfassenderen Ergebnisse müssen wissenschaftliche Priorität haben. Das Phänomen zeichnet sich allem Anschein nach nicht durch eine denaturierte DNS aus. Wie lassen sich dann aber die Argonne-Resultate erklären? Da die Pflanzen aus Argonne flachgedrückt und möglicherweise vor den Kontrollpflanzen abgestorben waren, besteht die Möglichkeit einer einfachen nekrotischen Degeneration (das heißt Verrottung). Die Argonne-Ergebnisse bleiben, von dieser Möglichkeit abgesehen, verwirrend.

III. Messung der elektromagnetischen Feldstärke
(Simon Lyons)

Project Argus begann mit der Zielsetzung, den interessanten, aber begrenzten Hinweisen nachzugehen, auf die Michael Chorost und andere gegen Ende der Saison 1991 gestoßen waren und die auf die Beteiligung einer unbekannten Energie am Entstehungsprozeß der Kornkreise hindeuteten. In der Feldarbeit bestand unsere Aufgabe in erster Linie darin, alle Kornformationen, die uns in der Umgebung gemeldet wurden, sorgfältig zu dokumentieren, zu fotografieren und zu untersuchen, Proben zu entnehmen und die Vorbereitung und Verteilung der Proben an verschiedene Labors und Mitarbeiter zu koordinieren, die freundlicherweise ihre analytischen Dienste zur Verfügung gestellt hatten. Alle anderen Aktivitäten verliefen außer Plan und hatten sich dieser Hauptaufgabe einzugliedern, ohne ihr Fortschreiten zu hemmen. Eine dieser Tätigkeiten war die Suche nach elektronischen Geräten mehr oder weniger konventioneller Art, die sich mit ins Feld nehmen ließen, um Licht in den Entstehungsprozeß oder die Entstehungsprozesse der Kornkreise zu bringen.
Dieser Ansatz basierte zwar ebenfalls auf nachweisbaren Spuren, die nach dem Auftreten des Phänomens zurückblieben, war jedoch unmittelbarer als die streng vorgeplanten Laboranalysen, die erst Tage oder auch Wochen später stattfinden konnten. Im Idealfall sollten beide Forschungsmethoden einander ergänzen, denn während sich ein tonnenschweres Gammaspektroskop unmöglich mit ins Feld nehmen läßt, kann sich eine Forschungsarbeit mit Hilfe transportabler Geräte

flexibler und spontaner entwickeln. So läßt sich die Arbeit in weniger fruchtbaren Bereichen einschränken und auf bestimmte Meßbereiche konzentrieren oder je nach Lage in gröberen oder feineren Rasterungen durchführen.

Doch welche Instrumente sollten wir auswählen oder gar bauen, und auf welche Größenordnungen sollten wir abzielen? Schon bald wurde deutlich, daß es nicht an begeisterten »Bastlern« mangelte, die uns nur allzu gerne ihre Erfindungen vorführten, die angeblich jeweils ein anderes, aber gleichermaßen unfehlbares Kriterium für die Echtheit eines Kreises (oder einer ausgefalleneren Sache) nachzuweisen vermochten. Da wir im Rahmen unserer beschränkten personellen und zeitlichen Möglichkeiten jeder vielversprechenden Spur folgen wollten, war es notwendig, die sprichwörtliche Spreu vom Weizen zu trennen. Nach der Abreise des angesehenen Marshall Dudley fiel diese Beraterrolle weitgehend mir zu.

Ich halte hier die Anmerkung für angebracht, daß sich die mögliche Bedeutung einer behaupteten Beobachtung keineswegs zuverlässig nach dem Grad ihrer Abstrusität bemessen läßt. Wichtiger ist die Frage, wie die Person ist, die die Behauptung aufstellt, und wie eingehend ihr Verständnis der fraglichen Messung ist. Das machte mir meine Aufgabe natürlich um nichts leichter, da es die Grenze von der Physik zur Psychologie überschritt.

Die meisten Menschen, die uns ihre Erfindungen vorführten, taten es aus reinem Enthusiasmus; nur in wenigen Fällen hatten sie vor, uns etwas zu verkaufen. Viele der angebotenen Geräte waren aufgrund der großen Bandbreite ihres Erfassungsbereiches unbrauchbar. Ein Beispiel: Ein Bekannter beschäftigte sich mit eigenen Forschungen und benutzte dazu einen Mikrowellendetektor, mit dem er einige interessante und konsistente Meßergebnisse erzielte. Doch als er einen Kopfhörer an den Detektor anschloß, hörte er die vertrauten Klänge des BBC World Service. Viele der behaupteten Messungen verlangten eine systematischere Überprüfung. Zum Beispiel kam es häufiger vor, daß der eine oder andere Effekt angeblich in der Umgebung eines Kreises entdeckt worden war, aber nur sehr selten hatten an anderen Orten Messungen mit diesem Gerät stattgefunden. Manchmal stellte sich heraus, daß die Erfinder einfach nicht wußten, was ihre Geräte maßen, und so fiel uns die Aufgabe zu, die Funktionsweise des Apparates anhand eines unvollständigen Schaltplans zu rekonstruieren. Als Grundanforderung an jedes Gerät galt in erster Linie, daß die Schaltung innerhalb ihres stabilisierten Meßbereichs arbeiten mußte und alle einstellbaren Werte und Ansprechcharakteristika konsistent und meßbar zu sein hatten. Besondere Probleme ergaben sich, wenn die Entdeckung eines angeblich signifikanten Effekts auf einer Messung beruhte, die im Grenzbereich der Schaltung lag, da es unter solchen Bedingungen bestenfalls problematisch und schlimmstenfalls unmöglich ist, daß eine Schaltung Werte korrekt erfaßt und anzeigt. Manche der uns empfohlenen Geräte fielen in diese Kategorie und werden weiter geprüft.

Neben diesen beratenden Tätigkeiten sondierte Project Argus mit seiner Geräteausstattung das Terrain anhand einiger Experimente, die auf bestimmte Fragestellungen zugeschnitten waren.

Ein Gerät, das uns vom ersten Tag an zur Verfügung stand, der Szintillationszähler, kam zum Einsatz, wann immer es möglich war. Es handelt sich um einen empfindlichen Strahlendetektor (vorwiegend für Gammastrahlen), der eine quantitative Strahlenmessung ähnlich wie ein Geigerzähler liefert. Die Ergebnisse waren negativ.

Es wurde gelegentlich berichtet, daß es in Kornkreisen zu zeitverzerrenden Effekten gekommen sein soll. Diese Behauptung erhielt ein etwas stärkeres Gewicht durch zwei Ergebnisse: Ein russischer Wissenschaftler behauptete auf einer CCCS-Tagung in Winchester, er habe Zeitverzerrungen in russischen Formationen festgestellt; und mehrere seltsame Fotos zeigten so etwas wie Schatten, die durch eine Doppelbelichtung desselben Fotos entstanden waren und in unterschiedliche Richtungen wiesen. Wir hielten es daher für lohnend, empirische Tests zu einem solchen Effekt durchzuführen. Marshall Dudley und ich bauten ein einfaches

Radiointerferometer, um diesen Effekt objektiv und unzweideutig zu prüfen. Das Gerät bestand aus zwei unabhängigen, batteriebetriebenen Radiosendern sehr geringer Ausgangsleistung. Jeder bestand aus einem äußerst frequenzstabilen Quarzoszillator, der über einen Emitterfolger an eine Dipolantenne angeschlossen war und so ein kontinuierliches Signal mit einer Frequenz von 10 Megahertz abstrahlte. Die Frequenzen beider Sender wurden so eingestellt, daß sie sich um ein paar Hundert Hertz unterschieden, und diese Differenz war mit einem Kurzwellenempfänger, der genau in der Mitte zwischen den Sendern stand, unmittelbar als Ton zu hören. Wenn nun einer der beiden Sender in einen Bereich käme, in dem die Zeit, sagen wir, langsamer fortschritte als am Standort des anderen, müßte die Frequenz, die der Empfänger von diesem Sender auffinge, sinken und die Tonhöhe des Empfangssignals sich ändern (der Ton würde nicht zwangsläufig tiefer – das hinge davon ab, welcher der beiden Sender auf die höhere Frequenz eingestellt wäre). Mit diesem Aufbau müßte es möglich sein, Frequenzunterschiede von einem Millionstel (ppm) auszumachen, verglichen mit Unterschieden von 20 ppm, die ein Forscher aus Rußland nach eigenen Angaben gemessen hatte.

In der praktischen Anwendung des Geräts stellten wir einen Sender auf den Boden eines Kornkreises und entfernten uns entlang einer Traktorspur, bis das Signal gerade nicht mehr zu hören war (gewöhnlich in einer Entfernung von ungefähr hundert Metern) und gingen dann wieder ein Stück zurück. Den Empfänger stellten wir immer so zwischen die beiden Sender, daß er einen optimalen Empfang hatte; so oft die Zeit es erlaubte, wiederholten wir diesen Vorgang bei verschiedenen Positionen des feststehenden Senders. Auch hier waren die Ergebnisse in den sieben getesteten Formationen negativ. Damit soll jedoch weder der beschriebene Effekt verharmlost noch die Menschen, die ihn eigenen Erklärungen nach erlebt haben, weniger ernst genommen werden; es kann durchaus sein, daß diese Erscheinung wie so viele »übersinnliche« Wahrnehmungen zwar recht real, aber überaus personenspezifisch ist. Sollte dies der Fall sein, dann hätten wir mit unseren Bemühungen um umfassende wissenschaftliche Objektivität erkenntnistheoretisch aufs falsche Pferd gesetzt.

Rodney Hale war uns ein wertvoller Berater und probierte auch einige eigene Instrumente aus, unter anderem hochempfindliche Magnetometer, Ultraschalldetektoren und einen Geigerzähler. Das spannendste Ergebnis erzielte er jedoch mit einem elektrostatischen Spannungsmesser, der in einer Formation einen anomalen und wiederholbaren sprunghaften Spannungsanstieg zeigte, sobald er an eine Stelle zwischen dem zentralen Kreiselement und einer der Bahnen kam. Dieser Effekt zeigte sich auf dem Instrument, wenn verschiedene Personen es durch das Zielgebiet trugen und auch wenn es an einer langen Aluminiumstange befestigt und über das untersuchte Gebiet geschwenkt wurde. Dasselbe Gerät zeigte ähnliche Werte an, wenn es über ein unterirdisches Metallrohr in der Nähe unserer Unterkunft getragen wurde, es scheint also klar zu sein, daß es auf unterirdische Metalle reagiert. Da es uns nicht möglich ist, das Feld des Bauern aufzugraben, um dieser Möglichkeit nachzugehen, bleibt die Frage vorläufig ungeklärt, ob das Gerät auf ein vergrabenes Metallteil angesprochen hat, das zufällig an dieser Stelle in der Erde lag, oder ob es auf ein anderes physikalisches Phänomen reagiert hat. Leider gab es nach dieser Untersuchung keine frisch entstandenen und trockenen Kornkreise mehr, an denen sich die Ergebnisse hätten bestätigen lassen.

Paul Vigay hat interessante Hinweise gefunden, daß sich eine elektrostatische Aufladung betroffener Weizenhalme bei der Entstehung von Kreisformationen entlädt und nie wieder bildet. Könnte es sein, daß sich die Leitfähigkeit betroffener Halme irgendwie erhöht? Zur Prüfung dieser Hypothese baute ich ein empfindliches Meßgerät, um die Leitfähigkeit festzustellen, doch gerade in diesem Stadium setzte die »Regenpause« ein. Da feuchte Luft und Erde elektrostatische Aufladung ableiten, lassen sich solche Experimente bei nasser Witterung nicht durchführen.

Auf einer anekdotischeren und (wenn ich so sagen

darf) subjektiveren Ebene haben wir mehrere Fälle unerklärlicher und vereinzelter Funktionsstörungen – hauptsächlich bei Videokameras – und einer erstaunlich schnellen Entladung von Batterien erlebt. Ein Experiment, das Chad Deetken durchführte, um speziell die Entladung von Batterien zu prüfen (er benutzte dazu wiederaufladbare Akkus für Videokameras und legte sie in einen Kornkreis), ergab duchweg negative Resultate. Auch der Projektleiter (Chorost) bemerkte bei den Batterien seines Hörgerätes nie eine ungewöhnlich starke Entladung.

An dieser Stelle ist noch zu erwähnen, daß Michael Chorost ein Hörgerät trägt, mit dem er die Induktionsströme von Magnetspulen, Telefonen und Diebstahlsicherungen hören kann. In Kornkreisen hörte er jedoch niemals ungewöhnliche Geräusche.

Chad Deetken und ich arbeiteten an einem warmen Nachmittag zwei Stunden lang an einer eigenen »Kornformation« – einem Kreis mit Außenring von etwa dreißig Metern Durchmesser und einigen Auswüchsen. Wir hatten dazu die Genehmigung des Bauern eingeholt, den wir für das verlorene Getreide entschädigten. Es ging uns bei dieser Übung darum, eine eindeutige Fälschung zur Verfügung zu haben, in der wir die oben beschriebenen Instrumente auf Herz und Nieren prüfen und versuchen konnten, einige Merkmale nachzuahmen, die uns am flach gelagerten Korn gut gemachter Formationen beeindruckt hatten. Die Zeit war gut angelegt: Die Sache machte uns großen Spaß, und eine hochauflösende Magnetmessung erbrachte in der Formation anschließend keine ungewöhnlichen Werte. Andere Instrumente zeigten Ergebnisse, die einer »Fälschung« entsprachen, unter anderem auch das Testgerät für die elektrostatische Entladung.

Bis zu Beginn der Saison 1993 wollen wir bessere Instrumente und verfeinerte Prüfverfahren entwickelt haben. Zu den Möglichkeiten, die es in Erwägung zu ziehen gilt, gehören:

– Instrumente in Modulbauweise für den Einsatz vor Ort. Damit ließen sich die meßtechnischen Möglichkeiten maximieren und die Kosten in Grenzen halten;

– eine zentrale, passive Überwachungseinrichtung für Störungen des elektrischen/magnetischen Feldes, vielleicht durch Richtanlagen, die auf Dächern montiert sind.

Als der Sommer zu Ende ging, herrschte beim Argus-Team allgemein der Eindruck, daß elektronische Meßgeräte die greifbarsten Erfolge für die zukünftige Arbeit versprachen. Mittlerweile werden Überlegungen zu einer Nachfolgeunternehmung unter der Bezeichnung »Project Jericho« angestellt.

(Der folgende Abschnitt ist ein Beitrag von Roger Taylor)

Da ich nicht wußte, mit welcher Art elektromagnetischer Effekte ich, wenn überhaupt, zu rechnen hatte, hielt ich es für das Beste, einen breit gestreuten Ansatz zu wählen. So baute, lieh, kaufte und organisierte ich im Laufe des vergangenen Jahres die verschiedensten Instrumente, die unterschiedliche Arten elektromagnetischer Feldeffekte messen. Im folgenden beschreibe ich kurz die einzelnen Geräte, die Werte, die sie messen können, die Kreise, in denen sie zum Einsatz kamen, und die (bislang) negativen Ergebnisse.

1. Dezimeterwellenempfänger (UHF)

Ich habe festgestellt, daß der Empfang von Dezimeterwellen auch ohne Feinabstimmung in der Umgebung von 500 MHz je nach Länge der Antenne eine scharfe Pegelspitze aufweist. Der Empfänger reagiert auf verschiedene Radarsignale und gelegentlich höre ich die Stimme eines Piloten, wenn ein Flugzeug über mich hinwegfliegt.

2. Längstwellenempfänger (VLF)

Er spricht auf eine große Frequenzbreite von 100 Hz bis 20 kHz an, deckt also den Hörbereich ab und erfaßt auch die Frequenz von etwa 5 kHz, in der sich Berichten zufolge »Kreisgeräusche« bewegt haben. Normalerweise ist ein ständiges Knistern aufgrund von Blitzen zu hören, die von einem großen Teil der Erde kommen. Dieser Empfänger müßte auch »Trillergeräusche« einfangen, obwohl ich noch keines gehört habe.

3. Sub-Audio Magnetometer

Dieses hochempfindliche Gerät reagiert auf Änderungen in der magnetischen Feldstärke in einem Frequenzbereich von 0,1 bis 20 Hz. Da diese Frequenz zu langsam ist, um sich auf Band aufzeichnen zu lassen, wird sie mit einer Pulsmodulation auf eine Trägerfrequenz von 1 kHz gebracht und aufgezeichnet. Dieses aufgezeichnete Signal muß anschließend decodiert werden, um die ursprünglichen magnetischen Variationen zu bekommen und sie auf einem Oszilloskop oder Oszillograph abzubilden. Das Gerät ist mit einer Vorrichtung versehen, bei der ein Signal oberhalb einer vorher eingestellten Frequenz ein Relais auslöst, das ein Tonbandgerät einschaltet. Es schaltet sich ab, wenn es zehn Sekunden lang kein Signal mehr bekommen hat. Da es so empfindlich ist, reagiert es auf Vibrationen und muß leicht abgedeckt in die Erde versenkt werden, um es vor Wind zu schützen. Es läßt sich zwar tagsüber einsetzen, doch besteht dann die Gefahr, daß Passanten es auslösen. Ideal ist sein Einsatz bei Nacht.

4. Elektrostatischer Spannungsmesser (»Elektrometer«)

Dieses Gerät wurde nach einem Schaltplan von Larry Grant gebaut. Es reagiert hochempfindlich auf jede Art elektrostatischer Aufladung, die zum Beispiel durch Kunstfaserkleidung, Gummischuhe und so weiter entsteht. Es ist daher mit Abstand zum Körper an einer Stange zu tragen, und der Bedienende muß Lederschuhe tragen oder barfuß gehen. Meiner Erfahrung nach spricht es sehr gut auf Spannungsänderungen der Luft an, was sich gut demonstrieren läßt, indem jemand es über den Kopf hält; allerdings zeigte es keine stabilen Spannungsänderungen, wenn es innerhalb oder außerhalb von Kornkreisen über den Boden geführt wurde. Es registrierte lediglich etwas wie Bereiche geladener Luft, die allerdings nicht beständig waren.

5. Skalarfelddetektoren

Neben den elektromagnetischen Feldstärken interessierten mich auch jene Felder, die den Namen »nicht-Hertzsche« oder »skalare« Felder bekommen haben. Es handelt sich um jene Bereiche, die auch als »Verwerfungen in Raum und Zeit« beschrieben wurden und die möglicherweise eher das physikalische Gegenstück zu den mit Wünschelruten aufspürbaren Energien darstellen als die elektromagnetischen Felder. Physikalische Meßverfahren hierzu sind bislang nur spärlich und zudem kontrovers beschrieben, doch in Anbetracht der Merkwürdigkeit des Phänomens fand ich es den Versuch wert. Da es eine These gibt, nach der solche Felder möglicherweise die Zerfallszeit radioaktiver Teilchen beeinflußen, versah ich den Szintillationszähler des Argus-Teams mit einer radioaktiven Strahlungsquelle (Thoriumdioxid in zwei Behältern), die ich unter die Zählkammer klebte. Anschließend brachte ich den Szintillationszähler in Kornkreise, um die Werte Vergleichszählungen gegenüberzustellen.

Tabelle 1: Übersicht über untersuchte Formationen und durchgeführte Tests. (Roger Taylor)

Formation	»Venus«	»Hermes«	Ostfeld/4	Piktogramm-Froxfield groß	Piktogramm-Froxfield klein
Entstehungstag	1.8.92	2.8.92	8.8.92	8.8.92[1]	?
Tag der Untersuchung	2.8.92	3.8.92	10.8.92	10.8.92	10.8.92
UHF-Test	–	–	x	x	x
VLF-Test	x	x	x	x	x
Magnetmessung	x	x	x[2]	x	x
Elektrometertest	x	x	–	–	–
Thoriumtest	–	–	x	x	x

[1] Möglicherweise am 9. August tagsüber entstanden.
[2] Die Tests wurden sowohl am Tag als auch in der Nacht durchgeführt.

Die Ergebnisse aller Tests waren negativ.

Außer den im Rahmen von Project Argus durchgeführten Tests habe ich 1991 und 1992 noch in einigen Formationen Messungen mit UHF- und VLF-Empfängern und Elektrometern vorgenommen, alle mit negativen Resultaten.

Entweder hatte ich nicht genug Glück, Energien zu erwischen, die möglicherweise extrem kurzlebig sind, oder ich habe nicht die richtigen Instrumente eingesetzt. Ich halte es für lohnend, mit dem Magnetometer weitere Messungen durchzuführen, die die ganze

Nacht dauern und vor allem frische Kreise erfassen, in denen die Wahrscheinlichkeit besteht, daß Ergänzungen hinzukommen. Ich werde zudem weitere Arten von Skalarfeldmessern erforschen.

IV. Erscheinungsform der Kornformationen (Chad Deetken)

Neben den Tests, die vor Ort und im Labor gemacht wurden, bedurfte es einer umfassenden Beschreibung der Formationen. Ungewöhnliche und komplexe Merkmale konnten ein Zeichen der Echtheit sein und eventuell Einblicke in das Wesen der erzeugenden Energie liefern. Da ich drei Jahre Erfahrung mit der Erforschung kanadischer Kornkreise besaß, fiel es mir zu, diese Beobachtungen anzustellen und Merkmale des Phänomens in beiden Ländern zu vergleichen, wo immer es angebracht erschien.
Zur Bewertung der folgenden Angaben ist anzumerken, daß ich meine Beobachtungen in England wie auch in Kanada gegen Ende der Saison angestellt habe, als das Pflanzenwachstum praktisch bereits aufgehört hatte. Dieser Umstand ist wichtig für die Bewertung einiger Merkmale, da die Pflanzen während der Wachstumsperiode grün, geschmeidig und aktiv sind, während sie gegen Ende der Saison trocken und spröde sind und auf physische Beschädigung nicht mehr reagieren können.
Ich habe keinerlei äußere Anzeichen festgestellt, die als Bestimmungsfaktor für die Echtheit einer Formation gelten könnten. Ich neige allerdings zu der Ansicht, daß die Wahrscheinlichkeit für die Echtheit einer Formation um so höher ist, je mehr Merkmale sie aufweist.

Allgemeine Merkmale

Bodenmuster. Nach dem allgemeinen Eindruck zu urteilen, gibt es zwei Arten von Kornformationen. Die erste weist so sauber und ordentlich zu Boden gedrückte Halme auf, daß sie wirken, als seien sie frisiert. Diese Formationen glitzern und glänzen im Sonnenlicht, das ihr Bodenmuster auf faszinierende Weise betont. Die zweite Art wirkt unordentlich oder widerspenstig. Einzelne Halme haben sich wieder aufgerichtet oder gar nicht erst richtig flachgelagert. Die Halme verlaufen nicht völlig parallel zueinander und liegen nicht auf einer Höhe. Deshalb ist zwischen ihnen der Boden zu sehen.
Für diese äußeren Unterschiede mögen verschiedene Faktoren verantwortlich sein, wie zum Beispiel Sorte und Dichte des Getreides, Feuchtigkeit zum Entstehungszeitpunkt der Formation und Bodenbeschaffenheit. Auch eine ungleichmäßige, ungenügende oder übermäßige Einwirkung jener Energie, die am Entstehungsprozeß der Kornkreise beteiligt ist, könnte sich nachhaltig auf das Erscheinungsblid auswirken.
Ein Beispiel, das möglicherweise auf übermäßige Energieeinwirkung hindeutete, fand sich 1990 in Alvena, Saskatchewan. Dieser Kreis mit einem Durchmesser von 3,35 Meter und einem »Kringel« stehenden Getreides in der Mitte wies Merkmale auf, die auf Chaos schließen ließen. Hier war die Energie anscheinend in einem solchen Übermaß zur Anwendung gekommen, daß die Halme ungewöhnlich flach zu Boden gedrückt, ziehharmonikaförmig in die blitzartigen Konfigurationen gefältelt und so miteinander verwoben waren, daß sich keine Spiralrichtung ausmachen ließ. Das Getreide innerhalb des Kreises war erheblich dunkler als das der Umgebung. Leider standen damals keine Laboreinrichtungen zur Verfügung, um festzustellen, ob die Verfärbung auf Verkohlung oder Pilzbefall zurückging.
Konstruktionsfolge. Es erscheint logisch, daß die einzelnen Konstruktionsschritte besonders in großen Formationen nach einer rationalen Reihenfolge erfolgen. Die Reihenfolge läßt sich anhand der Beobachtung rekonstruieren, welche Halme an Schnittpunkten von Pfaden, Ringen und Kreisen die anderen überlagern. In einer Formation mit mehreren, durch Pfade verbundenen Kreisen zum Beispiel sollte der Konstruktionsvorgang an einem Ende beginnen und am anderen aufhören oder vielleicht in der Mitte anfangen und sich zu beiden Enden ausdehnen. Häufig ist das jedoch nicht der Fall.

Mit größerer Wahrscheinlichkeit stellt sich heraus, daß der Konstruktionsvorgang an einer beliebigen Stelle beginnt, sich sprunghaft vor und zurück bewegt, hier einen Kreis hinzufügt, dort eine Bahn und da einen Ring. Es ähnelt dem Vorgehen eines Künstlers, der ein Bild malt. Statt die Arbeit in einem Zug zu vollenden, setzt er den Pinsel viele Male an, fügt hier und da ein Detail ein, bis das Bild fertig ist. Die Konstruktionsfolge kann von Formation zu Formation variieren, aber alles deutet auf eine Reihenfolge hin, die ganz und gar nicht dem Vorgehen entspricht, das ein Mensch einschlagen würde.

Die Ergebnisse, zu denen Chorost und Morcom gekommen sind, daß sich die »Konstruktionslinien« unter dem Bodenmuster des Getreides an keine rationale Reihenfolge halten, stützen die obigen Beobachtungen. Obwohl ich 1992 in England keine Anzeichen komplexer, vielschichtiger Kostruktionslinien gesehen habe, stieß ich doch in vielen Fällen auf einzelne Bahnen oder schmale Streifen, die unterhalb des Kreismusters verliefen. Manche endeten im Kreiszentrum, während andere spitz zulaufend ein Stück vorher aufhörten. In Kanada kommen Konstruktionslinien nicht vor, da die Formationen in der Regel recht einfach sind.

Aufrecht stehende Halme. Sowohl in England als auch in Kanada ist dieses Merkmal recht verbreitet, kam allerdings besonders häufig bei den Kreisen des Jahres 1991 in Alberta vor. Hier sind nicht alle Halme zu Boden gedrückt, sondern eine jeweils unterschiedliche Anzahl von Halmen ist unbehelligt vom Entstehungsprozeß des Kreises stehengeblieben. Die Zahl der stehenden Pflanzen kann zwischen einigen wenigen und mehreren hundert liegen. Sie stehen nicht in einem erkennbaren Muster wie zum Beispiel einer Spirale oder in einem bestimmten Teil des Kreises, sondern sind wahllos über die ganze Formation verteilt.

In einer Formation, die aus vier Kreisen mit einem Durchmesser von etwa 5 bis 12 Metern bestand und 1991 in Warner, Alberta, auftauchte, fanden sich in jedem Kreis viele hundert stehende Halme. Je mehr stehende Einzelhalme in einer Formation vorkommen, um so geringer ist offensichtlich der Abstand zwischen ihnen. Wer auch immer versuchen wollte, diesen Effekt mit einem Werkzeug zu erzielen, müßte schon ein sehr schmales Gerät nehmen, da die Halme in manchen Formationen nur einige Zentimeter auseinander stehen.

Es bestehen kaum Chancen, daß Pflanzen, die so spät in der Saison zu Boden gedrückt wurden, sich wieder aufgerichtet haben könnten. Ein Getreidehalm ist zur Erntezeit trocken und spröde, und die Ähren sind voll und schwer. Wenn ein Halm erst einmal am Boden liegt, ist es angesichts seiner starken Biegung und des Gewichts der Ähren völlig ausgeschlossen, daß er sich wieder aufrichten könnte, wodurch auch immer.

Ovale und exzentrische Kreise. Die meisten Kreise und Ringe sind nicht perfekt. Sie wirken, als seien sie aus der freien Hand gezeichnet, also nicht ganz rund oder etwas exzentrisch. Manchmal ist die Abweichung von der Kreisform extrem.

In einer Formation, die 1991 in Lethbridge, Alberta, auftauchte und aus drei L-förmig angeordneten Kreisen bestand, war einer der Kreise extrem elliptisch. Ansonsten war er zwar gut geformt, maß aber 4 Meter in der Länge und nur 2,75 Meter in der Höhe.

Ein Kreis mit Außenring, der 1992 in Albertville, Saskatchewan, entstand, hatte einen Durchmesser von knapp 11 Metern und wich lediglich um 5 Zentimeter von der Kreisform ab. Seine Achse war jedoch völlig exzentrisch. Die Entfernung vom Mittelpunkt der Spirale bis zum äußeren Rand des Ringes maß in der einen Richtung 6,40 Meter und in der entgegengesetzten Richtung nur 4,60 Meter. Eine weitere Besonderheit war, daß der Ring auf der »schweren« Seite der Formation eine Breite von knapp 69 Zentimetern hatte und auf der »leichten« Seite nur 38 Zentimeter breit war. Es wirkte, als habe ein rundes, mit Flüssigkeit gefülltes Objekt, das sich um seine Achse drehte, eine Unwucht gehabt, die den Inhalt zum großen Teil auf eine Seite verlagerte.

Lückeneffekt. Wenn Formationen von Traktorspuren durchschnitten sind oder an Flächen mit Windschäden angrenzen, tendieren die flach gelagerten Halme der

Formation dazu, in diese Lücken einzudringen. Dieses Phänomen haben Delgado und Andrews Mitte der achtziger Jahre erstmals beobachtet.

Es wäre vorstellbar, daß sich die Energie, die die Kreise erzeugt, wie eine komprimierte Luftkugel verhält, die sich geradlinig fortbewegt, um eine Bahn zu erzeugen, und rotiert, um einen Kreis zu machen. Passiert die komprimierte Luft nun eine Lücke im stehenden Getreide, zum Beispiel eine Traktorspur, so hat sie die Tendenz, diesem Weg des geringeren Widerstandes zu folgen, und nimmt dabei einige Halme mit.

Dieses Merkmal kommt häufig in englischen Kornkreisen vor, während es sich in Kanada auf einzelne, ungewöhnlich weit auseinanderliegende Saatrillen beschränkt.

Bänder. In vielen Kreisen verläuft am Außenrand ein Getreideband, das sich vom übrigen Bodenmuster deutlich abhebt. Die Breite des Bandes kann von einigen Zentimetern bis zu mehreren Dezimetern reichen und eine gleichläufige oder gegenläufige Windung zum übrigen Kreismuster aufweisen. Während das Kreismuster eine Variationsbreite von strahlenförmigen Mustern bis zu engen Spiralen annehmen kann, verlaufen die Halme in diesen Bändern parallel zum Kreisrand. Ich habe Bänder gesehen, die das Kreismuster überlagerten, während andere darunter lagen.

Die jüngste Formation in Albertville, Saskatchewan, bot ein klassisches Beispiel für ein überlagerndes Band (siehe Abbildung). Der Kreis war gegen den Uhrzeigersinn gewunden und besaß ein 15 Zentimeter breites, gleichläufiges Band, das den Rand des Bodenmusters wie ein Kranz überlagerte. In einem anderen Fall, auf der West Stowell Farm in England, verlief das Band gegenläufig. Die Getreideschichten überlagerten sich nicht, obwohl es an manchen Stellen Wirbel gab, wie sie bei gegenläufigen Wasserströmungen vorkommen, die sich schließlich miteinander verflechten.

Mehrschichtigkeit. Mehrschichtige Lagen sind ein verbreitetes Phänomen, das in unterschiedlich komplexer Form mit zwei bis fünf Schichten vorkommt. In einfachen Beispielen verläuft über oder unter einem vorhandenen Bodenmuster eine Bahn in einer zweiten Schicht. Wer die obere Halmschicht anhebt, findet dar-

Albertville, Saskatchewan

unter manchmal eine Lage, die in einer anderen Richtung verläuft.

In komplexeren Formationen fand ich bis zu fünf verschiedene Lagen. Sie lagen nicht wie Blätter eine über der anderen, sondern einzelne Halmbüschel, die in verschiedene Richtungen wiesen, waren miteinander verwoben und verschlungen. Der treffendste Vergleich wäre ein gewebter Stoff. Es ist schwer vorstellbar, wie ein zufälliger natürlicher Vorgang einen solchen Effekt hervorbringen sollte. Ein bereits oben erwähntes Beispiel für verwobene Einzelhalme, nicht Büschel, fand sich in Alvena, Saskatechwan.

Verdachtsmomente. Beim Eintreffen an einer neuen Formation gilt es sich als erstes zu versichern, ob vorher schon Menschen dort waren. Manchmal finden sich Hinweise, die die Echtheit einer Formation erheblich in Zweifel ziehen. Verdachtsmomente schließen zwar nicht aus, daß die Formation echt sein könnte, sind aber mit Sicherheit als Hinweis zu verstehen, daß sie möglicherweise keinen großen Zeit- und Kraftaufwand rechtfertigt.

Ein einschlägiger Fall war ein großer Kreis mit Schlüssel, der in einem Weizenfeld auf der West Stowell Farm auftauchte (in unseren Arbeitsaufzeichnungen erhielt er die Bezeichnung »Draycot 2«). Als wir dort eintrafen, bemerkten wir einen schmalen Pfad, der durch etwa drei Meter stehenden Getreides von der Straße zu einer Traktorspur führte, die den Zugang zum Feld ermöglichte.

Als wir die Formation betraten, stellten wir fest, daß sie nicht sonderlich eindrucksvoll war. Das Getreide lag nicht flach am Boden und wirkte unordentlich. In der Kreismitte war eine blanke Stelle, die aussah, als sei sie stark begangen worden, obwohl keine Fußspuren zu erkennen waren. Ein dünner Ring stehender Halme einige Dezimeter kreiseinwärts erweckte zudem den Eindruck, daß dort ein Werkzeug am Kreisrand entlanggerollt worden sei und versehentlich diesen Streifen stehen gelassen habe.

Am verdächtigsten waren Schlammspuren, die in dem schlüsselartigen Gebilde und auf einem Teil des Kreises auf den flachgedrückten Pflanzen zu sehen waren. Durch den anhaltenden Regen war der Boden in der Nacht, als diese Formation entstand, ziemlich aufgeweicht. Die Schlammspritzer tauchten in regelmäßigen Abständen auf, die verräterisch auf das Aufsetzen des linken beziehungsweise rechten Fußes hindeuteten. Es ist denkbar, daß diese Spuren von Tieren stammten. Wahrscheinlicher ist allerdings, daß ein Mensch sie hinterlassen hat, als er die Formation anlegte oder frühmorgens betrat. Zusammengenommen verboten all diese Anzeichen jedenfalls, viel Zeit auf diese Formation zu verschwenden.

Kornformationen anlegen

Ein Versuch bei Tageslicht. Aus Neugier und um unsere Forschungsarbeit zu unterstützen wollten Mike Chorost, Simon Lyons und ich ausprobieren, wie schwierig es war, eine Kornformation unter realistischen Bedingungen anzulegen und dabei einige der Merkmale nachzumachen, die wir an echten Formationen beobachtet hatten. Nachdem wir die Genehmigung des Bauern eingeholt hatten, versuchten wir es nach Einbruch der Dunkelheit mit unseren eigenen Methoden. Wir hatten ein paar einfache Werkzeuge dabei: Maßband, Schnur und verschieden lange Plastikrohre.

Mehrere Stunden stolperten und fummelten wir in der Dunkelheit hinter unserer Unterkunft herum, überrascht, wie kompliziert das scheinbar simple Vorhaben doch sein konnte. Zum einen war es äußerst schwierig, im Dunkeln zu erkennen, was wir machten. Wir mußten alle Bewegungen koordinieren, um uns gegenseitig aus dem Weg zu gehen und nicht übereinander zu stolpern. Beim Anlegen einer ernst gemeinten Fälschung hätte uns jeder Fehltritt unweigerlich verraten.

Damals kam mir der Gedanke, daß es mehrere Teams bräuchte, einige der riesigen Formationen anzulegen, die wir in diesem und in den vergangenen Jahren vorgefunden hatten. Um sich nicht gegenseitig zu behindern und aus Zeitgründen müßten sie an verschiedenen Seiten anfangen und sich in der Mitte so treffen, daß alle Teile makellos zusammenpaßten, und das alles im Stockfinsteren. Das erschien mir völlig unvorstellbar.

Als eine Schlechtwetterfront heranzog, waren wir gezwungen, unser nächtliches Vorhaben aufzugeben. Ein paar Tage später griffen Simon und ich unseren Plan jedoch wieder auf und beschlossen, ihn nicht bei Nacht, sondern unter den idealen Bedingungen hellen Tageslichts auszuführen.

Wir entschieden uns für ein relativ schlichtes Design von gut 9 Metern Breite und 18 Metern Länge. Es bestand aus einem Kreis mit Außenring, aus dem zu beiden Seiten je eine Bahn hinausführte, die in einer Gabel endete, dazu kam noch ein kleiner Einzelkreis.

Als wir fertig waren, gingen wir ein paar Schritte zurück und betrachteten unser Werk. Wir hatten zwei Stunden gebraucht und hart gearbeitet. Wir hatten Plastikrohe benutzt, durch die wir ein Stück Seil gezogen hatten, das wir in Händen hielten. Wenn wir einen Fuß auf das Rohr stellten, es zuerst anhoben und dann gleichzeitig nach unten und nach vorne drückten, konnten wir eine etwa 60 Zentimeter breite Schwade zu Boden pressen. Zuerst stand Simon in der Mitte, ein Stück Seil in der Hand, das andere Ende um meine Taille gebunden. Ich markierte als erstes den Kreisrand und anschließend bei etwas weiterer Einstellung des Seiles den Außenring. Simon und ich arbeiteten uns dann gemeinsam von der Kreismitte in einem Bogen zum Kreisrand vor, bis das Kreismuster fertig war. Anschließend legten wir die Bahnen und den Einzelkreis an.

Auf den ersten Blick wirkte es nicht schlecht. Allerdings stimmte etwas nicht. Diese Symmetrie hatte ich in echten Formationen nicht oft gesehen. Bei genauerem Hinschauen fanden sich auch offensichtliche Anzeichen, daß hier Menschen am Werk gewesen waren. Am leichtesten zu erkennen waren unsere zahlreichen Fußabdrücke im Boden, vor allem in der Kreismitte. Außerdem waren sichtlich Halme geknickt und gebrochen und aus den Ähren waren Körner gefallen, die nun auf dem Boden verstreut lagen.

Besonders schwierig gestalteten sich unsere Versuche, mehrere Schichten anzulegen. Zwei Lagen waren einfach zu machen, aber komplexere Schichtungen führten zu nicht unerheblichen Beschädigungen der Pflanzen. Diese Schichtungen mußten wir von Hand anlegen, nachdem die Formation fertig war. Je komplexer der Schichteffekt, um so zeitaufwendiger und mühsamer war er zu machen und um so größere Schäden richteten wir an.

Ein anderes Problem war, daß sich nach einer Stunde, in der ich das Plastikrohr angehoben und hinuntergedrückt hatte, meine Wadenmuskeln verspannten und verkrampften; gegen Ende mußte ich mehrmals Pausen einlegen. Ich bin sicher, wesentlich länger hätte ich das nicht weitermachen können.

Einen sehr kleinen Kreis anzulegen, geht recht schnell und einfach. Mit den Händen lassen sich die Halme zu Spiralwindungen und verschiedenen Mustern formen und viele Effekte erzielen. Die eigentliche Schwierigkeit besteht darin, eine Stelle zu erreichen, die abseits einer Traktorspur liegt. Weite Sprünge sind unmöglich, und ohne eine ganze Reihe Leitern, Stühle oder Planken zu benutzen, bleibt nur noch die Möglichkeit, auf einer ungewöhnlich breiten Saatrille entlangzugehen. Beim Anlegen eines sehr kleinen Kreises, der nur einen Durchmesser von einigen Dezimetern hat, ist es unerläßlich, außerhalb des Kreises zu stehen, da im Kreisinneren kein Platz ist. Eine breite Saatrille eignet sich dazu hervorragend. In weichem Boden hinterläßt das natürlich Fußspuren.

John Martineau, der nicht wußte, das es sich um eine von Menschen gemachte Formation handelte, fand zunächst, sie mache einen ganz guten Eindruck, doch nach ein paar Minuten erklärte er, es sei offensichtlich eine Fälschung. Wir behaupten nicht, daß wir sonderlich gut sind, doch nachdem wir zwei Stunden bei hellem Tageslicht unter idealen Bedingungen harte Arbeit geleistet hatten, wurde unsere Formation innerhalb weniger Minuten als Fälschung entlarvt. Das dürfte für sich sprechen.

V. Wetterdaten

Die untenstehende Tabelle gibt die Niederschlagsmengen an, die die Besitzer der Farm, auf der wir wohnten, gemessen haben. Allen, die die Fälschungstheorie prüfen möchten, liefert sie vielleicht interessantes Material.

Tabelle 2: Niederschlagsmengen für Alton Barnes im Sommer 1992. (Aufgezeichnet von Tim Carson)

Angegeben in Millimetern für einen Zeitraum von 24 Stunden, endend um 9.00 des folgenden Tages

	Juni		Juli		August	
Mo	1.	0,0				
Di	2.	0,0				
Mi	3.	0,0	1.	7,8		
Do	4.	1,9	2.	3,0		
Fr	5.	1,9	3.	15,4		
Sa	6.	1,2	4.	1,4	1.	0,1
So	7.	0,5	5.	0,0	2.	0,0
Mo	8.	k.E.	6.	0,0	3.	0,0
Di	9.	k.E.	7.	0,0	4.	0,0
Mi	10.	k.E.	8.	0,0	5.	1,0
Do	11.	k.E.	9.	3,8	6.	0,0
Fr	12.	k.E.	10.	gering	7.	0,6
Sa	13.	k.E.	11.	22,2	8.	6,7
So	14.	0,0	12.	0,0	9.	0,3
Mo	15.	0,0	13.	2,9	10.	2,0
Di	16.	0,0	14.	gering	11.	15,9
Mi	17.	0,0	15.	gering	12.	
Do	18.	0,0	16.	3,5	13.	
Fr	19.	2,1	17.	gering	14.	
Sa	20.	0,0	18.	0,2	15.	
So	21.	0,0	19.	gering	16.	
Mo	22.	0,0	20.	21,7	17.	
Di	23.	0,0	21.	0,0	18.	
Mi	24.	0,0	22.	0,0	19.	
Do	25.	0,0	23.	gering	20.	
Fr	26.	0,0	24.	0,0	21.	
Sa	27.	0,0	25.	0,0	22.	
So	28.	0,0	26.	1,5	23.	
Mo	29.	1,2	27.	0,0	24.	
Di	30.	26,8	28.	0,0	25.	
Mi			29.	0,0	26.	
Do			30.	0,0	27.	
Fr			31.	0,0	28.	
Sa					29.	
So					30.	

k.E.: kein Eintrag

VI. Berichte über »Lichterscheinungen« (Ralph Noyes und Michael Chorost)

Beim Project Argus gingen mindestens fünf Berichte über unidentifizierte Lichterscheinungen in der Luft ein:

1. Diese Geschichte erzählte uns eine der Kellnerinnen im Barge Inn, einem Pub am Südende von Alton Barnes. Sie berichtete, sie habe in der Nacht vom 11. auf den 12. Juli südlich von der Gaststätte ein rotes Licht beobachtet, das sich in einer niedrigen Höhe seltsam bewegte. Allem Anschein nach näherte sich ihm ein Hubschrauber (den sie für einen Militärhubschrauber hielt), worauf es mit großer Geschwindigkeit »davonschoß«. Am nächsten Tag kamen Polizisten in die Gaststätte; sie trugen (was unüblich ist) deutlich sichtbar Schlagstock und Handschellen und sollen angeblich in der Umgebung tätig gewesen sein.

2. Berichten zufolge wurde ein »deutlich geformtes Fluggerät« gesichtet, das über einem Feld westlich von Woodborough Hill, unweit der Honey Street, schwebte. Dies erzählten uns Stephen Greer und zwei Frauen, die in seiner Begleitung waren. Das »Fluggerät« soll angeblich auf blinkende Lichtstrahlen reagiert haben. Nach Greers Angaben fand dies um 0.30 Uhr am Morgen des 27. Juli statt. Chris Mansell hat über dieses Vorkommnis ausführlich in *The Circular*, 3/3, Oktober 1992, S. 7–9 berichtet. Das Argus-Team untersuchte später einen Kornkreis, der am 30. Juli in der unmittelbaren Umgebung auftauchte (in den Arbeitsaufzeichnungen als Formation von »Woodborough Hill« oder »Carson Farm Canal« bezeichnet). Wir entnahmen Proben für eine Gammaspektroskopie in Harwell, eine DNS-Analyse, Keimtests, Gewebeuntersuchungen und Messungen zur Restmagnetisierung. Die DNS-Analyse war negativ; die Ergebnisse der übrigen Untersuchungen liegen noch nicht vor.

3. Uns liegt eine Erzählung aus dritter Hand vor, daß am Abend des 22. Juli um die Abenddämmerung Men-

schen auf Woodborough Hill standen – es handelte sich anscheinend um den ersten Abend der von Greer organisierten Überwachungsaktion – und ein kleines, weißes Objekt sahen, das sich unterhalb des Horizonts in Richtung Milk Hill befand, etwa an der Stelle, an der am nächsten Tag die Beobachtung des »Gottestelefons« von David Reads Farm gemeldet wurde. Außerdem sprach Michael Chorost mit zwei Polizisten aus der nahegelegenen Stadt Pewsey; wie sie berichteten, hatten sie seltsame Blinklichter unmittelbar über dem Feld gesehen, waren sich allerdings über das Datum ihrer Beobachtung nicht ganz sicher. Sie hatten deutlich den Eindruck, daß es sich nicht um Blitzlicher gehandelt haben konnte; einer meinte zögernd, die Lichter hätten ausgesehen, als »rotierten« sie.

4. Die bei weitem beste Schilderung einer Lichterscheinung stammt von John und Julie Wakefield (nicht verwandt mit Grant Wakefield). Sie gehörten dem »Dreadlock-Team« an, das den Zutritt zu der »Schlangenformation« im Ostfeld der Carson Farm bewachte. Am Abend des 28. Juli, einem Donnerstag, fuhren sie mit ihrem Lieferwagen Richtung Pewsey und parkten etwa bei Referenzpunkt 130 623. Sie wollten sich einen Moment von den anderen Dreadlock-Mitarbeitern zurückziehen, um in Ruhe einen Brief an Freunde auf Band zu diktieren. Das war gegen 22.15 Uhr. Aus einem Waldstück im Süden (vermutlich Wilcot Withy Bed) sahen sie eine orangefarbene Kugel aufsteigen, die anscheinend aus eigener Kraft leuchtete und sich deutlich unterhalb des Horizonts befand. Nach kurzer Zeit löste sich aus dieser Kugel ein wesentlich kleineres orangefarbenes Licht, das sich westwärts bewegte und eine Drehung vollzog, ehe es wieder zur »Mutterkugel« zurückkehrte. Es war kein Geräusch zu hören. Die Mutterkugel verlöschte. Einige Minuten später stieg dieselbe (möglicherweise aber auch eine andere) Kugel bei Tawsmead Copse auf, weiter westlich und näher an der Straße, auf der John und Julie parkten. Auch aus ihr löste sich ein kleines orangefarbenes Objekt. Drei Hubschrauber (die sie für Militärhubschrauber hielten) kamen schnell von Süden angeflogen und näherten sich dem Objekt (oder den Objekten), das abrupt verschwand. Das geschah gegen 22.40 Uhr.

Mit diesem Vorkommnis sind noch einige weitere Ereignisse verbunden:

A. Am nächsten Tag, den 29. Juli, erfuhr das Argus-Team von zwei Kornkreisen, die auf der West Stowell Farm, gut drei Kilometer von den Beobachtungen des Vorabends entfernt, aufgetaucht waren. Es erscheint wahrscheinlich, daß sie in der Nacht vom 28. auf den 29. Juli entstanden sind. Das Argus-Team nahm am 30. Juli Proben für Strahlentests und Untersuchungen zur magnetischen Varianz. Die Strahlentests waren negativ. Die Ergebnisse der Tests zur magnetischen Varianz liegen noch nicht vor. (In unseren Arbeitsaufzeichnungen trägt die Formation die Bezeichnung »Draycot 1«.) John und Julie Wakefield entnahmen am 29. Juli Pflanzenproben, die zur DNS-Analyse und zur elektronenmikroskopischen Gewebeuntersuchung eingeschickt wurden. Die Untersuchungen ergaben keinerlei ungewöhnliche Resultate.

B. John und Julie Wakefield zogen am 29. Juli Erkundigungen in der Nachbarschaft der West Stowell Farm ein und erfuhren, daß es etwa um die Zeit ihrer Beobachtung am Vorabend eine gewisse Unruhe beim Vieh gegeben hatte. Sie hörten auch die seltsame Geschichte, daß etwa um die Zeit, als die Hubschrauber eingegriffen hatten, Kennet Bryant aus einer Haussprechanlage in Draycot Manor Cottage (das liegt zwischen dem Ort ihrer Beobachtung und den aufgetauchten Kornkreisen) die Worte »Achtung, Polizei« hörte oder etwas Ähnliches.

C. Ich selbst stellte am 30. Juli Nachforschungen in der Nachbarschaft an, indem ich von Haus zu Haus ging. In drei unabhängigen Aussagen hörte ich von einem Hund, der gegen 23.00 Uhr am Abend des 28. Juli in Draycot Cottages geheult hatte. Von Kennet Bryants Frau hörte ich noch einmal seine Geschichte, obwohl sie dieses Vorkommnis nicht selbst erlebt hatte.

5. Zwei Mitglieder des Argus-Teams, Simon Lyons und Michael Chorost, sahen ein Objekt in der Luft, das, falls es ein Flugzeug war, ein recht seltsames gewesen sein muß. Chorost beschreibt es so:

Wir sahen es am Abend vom 17. auf den 18. August gegen 1 Uhr morgens in einer windstillen, kühlen, bewölkten Nacht. Das Objekt flog mit etwa gleichbleibender Geschwindigkeit und schien ungefähr die Größe zu haben, die von einem niedrig fliegenden Flugzeug zu erwarten wäre. Allerdings machte es kein Geräusch. Dem optischen Eindruck nach sah es aus wie eine Ansammlung hell und unregelmäßig blinkender Lichter. Vielleicht kann ich es am besten beschreiben, wenn ich sage, daß es wie ein Flugzeug mit zu vielen Positionslampen aussah, die zu schnell blinkten und außerdem zwischen den Blinkfolgen um den »Rumpf« des Objekts herumzuhüpfen schienen. Jede »Blinkfolge« (und es liefen mehrere »Blinkfolgen« gleichzeitig) schien mit einem oder zwei hellen Blinklichtern anzufangen und allmählich in eine stetige Folge gedämpfterer Blinklichter überzugehen, ehe sie aufhörte. Die Tatsache, daß immer mehrere »Blinkfolgen« gleichzeitig abliefen, vermittelte den Eindruck, das Objekt habe einen »synkopischen« Blinkrhythmus. Ein Muster war nicht erkennbar, obwohl ich sagen würde, daß es ein schneller Rhythmus war, auf den es sich hätte tanzen lassen. Ich schätze, daß immer drei oder vier Blinkfolgen gleichzeitig abliefen. Die Blinklichter waren weiß und gelb, und das machte es noch unwahrscheinlicher, daß es sich um gewöhnliche Positionslampen handeln könnte. Wir sahen uns beide das Objekt durch einen Nachtfeldstecher an, konnten aber keinen weiteren Aufschluß über die Form des Objekts bekommen. Ich hatte flüchtig den Eindruck, daß die Lichter einen Teil der Oberfläche des Objekts, offenbar an der Unterseite, schwach beleuchteten.

Das Objekt flog geradlinig von Westen nach Osten. Im Osten verschwand es in einer Wolkenbank, ehe es den Horizont erreichte. Es war etwa zwei Minuten lang zu sehen.

Mehrere Mitglieder des Argus-Teams, ich selbst eingeschlossen, hatten einige Wochen zuvor bereits genau das gleiche Objekt während einer Nachtwache oben auf Woodborough Hill beobachtet. Es hatte die gleiche Flugbahn genommen und war mit gleicher Geschwindigkeit geflogen. Auch damals machte es kein Geräusch. Busty Taylor, ein erfahrener Pilot, hatte das Objekt nicht identifizieren können.

Sowohl Simon als auch ich haben während unseres Sommeraufenthaltes in Alton Barnes viele Flugzeuge, Hubschrauber und Satelliten gesehen. Das Objekt, das wir beobachtet haben, hatte mit keinem dieser Dinge Ähnlichkeit. Weder Simon noch Busty, noch ich wissen, was das für ein Objekt war, und wir sind nicht imstande, eine Vermutung zu äußern.

Einschätzung der Fälschungstheorie

Ich kann in diesem Punkt nur für mich sprechen, da jeder zur Frage der Fälschungstheorie eine etwas andere Meinung hat. Meiner Ansicht nach läßt sich zur Fälschungstheorie folgendes sagen:

1. Project Argus kann die Fälschungstheorie nicht ausschließen.
2. Es bleiben einige verwirrende Dinge bestehen, die sich anhand der Fälschungstheorie nur schwer erklären lassen.

Sollte bei den Leserinnen und Lesern der Eindruck entstehen, daß wir uns damit wieder genau am Anfang befinden, so ist das verzeihlich. Um es geradeheraus zu sagen, es ist die Wahrheit.

Anmerkungen:

[1] Michael Chorost, »Theses for a Pre-Paradigm Science: Cereology«, *MUFON 1991 International UFO Symposium Proceedings*, S. 103–132.

[2] Michael Chorost, »The Summer 1991 Crop Circles: The Data Emerges«, Fund for UFO Research, Mt. Rainier, MD 20712, Februar 1992, S. 73ff.; siehe auch: M. Chorost, »Kornkreise 1991 in Nordamerika«, in: *Spuren im Korn*, Herausgegeben von Jürgen Krönig, Frankfurt am Main: Zweitausendeins [2]1992.

[3] Zur Erörterung dieses Falles siehe: Dudley Marshall und Michael Chorost, »What Happened To The ›Radionuclides Paper‹?«, *The Cereologist* Nr. 6, Frühjahr 1992, S. 6f.; *MUFON UFO Journal*, April 1992, S. 8–11; sowie die Beiträge von Montague Keen und Michael Chorost zu *Spuren im Korn*, a. a. O. (s. Anm. 2).

Anhang:

Amerikanischer Leiter: Michael Chorost (Duke University)
Englische Leiter: Ralph Noyes (CCCS), Stanley Morcom (CCCS)
Kontakte zu englischen Wissenschaftlern: Montague Keen (CCCS)

Gammaspektroskopie: Marshall Dudley (Oxford Instruments), Dr. Greg Kennedy (Ecole Polytechnique/Montreal), Dr. Ernest Peck (University of Nevada/Las Vegas), Dr. Vernon Hodge (University of Nevada/Las Vegas)
DNS-Analyse: Kevin Folta (University of Illinois/Chicago)
Gewebeuntersuchungen: Dr. W. C. Levengood (Pinelandia Biophysical Laboratory), Dr. Warren Burggren (University of Nevada/Las Vegas), Dr. Melvin Turner (Duke University)
Keimversuche: Dr. Rob Arnold (Colgate University)
Elektronenmikroskopie: Cassandra McDonough (Texas A&M)
Luftbeobachtungen: Jürgen Krönig, Busty Taylor, George Wingfield (CCCS)
Bodenüberwachung: John F. Langrish (CCCS), Stanley Morcom (CCCS)
Allgemeine Unterstützung: Chris Talarski (CUFOS), John und Julie Wakefield, Dennis Stacy (MUFON)
Elektromagnetische Untersuchungen: Rodney Hale (Melford Designs), Simon Lyons (CCCS), Kobus Nieuwmeiyer (Bartington Instruments), Dr. Roger Taylor
Statistische Analyse: A. K. Singh (UNLV), Dr. Craig Beam (Marshfield Clinic, MI)
Vergleich englischer und nordamerikanischer Bodenmuster: Chad Deetken (NAICCR)
Produktion der Videodokumentation: Linda Moulton Howe (LHM Productions)
Wissenschaftstheoretische Betreuung: Dr. Trevor Pinch (Cornell University)
Kontakte zu Farmern: Una Dawood, Richard G. Andrews

MONTAGUE KEEN

DIE VERTRACKTE BIOLOGISCHE DISKUSSION

Auf der Suche nach wissenschaftlichen Fakten

Obwohl es auch schon vor der Gründung des Centre for Crop Circle Studies (CCCS) 1990 Bestrebungen gab, eine objektive wissenschaftliche Untersuchung der Kornkreise in Gang zu bringen, beruhten viele der Belege, die den Glauben an die Echtheit des Phänomens stützen sollten, doch eher auf Indizien und Annahmen als auf dem Ergebnis von Tests, Versuchen und Analysen, die das tägliche Brot wissenschaftlicher Verfahren ausmachen.

Erst im Rückblick erscheint es unklug, daß offenbar versäumt wurde, wissenschaftliche Forschungsmethoden anzuwenden. Die Indizien waren und sind äußerst beeindruckend. Bis zu den einschneidenden Veränderungen, die das berühmte Piktogramm von Alton Barnes im Juli 1990 ankündigte, gab es kaum Hinweise, daß Fälschungen vorkamen, geschweige denn, daß sie weit verbreitet waren. Zudem herrschte ein fester, wenn auch unangebrachter Glaube, daß bestimmte Merkmale der Kornkreise mit menschlichem Können nicht herzustellen seien. Solange die Formationen im wesentlichen kreisförmig blieben und daher anscheinend mit einer Erklärung vereinbar waren, die sich mit der orthodoxen Physik deckte, war es nur natürlich, daß die Mehrzahl sich dem führenden Wissenschaftler auf diesem Gebiet, dem Physiker und Meteorologen Dr. Terence Meaden, anschloß.

Im Laufe der achtziger Jahre waren Meaden und seine Kollegen zu der Überzeugung gelangt, daß alle Kreise – einschließlich derer, die aus alten Erinnerungen der Landbevölkerung oder aus längst in Vergessenheit geratenen geschichtlichen Überlieferungen ausgegraben wurden – sich mit seiner Theorie eines Plasma-Vortex ebenso vereinbaren ließen wie die verschiedenen Arten von Lichterscheinungen und Geräuschen, die häufig mit den Formationen in Verbindung gebracht wurden. Mit löblichem Erfindungsreichtum paßten sie diese Theorie fortlaufend den alljährlich sich mehrenden Exzentrizitäten des Phänomens an. Vielen Beobachtern genügte die Vortex-Hypothese jedoch schon vor dem Auftauchen nicht kreisförmiger Elemente nicht mehr. Für jene, die in ihnen eine spirituelle Botschaft erkannten, kam das nicht überraschend. Andere hatten prosaischere Gründe zu bezweifeln, ob ein Wind – so diszipliniert er auch sein mochte – Muster hervorbringen konnte, wie sie zu sehen waren, oder ob überhaupt ein Naturphänomen sich auf so bemerkenswerte Weise ändern und weiterentwickeln konnte, wie es im Laufe der achtziger Jahre berichtet wurde. Soweit eine Forschungsarbeit stattfand, die sich mit einer gewissen Nachsicht in die Kategorie wissenschaftlicher Untersuchung zwängen ließ, litt sie unter einer verbreiteten Krankheit: dem zwingenden Wunsch, die Fakten einer vorher aufgestellten Theorie anzupassen.

Bemühungen der Plasma-Vortex-Anhänger, Dreiecke, Parallelogramme, Bögen, Schwänze, Leitern und eine Fülle zunächst geometrischer und später freier Formen einzuordnen, waren zum Scheitern verurteilt; einem Scheitern, das sich weniger unangenehm ausnahm, als sich die Berichte, Mutmaßungen oder Behauptungen über Fälschungen mehrten. Anfangs hatte Dr. Meaden es riskiert, sich der Lächerlichkeit preiszugeben, als er das berühmte Piktogramm von Alton Barnes von 1990 mit der Begründung aufnahm, es demonstriere die

»Abweichungen von der Kreisform, was eindeutig die Vortex-Theorie zu generalisieren half«;[1] zudem äußerte er sich zuversichtlich: »Indem wir unvollkommene Fälle wie diesen untersuchen, lernen wir schneller als erwartet die Wirkungsweise komplexer Vortices kennen und zeigen darüber hinaus, was für ein wirkungsvolles Forschungsinstrument die Untersuchung unvollkommener Kreise sein kann.«

Diese Aussage war bald nicht mehr zu halten. In der folgenden Saison und im Sog der Fälschungsbehauptungen mußten Dr. Meaden und seine Anhänger einräumen, daß diese komplexen Muster völlig unvereinbar mit ihrer Hypothese waren. Das entscheidende Element dieser Hypothese war nämlich gerade die Kreisförmigkeit eines rotierenden Luftstrudels, der wie auch immer geladen oder ionisiert war. Definitionsgemäß mußten also Piktogramme, die dem nicht entsprachen, Fälschungen sein. Die Verfechter der Vortex-Theorie verbrachten das Jahr 1992 zu einem großen Teil damit, alle nicht ins Bild passenden Piktogramme aus ihrem Datenmaterial zu streichen, ungeachtet der Tatsache, daß eine erst kürzlich erschienene topographische Analyse sie zur Stützung der Theorie herangezogen hatte.[2] Nachdem Dr. Meaden die berühmte Formation von Alton Barnes ursprünglich als »durch und durch echt« bezeichnet hatte, soll er Berichten zufolge gegen Ende der Saison 1992 finster den Schluß gezogen haben, vermutlich ließe sich lediglich eine Handvoll oder ein Dutzend der Formationen, die seit Beginn der entsprechenden Aufzeichnungen aufgetaucht seien, mit Sicherheit als Werke der Natur einstufen; eine Schlußfolgerung, die bis auf die einfachen Exemplare praktisch alle Kreise abtat, die über mehr als ein Jahrzehnt hinweg in mehreren Ländern der Erde aufgetaucht waren.

Jene, die das mit wissenschaftlicher Objektivität nur schwer in Einklang zu bringen fanden und der Ansicht waren, daß viele, wenn nicht gar die meisten der kunstvollen Piktogramme, die seit Sommer 1990 auftauchten, wundervolle und echte Äußerungen des Phänomens seien, verlangten noch drängender nach handfesten Beweisen. Es war nicht nur notwendig geworden, das Wesen und die Wirkungsweise jener Kraft zu entdecken, die das Getreide flachdrückte, es war mittlerweile auch eine vordringliche Aufgabe, über Mutmaßungen hinaus festzustellen, daß das Phänomen kein bewußtes Menschenwerk sein konnte. Kaum jemand bestritt, daß Formationen von Menschen gemacht sein *konnten*, doch es herrschte weithin die Überzeugung, daß nicht alle von Menschen stammten. Die 1991 unternommenen Forschungsarbeiten, deren Ergebnisse das Buch *Spuren im Korn* darlegt, fanden unter Bedingungen statt, die sich sehr von den Umständen im folgenden Jahr unterschieden. Die Behauptungen von Doug Bower und Dave Chorley standen der Welt erst noch bevor, und die Ansicht, daß alle Piktogramme gefälscht seien, beschränkte sich noch auf eine kleine Minderheit hartgesottener Skeptiker und auf Leute, die mit den Fakten nicht vertraut waren. Im Frühjahr 1992 war die Stimmung allerdings umgeschlagen. Allein schon die Extravaganz der Muster und die eindeutigen Anzeichen für sorgfältig geplante Konstruktion, die sie an den Tag legten, stellte jeden unausweichlich vor die Wahl, entweder eine formative Intelligenz zu akzeptieren, die eine eindrucksvolle, rätselhafte und präzise gesteuerte Kraft zur Anwendung brachte, oder sich für Gruppen boshafter und geschickter Fälscher zu entscheiden, die der unendlichen Leichtgläubigkeit der wahren Gläubigen Nahrung boten und sich an ihr weideten. Unter diesen ungünstigen Voraussetzungen entstand das Project Argus.

Boden und Pflanzen wissenschaftlich zu untersuchen und Kräfte, die offenbar mit Formationen in Verbindung stehen, zu messen, erfordert mühsame, gewissenhafte Arbeit. Selbst wenn alle Beteiligten Freiwillige sind, die ihre Zeit opfern und ihre Sachkenntnis einbringen, bedarf sie erheblicher Mittel, die es nicht zu vergeuden gilt. Und genau um Verschwendung würde es sich handeln, wenn die untersuchten Formationen sich als falsch erwiesen.

Das war ein Hauptmotiv für den Mitte Juli 1992 veranstalteten sogenannten Fälschungswettbewerb. Obwohl er an anderer Stelle ausführlicher behandelt ist, muß hier doch ein Wort über seine Zielsetzungen und Konsequenzen gesagt werden, da beides in engem Zusammenhang zu den Problemen und Verfahren der wissenschaftlichen Erforschung steht.

Im September 1991 erschien in der Zeitung *Today* die Behauptung, zwei ältere Witzbolde, Bower und Chorley, hätte »alle« Formationen seit Ende der siebziger Jahre angelegt; zwar wurde diese Behauptung in der Ausgabe des nächsten Tages prompt abgeschwächt, doch sie schürte die öffentliche Skepsis und den Unglauben der Wissenschaftler in einem Maße, das die Fakten kaum rechtfertigten, selbst wenn überzeugende Belege vorgelegt worden wären. Trotzdem ermutigte es einige Kritiker, darunter auch den respekteinflößenden Lord Zuckerman, einst führender wissenschaftlicher Berater der britischen Regierung, das Centre for Crop Circle Studies zu einem öffentlichen Wettbewerb zu drängen, um herauszufinden, wie gut Kornkünstler hervorzubringen vermöchten, was bislang allein der Natur zugeschrieben wurde. Ein solcher Wettbewerb würde gleichzeitig den Wert der visuellen Richtlinien prüfen, die Kreisexperten als Kennzeichen für die Echtheit aufgestellt hatten,[3] und nähere Einzelheiten über Urheberansprüche erbringen, die sich bislang durch sehr viele Behauptungen und wenige Belege auszeichneten.

Mit gutem Grund fürchteten viele, der Wettbewerb fördere nur weitere Fälschungen. Und nicht nur das; wenn die Wettbewerbsteilnehmer besser abschnitten, als die Juroren erwarteten (was tatsächlich der Fall war), könnte beim laienhaften Publikum durchaus ein falscher Eindruck entstehen. Es wäre nämlich nur vernünftig anzunehmen, daß sich ebensogut alle Formationen auf das heimliche nächtliche Treiben jener Leute zurückführen ließen, die die Hinweise, Tips und Möglichkeiten, die ihnen die naiven Organisatoren netterweise zur Verfügung stellten, lediglich nutzten, um ihrem schändlichen Können den letzten Schliff zu geben.

Bei der Bewertung dieses weithin publizierten gesellschaftlichen Ereignisses ist jedoch zu beachten, daß die tatsächlichen Standortbedingungen in einigen Punkten erheblich von denen in den Hauptgebieten der Kornkreisaktivität abwichen. Am wichtigsten waren vielleicht die relativ guten Sichtverhältnisse auf dem Gelände von West Wycombe, weniger wegen des Mondes, der weitgehend von Wolken verdeckt war, als wegen der Nähe zu einer gut beleuchteten städtischen Umgebung und der Straßenbeleuchtung. Im tiefsten Wiltshire dürften Kreismacher dagegen wohl kaum ohne künstliches Licht ausgekommen sein. Es ist zu bedenken, daß trotz weit verbreiteter Vorwürfe ausgedehnter Fälschungen praktisch nie Fälscher auf frischer Tat ertappt wurden, selbst nicht in Gegenden, in denen Wachtrupps heimlich nächtliche Runden drehen, um nach Übeltätern zu suchen. Komplexe Piktogramme in tiefster Dunkelheit ohne verräterische Taschenlampen oder Geräusche anzulegen, dürfte ein schwieriges Unterfangen sein; und sich dabei auch noch an präzise geometrische Maße zu halten, wie sie bei der Untersuchung diverser Formationen von mehreren Forschern festgestellt wurden, ist überaus erstaunlich.[4]

Und schließlich ist da noch die Frage der Ausrüstung. Es gab keine Strafpunkte für Teilnehmer, die Werkzeuge benutzten, ganz gleich wieviele und wie hinderlich oder wie ausgeklügelt sie waren. Das Gewinnerteam nutzte diese Freiheit voll aus und fertigte ein eindrucksvolles Sortiment von Spezialgeräten an, die es ermöglichten, nicht auf das Getreide zu treten, während sie Satellitenkreise oder andere vorgelagerte Elemente der Wettbewerbsvorlage anlegten. Der Mannschaftsführer des Gewinnerteams,[5] der an das Kornkreisphänomen glaubt, räumte jedoch freimütig ein, daß dieses Gerät kaum geeignet ist, in langen Fußmärschen bergauf zu abgelegenen Feldern geschleppt zu werden, ständig der Gefahr einer Entdeckung ausgesetzt und folglich gezwungen, sich eiligst und ungehindert zurückziehen oder gut verstecken zu können. Ausgeklügelte Apparate, die eine Beschädigung des Getreides und Fußspuren am Boden zwischen einzelnen Elementen einer Formation verhinderten, wären zudem bei weichen oder nassen Bodenverhältnissen ungeeignet und würden Spuren hinterlassen, die sich nicht beseitigen ließen.

Wenn es denn einen Bereich gab, in dem sich die offiziellen und inoffiziellen Juroren in ihren ansonsten sehr unterschiedlichen Ansichten einig waren, so war es die Tatsache, daß nicht einer der Beiträge auch nur ansatzweise jenen »Fluß« zeigte, den Kornkreisforscher für das sicherste Kennzeichen der Echtheit halten und der in deutlichem Kontrast steht zur mechanischen Präzision der von Menschen gemachten Formationen. Er gehört allerdings zu den Merkmalen, die sich schwer definieren lassen und lediglich subjektiv zu beurteilen sind; und solche subjektiven Beurteilungen sind Gift für den Wissenschaftler und liefern Skeptikern Munition für ihren Hohn.

Wissenschaftler suchen nach Beweisen oder zumindest nach Indizien, die Beweisen so nahe kommen, daß sie keinen anderen Schluß zulassen. Experimente müssen wiederholbar sein und Hypothesen eine gewisse Vorhersagekraft besitzen. Eine der Schwächen der Plasma-Vortex-Theorie war unter anderem, daß sie nie vorhersagen konnte, wann und wo Formationen auftauchen, welches Muster und welches Ausmaß sie haben würden. Auch von Wiederholbarkeit konnte keine Rede sein.

Solche Schwächen liegen jedoch in der Natur des zur Untersuchung stehenden Phänomens. Nur wenige – wenn überhaupt eine – der zahllosen Mutmaßungen über den Ursprung der Kornkreise machte Voraussagen über Zeitpunkt, Ort und Gestalt späterer Formationen möglich. Am nächsten kam dem noch ein Ansatz, der auf die seherischen Fähigkeiten sensitiver Menschen vertraute; doch selbst wenn es überzeugende Belege für korrekte Vorhersagen gegeben hätte (es kursierten wohl einschlägige Berichte), war nie ganz auszuschließen, daß diese Prophezeiungen sich nur mit menschlicher Hilfe erfüllt hatten.

Die wissenschaftliche Untersuchung folgte gewissen ungeschriebenen Gesetzen. Grundlegend war die Annahme, daß das Kausalprinzip und die Gesetze der Thermodynamik Geltung hätten. Eine zweite Annahme ging davon aus, daß die Kraft (oder Kräfte), die das Getreide flach lagerte, mit einem meßbaren Energiefluß einherginge, sei er nun optisch, akustisch, magnetisch, elektrisch, pneumatisch oder was auch immer. Zudem herrschte die Auffassung, daß die Kraft (oder die Kräfte), die die Lagerung des Getreides bewirkte, auch wenn sie schwer aufzuzeichnen oder zu messen sei, doch in den betroffenen Bodenflächen oder Pflanzen Veränderungen hervorriefe, die sich mit Instrumenten finden und messen lassen müßten.

Das ist weniger offensichtlich, als es den Anschein haben mag. Das Phänomen beinhaltet die Existenz einer Kraft, die der Physik unbekannt ist. Es gibt keinen Grund, warum sie mit Gesetzen überstimmen sollte, die auf Regelmäßigkeiten basieren, die anhand bereits bekannter physikalischer Kräfte beobachtet wurden. Wenn schon alte Grenzen überschritten werden, warum sollte ihre Unverletzlichkeit dann gleichzeitig noch respektiert werden müssen?

Eine weitere Annahme wurde stillschweigend zugrunde gelegt: Konsistenz. Was auch immer für die Entstehung eines Kornkreises verantwortlich war, mußte auch für die Schaffung der anderen verantwortlich sein. Wenn zum Beispiel signifikante, meßbare und unfälschbare Veränderungen im elektromagnetischen Feld festgestellt wurden, ließ sich aller Erwartung nach davon ausgehen, daß dies ein wesentliches Merkmal und ein Hinweis auf den Entstehungsmechanismus aller echten Formationen sei.

All diese Annahmen mögen zwar notwendig sein, um eine wissenschaftliche Untersuchung auf eine mehr als sinnbildliche Grundlage stellen zu können, doch keine von ihnen entspricht zwangsläufig der Wahrheit. Und der bisherige Verlauf der Untersuchungen hat bei vielen Menschen den Verdacht aufkommen lassen, daß eine Intelligenz, wenn hier denn tatsächlich eine solche am Werk sein sollte, offenbar Fähigkeiten an den Tag legt, die mit einer oder mehreren dieser Annahmen unvereinbar sind.

Das ist ein Gebiet, in dem sich die Kornkreisforschung von fast allen anderen Bereichen wissenschaftlicher Forschung unterscheidet. Und es ist durchaus nicht das einzige. Zunächst möchte ich kurz erläutern, was das Jahr 1991 gebracht hatte und was das Project Argus weiter erforschen sollte. Das verblüffendste Einzelergebnis hatte die Untersuchung einiger Bodenproben aus Formationen in der Umgebung von Beckhampton in Wiltshire ergeben, einem Ort in der Nähe des Epizentrums des Kornkreisrätsels. Marshall Dudley, ein Spezialist für die Entwicklung von Meßgeräten, die winzige Emissionen radioaktiver Strahlungen feststellen, war auf den Nachweis für einige kurzlebige radioaktive Isotope gestoßen. Da die Kontrolluntersuchungen in dem staatlichen Labor, das die Proben in seinem Heimatstaat Tennessee analysiert hatte, zu wünschen übrig ließen, stellte sich später (nach Drucklegung des Buches *Spuren im Korn*) heraus, daß das Nachweisverfahren für die Isotope unzuverlässig und die Ergebnisse fragwürdig waren.

Trotzdem blieb eine realistische Möglichkeit bestehen, daß die erzeugende Kraft über einen völlig unbekannten Vorgang winzige Spuren identifizierbarer kurzlebiger Isotope hinterließ, die in der Natur nicht vorkommen. Sie waren eindeutig von sehr langlebigen Isotopen zu unterscheiden (die eine Halbwertzeit von Millionen Jahren und nicht von Wochen oder nur Minuten haben), die Teil der normalen Hintergrundstrahlung sind, und auch von Isotopen, die als Abfallprodukte bei Atomtests oder bei dem Kraftwerksunglück in Tschernobyl entstanden sind. Diese aufregende und beunruhigende Möglichkeit bedurfte 1992 gründlicher Untersuchung, die diesmal jedoch unmittelbar Dudleys Kontrolle unterstehen und Proben nach einer strengen, anerkannten Methode nehmen und behandeln sollte, die auch einer peinlichst genauen Überprüfung standhielt. (Wie Michael Chorost an anderer Stelle dieses Buches berichtet, waren die Ergebnisse jedoch durchweg negativ, und bislang hat sich zur Enttäuschung und Verwirrung des Argus-Teams keine zufriedenstellende Erklärung für die Meßwerte von 1991 ergeben.)

Auf biologischem Gebiet hatte der Biophysiker Dr. W. C. Levengood in seinem Labor in Michigan hervorragende Pionierarbeit geleistet. Seine Mikroskopuntersuchungen von Gewebeproben, die vorwiegend von Pflanzen aus Formationen in Großbritannien stammten, hatten ihn zu dem Schluß gebracht, daß winzige Löcher oder Tüpfel im weichen Grundgewebe der geschwollenen Halmknoten betroffener Pflanzen sich mit einem plötzlichen Eindringen von Energie, ähnlich der Einwirkung von Mikrowellen, vereinbaren und erklären ließen. Tatsächlich stellte er ähnliche Reaktionen bei Pflanzen fest, die er im Mikrowellenherd behandelt hatte. Zudem hatte er bei einigen Proben Merkmale festgestellt, die er und ein Botaniker als eine seltene genetische Mißbildung identifizierten, die unter der Bezeichnung Polyembryonie bekannt ist. Einige Proben hatten außerdem Anzeichen einer Verkohlung der äußeren Gewebeschichten gezeigt, wie sie aller Wahrscheinlichkeit nach durch intensive, aber kurzzeitige Hitzeeinwirkung entsteht, zum Beispiel durch einen Blitzschlag. Schließlich ergab ein Vergleich mit Kontrollproben aus aufrecht stehendem Getreide, daß das Verhältnis von Halmdurchmesser zu Knotendurchmesser bei Pflanzenproben aus dem Kreis signifikante Abweichungen zeigte.

Nach Veröffentlichung dieser Resultate wurden im Herbst 1991 und im Frühjahr und Sommer 1992 verschiedene Einwände gegen Dr. Levengoods Untersuchungsergebnisse oder gegen die Schlußfolgerungen laut, die er daraus gezogen hatte. Manche machten sich auch Gedanken über das (unvermeidliche) Fehlen einer Kontrolle über die Probenentnahme. Dr. Levengood selbst stellte im Sommer 1992 bei der Untersuchung der Ähren aktueller Proben fest, daß die sich bildenden Staubbeutel, die noch in den Spelzen waren (also vor der Blüte), den eingeschrumpften Gebilden sehr ähnlich sahen, die er bei dem vorher als »Polyembryonie« bezeichneten Effekt in manchen Proben aus Weizenähren des Jahres 1990 bemerkt hatte.[6] Daraufhin unterzog er die ursprünglichen Proben einer erneuten Untersuchung. Diese ergab, daß an ihnen ein Staubfaden hing, den er als Charakteristikum des Elements bezeichnet, das den Staubbeutel trägt. Normalerweise treten die Staubbeutel aus der Spelze heraus, schrumpfen ein und fallen ab, wenn die Blütenknospe sich öffnet. Er hatte nicht erwartet, in allen untersuchten Spelzen noch Staubbeutel vorzufinden. Daraus schloß er, daß die Diagnose einer Polyembryonie zwar auf einem

Irrtum beruhte, er aber dennoch auf eine Abweichung gestoßen war, die darauf hindeutete, daß die zur Samenbildung und -entwicklung der Pflanze führenden Prozesse abrupt unterbrochen worden waren. Dabei hatten sich die Halmknoten und die Zellstrukturen innerer Gewebeschichten verändert, ohne grobe äußere Schäden hervorzurufen oder die Zellen abzutöten; ein Phänomen, das vermutlich nur zu beobachten ist, wenn die Formation um die Blütezeit entstanden ist, also in einem relativ frühen Reifungsstadium. Nichts deutet jedoch daraufhin, daß dies auch in späteren Proben gefunden wurde.

Ähnliches gilt für das verkohlte Gewebe: Mit dem Elektronenmikroskop ließen sich einige Schwarzfärbungen später als Pilzbefall identifizieren; es bleiben jedoch nach wie vor ungeklärte Anzeichen für Verkohlung bestehen. In der Saison 1992 waren allerdings keine weiteren Beispiele für dieses Phänomen zu finden.

Weitreichender war dagegen eine frühere Schlußfolgerung, die sich auf die umstrittene Frage der Tüpfelvergrößerung bezog. Im Frühjahr 1992 war Levengood zu dem Schluß gekommen, es sei besser, die Tüpfel in den Zellwänden der Deckspelze zu untersuchen als die im Grundgewebe. Das Grundgewebe sitzt im Inneren der Halmknoten, jener Punkte also, die anschwellen und es der Pflanze ermöglichen, nach oben zum Licht zu wachsen, wenn Wind, Regen oder Menschen sie zu Boden gedrückt haben. Die Deckspelze ist die dünne Haut, die das sich bildende Samenkorn umgibt. Aus verschiedenen Gründen hielt Levengood es für sicherer und zuverlässiger, die Zellveränderungen an dieser Stelle statt an den Knoten zu untersuchen. Erstens würde es das Problem umgehen, das sich stellen könnte, wenn auf natürliche oder künstliche Weise gelagertes Getreide (das sich normalerweise in den Knoten aufzurichten beginnt) ebenfalls Veränderungen der Zelltüpfel aufweisen sollten. Das schien bei den Tüpfeln des Deckspelzengewebes wesentlich unwahrscheinlicher zu sein. Zweitens vermutete er, daß im Spelzengewebe Anzahl und Verteilung der Tüpfel stabiler sei, während die Grundgewebszellen empfindlicher auf unterschiedliche Wachstums- und Klimaverhältnisse reagierten. Außerdem neigte das weiche Grundgewebe in den frühen Wachstumsstadien dazu, »überall« Tüpfel zu haben, die sich in ihrer Größe nicht unbedingt von denen in Kontrollproben unterschieden – eine Entdeckung, die ihn vermuten ließ, daß der Reifegrad der Pflanze eine Rolle spielte. 1991 hatte er festgestellt, daß die Grundgewebszellen in den Halmknoten der Kontrollproben keinerlei Tüpfel aufwiesen, während sie in den Proben aus dem Kreisinneren vorhanden waren; im folgenden Jahr waren allerdings auch auf den Kontrollproben Tüpfel sichtbar. Das hing offenbar mit dem Umstand zusammen, daß die Proben von 1991 insgesamt reifer waren als die jüngeren Pflanzen, die er in der folgenden Saison untersuchte. Aus diesen Gründen ging er also dazu über, das seiner Vermutung nach zuverlässigere Gewebe der Deckspelzen zu untersuchen, das durchgängig Tüpfel aufwies und sich allem Anschein nach im Laufe des Reifungsprozesses nicht veränderte. Katherine Esau weist in einem Standardwerk zur Pflanzenanatomie (*Plant Anatomy*, S. 36–43) darauf hin, daß sich während des Wachstums Tüpfelfelder in dem Maße verändern können, wie sich die Zellwände bilden. Diese Veränderung veranschaulichte eine der zahlreichen Schwierigkeiten, die sich im Umgang mit wachsenden Pflanzen stellen.

Was anfangs lediglich als unwesentliche Verfahrensänderung erschien, wie sie in der Explorationsphase einer solchen Untersuchung nichts Ungewöhnliches ist, erwies sich jedoch für andere Forscher des Argus-Teams als unerwarteter Stolperstein. Obwohl es nicht Levengoods Schuld war, fand die Tatsache, daß er seine Aufmerksamkeit von den Knoten auf die Deckspelzen verlagert hatte, erst Beachtung, als es bereits zu spät war, das eigens auf die Gewebeanalysen der Halmknoten zugeschnittene Verfahren zur Gewinnung der Pflanzenproben umzustellen. In weiteren Analysen verwendete Levengood statt der Deckspelzen Gewebe aus den glatten Halmbereichen.

Da diese Änderungen der Vorgehensweise auf Unverständnis gestoßen sind, möchte ich hier noch einmal ausdrücklich betonen, daß es durchaus nicht ungewöhnlich oder regelwidrig ist, wenn Wissenschaftler verschiedene Wege ausprobieren und Methoden testen und verwerfen, wenn sie sich als ungenügend erweisen oder sich bessere finden. Verbreitet, aber weniger verzeihlich ist es, sich nicht über Thomas Huxleys weise Definition der großen Tragödie der Wissenschaft im klaren zu sein: wenn nämlich eine häßliche Tatsache eine schöne Hypothese zunichte macht. Jeder Forscher muß eine Hypothese aufstellen, sonst gäbe es keinen Grund, nach irgend etwas zu suchen. Der pragmatische Levengood war in der Wahl seiner Hypothesen selbst in der Explorationsphase konservativ.

Levengoods Anfangsergebnisse von 1991 waren auf die Kritik gestoßen, manche seiner Resultate, wenn nicht gar alle, ließen sich statt auf eine rätselhafte, Kreise erzeugende Kraft schlicht auf phototrope Erholungsprozesse zurückführen.[7] Dieser Kritikpunkt wurde Levengood im Oktober 1991 vorgehalten. In einem seiner anschließenden Berichte schlug er ein spezielles Experiment mit künstlich flach gelagertem Getreide vor. Dabei ging es ihm offenbar eher darum, die Schwellung der Knoten zu prüfen als die Möglichkeit, daß eine tropische Erholung zu einer ähnlichen Tüpfelvergrößerung führen könnte, wie er sie im Grundgewebe der Kornkreisproben festgestellt hatte und die ihn zu wichtigen und weitreichenden Schlußfolgerungen veranlaßt hatte.[8]

Diese Einwände kamen von verschiedenen Pflanzenexperten in England, unter anderem von Dr. Jeremy Sweet, dem Leiter der Pflanzenpathologie am National Institute of Agricultural Botany, Cambridge, Dr. John Graham, Leiter des Bereichs Agronomie am Cranfield Institute of Technology, dessen Doktorarbeit sich mit dem Lagerungsverhalten von Getreide befaßt hatte, und dem international anerkannten Biologen Dr. Rupert Sheldrake, dessen frühe Arbeiten zur Pflanzenphysiologie sich mit den Auswirkungen und Folgen der Lagerung auf Pflanzen befaßt hatten. Als CCCS-Vertreter, der für die Entwicklung und Koordination der Forschung auf diesem Gebiet zuständig war, hatte ich mich bemüht, qualifizierte Fachleute zu finden, die die entsprechenden Versuche durchführen konnten. Solche Versuche waren glücklicherweise nicht davon abhängig, ob und wann Kornkreise auftauchten; es war lediglich notwendig, gelagerte und aufrecht stehende Pflanzen zu vergleichen, vorzugsweise Weizen oder Gerste; dazu mußten in regelmäßigen Abständen während der Wachstumsperiode verschiedene Proben nach dem gleichen Verfahren flach gelagert und die Auswirkungen auf die Tüpfel in den Grundgewebszellen der Knoten untersucht werden.

Wie die meisten Pflanzenversuche sah das einfacher aus als es war. Ein Haupthindernis war die Zeit; ein zweites das Geld. Eine Institution, die die nötigen Einrichtungen und das Personal für diese Arbeit hatte, erstellte einen Kostenvoranschlag. Selbst wenn sie ohne Gewinn arbeitete, hätte die Untersuchung 6400 Pfund gekostet, eine Summe, die die Mittel der interessierten, aber mittellosen ehrenamtlichen Organisationen weit überstieg. Wir baten mehr als eine staatliche Stelle in Großbritannien um Unterstützung. Selbst wenn Planungszeit und Bereitstellung von Personal gereicht hätten, einen solchen Test für die Getreidesaison 1992 vorzubereiten und durchzuführen, scheiterte ein solches Vorhaben an der Finanznot staatlicher Stellen. Erst als die Getreidesaison bereits weit fortgeschritten war, kam uns auf Bitten des CCCS eine junge deutsche Immunologin, Susanne Lenzner, zu Hilfe.

Sie verglich in den letzten acht Wochen der Saison 1992 in Niedersachsen künstlich flach gelagerte Weizenpflanzen mit aufrecht stehenden Kontrollproben und stellte fest, daß alle Veränderungen in den Zelltüpfeln des Grundgewebes (nicht in den Deckspelzen), die nach Angaben von Dr. Levengood auf die Einwirkung einer unbekannten Kraft zurückgingen, sich gleichermaßen in normalen wie in gebogenen Halmknoten fanden. Sie kam zu diesem Schluß anhand von 300 Fotografien von Längs- und Querschnitten durch normale und gebogene Halmknoten, die mit einem Axiovert 405 M der Firma Zeiss bei vierhundertfacher Vergrößerung betrachtet wurden. Sie stellte zudem fest, daß im allgemeinen zwischen flach gelagertem und stehendem Getreide keine Unterschiede im Knotendurchmesser in verschiedenen Wachstumsstadien bestanden.

Es war eine bewundernswerte und zeitaufwendige Forschungsarbeit.

Aus der Entdeckung der Tüpfelgröße erwuchs ein schwerwiegender Konflikt: War das Meßverfahren, das Frau Lenzner angewandt hatte, geeignet, geringe Variationen im Tüpfeldurchmesser festzustellen? Diese Durchmesser bewegen sich in einer Größenordnung von 1,4 bis 2,3 Mikrometer oder 0,0014 bis 0,0023 Millimeter. Dr. Levengood stützte seine Schlußfolgerungen, die einen nichtmenschlichen Ursprung der komplexen Formationen zu belegen scheinen, auf die Genauigkeit der Messung geringfügiger Veränderungen dieser Durchmesser.

Mit Lenzners Ergebnissen konfrontiert, vertrat Dr. Levengood die Ansicht, es sei unmöglich, anhand von Fotografien Messungen vergrößerter Zelltüpfeldurchmesser mit der erforderlichen Genauigkeit durchzuführen; sein eigenes Instrument, ein Präzisionsokularmikrometer mit geeichter Meßskala, ebenfalls von Zeiss, ermögliche ihm die Berechnung bis zu einer Genauigkeit von ±0,3 Mikrometer, und er sei sich sicher, daß er es bei einiger Übung auf eine Genauigkeit von ±0,1 Mikrometer bringe. Frau Lenzner war nicht die einzige, die sich fragte, wie das wohl möglich sein soll, da eine Strecke von 2 Mikrometern bei 450facher Vergrößerung immer noch nur 0,9 Millimeter lang ist, und kein menschliches Auge kann in diesen Größenordnungen 20 Teilstriche der Skala erkennen, was aber nötig wäre, um eine Genauigkeit von ±0,1 Mikrometer zu erreichen.

Eine Anfrage bei mehreren Experten erbrachte stark differierende Ansichten, obwohl die Firma Zeiss Levengood bedingt unterstützte. Die Frage ist noch nicht abschließend geklärt; doch ohne den behaupteten Präzisionsgrad der Messungen könnte die statistische Grundlage der Schlußfolgerungen wertlos sein.

Es war undenkbar, daß Levengood sich so sehr geirrt oder schlimmer noch die Zahlen erfunden oder verfälscht haben sollte. Immerhin hatte er zu Beginn seiner Karriere jahrelang am Mikroskop gearbeitet und in letzter Zeit seine Augen und seine Geduld strapaziert, indem er Hunderte von Messungen vorgenommen und ausgewertet hatte – und das über Monate hinweg ohne Entgelt, mit wenig Ermutigung und ohne erkennbare Eigeninteressen oder Theorien, die er beweisen mußte. Außerdem zeigte er mir bereitwillig die Funktionsweise des Okularmikroskops (obwohl ich zum damaligen Zeitpunkt wohl weder das Gewicht der Kritik noch die angewandten Berechnungen und Techniken voll erfaßte), und die erzielten Ergebnisse hatte er weder erwartet noch sich anfangs erklären können.

Dieser Disput stellte zwar Lenzners Schlußfolgerung in Frage, daß offenbar kein meßbarer Unterschied zwischen Zelltüpfeln der Halmknoten aufrecht stehender, unversehrter Kontrollhalme und jenen gezielt flach gelagerter Pflanzen bestand, doch nach wie vor blieb die Frage offen: Führt der Erholungsprozeß einer künstlich flach gelagerten Getreidepflanze zur gleichen Schwellung der Zelltüpfel? Die Antwort gab, recht unerwartet, Levengood selbst: ja.

Unter den vielen Proben, die Levengood untersuchte, war auch eine aus West Wycombe, Buckinghamshire, die Angehörige des Argus-Teams unter Leitung von Michael Chorost am Morgen des 12. Juli 1992 entnommen hatte. Die durchschnittliche Vergrößerung der Tüpfel im Deckspelzengewebe des flach gelagerten Getreides betrug gegenüber den aufrecht stehenden Kontrollproben 52,3 Prozent und war somit erheblich größer als die durchschnittliche Vergrößerung von etwa 23 Prozent, die Levengood in anderen Kreisproben gemessen hatte.[9] Diese Formation war jedoch in der Nacht zuvor im Rahmen des Kornkreiswettbewerbs entstanden, den Dr. Rupert Sheldrakes Komitee organisiert hatte. Die Proben waren als Blindtest an Levengood gegangen. Das war ein starkes Indiz, daß Veränderungen der Zelltüpfel in künstlich flachgedrücktem Getreide vorkommen konnten und tatsächlich vorkamen. Anders ausgedrückt zeigte es, daß das Kriterium der Tüpfelvergrößerung ein unsicherer Maßstab für die Echtheit einer Formation war.

Frühere Weizenproben, die Chorost im Rahmen des Project Argus eingesandt hatte, deuteten darauf bereits hin. Sie stammten aus einer Formation, die am 17. Juli am Waden Hill, Avebury, aufgetaucht war. Es handelte sich um zehn nicht markierte Proben. Chorost bat Levengood, anhand von Messungen der Tüpfelgröße und/oder Keimtests zu bestimmen, welche aus Kreisen stammten und welche Kontrollproben waren. In diesem Fall stimmten seine Angaben exakt mit den Zufallserwartungen überein. Chorosts Hoffnung auf ein schnelles, zuverlässiges Testverfahren – eine Hoffnung, die die einsatzbereiten Forscher allgemein hegten, Levengood allerdings mit wachsender Zurückhaltung sah – sollte sich nicht erfüllen.

Zum Zeitpunkt dieser Tests arbeitete Levengood bereits an einem Kriterium, das ihm zuverlässiger erschien: am Faktor der Keimtriebentwicklung. Dazu nahm er Körnerproben aus Kreis- und Kontrollpflanzen, ließ sie nach einem Standardverfahren dreizehn Tage lang keimen und wachsen und multiplizierte die mittlere Keimlänge mit dem Prozentsatz der ausgekeimten Körner. (Da Formationen in verschiedenen Wachstumsstadien des Getreides auftreten, variiert der Anteil keimfähiger Körner ebenso wie das Wachstum. Das Aussondern nicht lebensfähiger Keime ermöglicht einen besseren Vergleich mit den Kontrollproben.) In einem weiteren Bericht schildert Levengood, daß er die Bedeutung des Keimfaktors unterschätzt hatte; er vermutet, wenn die Zelltüpfelgröße ein Hinweis auf die Energiestärken ist, denen Pflanzen während der Entstehung einer Kornkreisformation ausgesetzt sind, könnte ein Zusammenhang zwischen Veränderungen der Tüpfelgröße und dem Entwicklungsfaktor der Kreisproben bestehen, ein Zusammenhang, der in Kontrollproben nicht gegeben ist.[10]

Daß dies ein vielversprechender Ansatz war, hatten im Vorjahr Maisproben aus einer Formation von 1991 bei Medina, New York, erkennen lassen; hier hatten sich statistisch signifikante Abweichungen der Keimtriebentwicklung zwischen den Kontrollproben (aufrecht stehenden Getreides) und den Proben aus dem Kreis ergeben. Die Ergebnisse stießen später wegen der Annahme auf Kritik, daß das raschere Keimen und das stärkere Wachstum ein charakteristisches Merkmal natürlich gelagerter Pflanzen sein könnten; Levengood wies allerdings darauf hin, daß das von ihm beobachtete stärkere Wachstum weit über das Maß hinausging, das sich auf die Auswirkungen einer natürlichen Lagerung zurückführen ließe. Seine Argumentation stützte sich auf eine beträchtliche Erfahrung mit Keimtechnologien.

Auf jeden Fall machte er ordnungsgemäße Versuche zum Zusammenhang von Keimentwicklungsfaktor und Tüpfelvergrößerung im Deckspelzengewebe. Die Proben von Waden Hill ließen eindeutig einen Zusammenhang erkennen, wenn er auch keineswegs perfekt war; im allgemeinen galt: je größer der durchschnittliche Tüpfeldurchmesser war, um so geringer war der Keimfaktor. Bei den Kontrollproben gab es keine Korrelation.

So dürftig eine einzelne Probenreihe als Grundlage einer Hypothese auch sein mochte, lohnte es sich doch, diese Spur weiterzuverfolgen. Levengood hatte etwas willkürlich die Schlußfolgerung gezogen, bei künstlich flach gelagertem Getreide wie dem des Wettbewerbsgeländes in West Wycombe zeigten sich die Folgen einer Schädigung des Grundgefäßsystems in vergrößerten Öffnungen der Zelltüpfel, um einen freien Fluß von Nährstoffen und Atmungsprozessen zu ermöglichen. Was die Ähren anging, hielt er es für wahrscheinlich, daß schon allein die Beschädigung eine Ausdehnung der Zelltüpfel im Deckspelzengewebe bewirkte. Da er selbst nie eine Kornkreisformation oder auch die unterschiedlichen Methoden gesehen hatte, mit denen sie sich von Menschen anlegen ließen, mag ihm die Annahme vernünftig erschienen sein, daß auf natürliche Weise flach gelagerte Pflanzen keine Beschädigungen aufweisen. Das bleibt jedoch Spekulation. Eine Möglichkeit, das zu beurteilen, bestand in einer Untersuchung von Kontrollproben, die sowohl aus aufrecht stehendem als auch aus manuell gelagertem Getreide bestanden. Und genau solch eine Untersuchung führte er dann durch.

Der erste Bericht über die Untersuchung von Doppelkontrollproben erschien Ende November 1992.[11] Die Proben stammten von der wohl spektakulärsten und kurzlebigsten Formation dieser Saison. Das »Halsband« tauchte ein paar Hundert Meter von Europas größtem von Menschen geschaffenen prähistorischen Monument entfernt auf: Silbury Hill, ein neolithisches Heiligtum in Wiltshire, etwas abseits der Straße von Marlborough nach Devizes. Einige Stunden, nachdem die Formation aus der Luft entdeckt und fotografiert worden war, fraßen sich Mähdrescher durch sie hindurch; vorher hatten jedoch Helfer des Project Argus in aller Eile sorgfältige Messungen angestellt und Proben entnommen. Alle, die Gelegenheit hatten, diese Formation zu untersuchen, waren beeindruckt von ihrer Größe, Komplexität, Anlage und – wie viele glaubten – ihrem Symbolismus; und für eben diese Formation stellte Levengood bei den Kreisproben eine statistisch hochsignifikante Korrelation zwischen Keimfaktor und Tüpfelgröße fest. Eine Übertragung der Werte in Diagramme zeigte, daß in drei Kontrollgruppen, zwei aus gelagertem und einer aus aufrecht stehendem Getreide, keine signifikante Abweichung zwischen den Proben aus gelagertem und stehendem Korn bestand, weder in der Tüpfelgröße noch in Wachstum und Entwicklungsstand. Zwischen drei von vier Kreisproben bestand dagegen eine positive Korrelation. Gegen die Vermutung, daß dies zufällig sein könnte, spricht, daß der Korrelationskoeffizient sehr hoch ist ($r = 0{,}8$ bis $0{,}9$). Vorsichtig räumt Dr. Levengood jedoch ein, daß eine erheblich größere Datenbasis erforderlich ist, ehe sich eine gesicherte Hypothese aufstellen läßt.

Einer der vielen Gründe für diese Vorsicht liegt in der Tatsache begründet, daß Proben, die in Report Nr. 9 diskutiert werden und sich auf Material aus der Waden-Hill-Formation stützen, eine sehr deutliche negative Korrelation aufweisen. Dieses Ergebnis war nicht weniger verwirrend als die Testergebnisse einer bemerkenswerten Formation, die am 21./22. August 1992 in einem Weizenfeld von Joe Rennick in der Nähe des Dorfes Milestone in Saskatchewan bei Esterhazy auftauchte. Diese Formation, eine von mehreren, die um diese Zeit in Saskatchewan entstanden, wies mehrere seltsame Merkmale auf. Unter anderem fand sich dort ein totes Stachelschwein, das von seiner normalen Dicke von etwa 30 Zentimetern auf kaum acht Zentimeter zusammengedrückt war, sowie Spuren, die erkennen ließen, wo es offenbar von außerhalb in die Mitte der Formation gezerrt worden war; zudem war der Boden innerhalb der Formation ausgetrocknet, während er in der Umgebung weich und formbar war. Als etwa acht Tage nach Entstehung der Formation Proben entnommen wurden, war das Getreide innerhalb des Kreises – es handelte sich um ein komplexes Muster rechts- und linksläufig flach gelagerten Korns, das mit schmalen Streifen stehenden Getreides durchsetzt war – erheblich trockener als außerhalb. Es ist zu erwähnen, daß Traktorspuren, die den Zugang zu einem Getreidefeld erleichtern, in dieser Gegend unbekannt sind, daß keine erkennbaren Windschäden vorhanden waren und daß es den Dorfbewohnern höchstwahrscheinlich zu Ohren gekommen wäre, wenn dort Fremde gewesen wären.

Die Untersuchung dieser merkwürdigen Formation ergab im Vergleich der Kreisproben miteinander weder eine direkte noch eine umgekehrte Relation zwischen Veränderungen der Tüpfelgröße im Deckspelzengewebe und der Keimtriebentwicklung. Da das Getreide im Kreisinneren trockener war, waren nicht nur die Körner kleiner und leichter, was zu erwarten war, sondern auch die Tüpfeldurchmesser im Deckspelzengewebe waren statt signifikant größer erheblich kleiner als in den Kontrollproben. Levengood schrieb dies dem Dehydrationseffekt zu, »den die anhaltende Anwendung von Energien, die Kornformationen erzeugen« bewirkt habe. Monate vorher hatte er normale Weizenähren getestet, indem er sie 30 Sekunden Mikrowellen ausgesetzt hatte.[12] Anschließend konnte er feststellen, daß die Zelltüpfel vergrößert waren; nach einer längeren Behandlungsdauer von zwei bis vier Minuten begannen sie jedoch zu schrumpfen. Das trug seiner Ansicht nach zu einer Erklärung der offenbar widersprüchlichen Ergebnisse bei. Es ist jedoch fraglich, ob der Rückschluß zulässig ist, die Pflanzen seien innerhalb des Kreises der Kraft, die sie flach gelagert hat, längere Zeit ausgesetzt gewesen. Dafür gibt es keine zuverlässigen Indizien.

Je mehr Berichte Dr. Levengoods Labor vorlegte, um so unklarer wurden die Schlüsse, die sich aus den

Resultaten ziehen ließen. Nach den früheren Untersuchungen hatten viele erwartet, die Saison 1992 würde bald das Rohmaterial für ein einfaches, schnelles und zuverlässiges Testverfahren bringen. Nun mehrten sich die Zweifel. Levengood, dem es mehr darum ging, seine unstillbare Neugier zufriedenzustellen, als seine Kollegen zu beeindrucken, neigte zu einem schroffen Umgang mit allen, die Vorbehalte gegen seine Methoden vorbrachten. Die monatelangen Bemühungen, allein die mühselige und für die Augen strapaziöse Arbeit zu leisten, die Wahrscheinlichkeit winziger Abweichungen der Tüpfeldurchmesser zu bestimmen und zu berechnen, wurde nicht gerade erleichtert durch das Gefühl, daß der Rest der Welt sich gemütlich im Sessel zurücklehnte und den Beitrag zur Lösung des Rätsels darauf beschränkte, die Zuverlässigkeit seiner Methode in Zweifel zu ziehen.

Und dennoch bleiben Zweifel, und sie betreffen vielleicht weniger die Zuverlässigkeit der Versuche oder der statistischen Berechnungen, möglicherweise nicht einmal das Fehlen zusätzlicher Belege aus anderen Quellen, sondern vielmehr die Unsicherheiten, die der Untersuchung von Pflanzenmaterial innewohnen.

Das erste Problem sind die Proben flach gelagerten Getreides. Übereinstimmend herrscht die Ansicht, wann immer die Möglichkeit besteht, daß bestimmte Merkmale sich auch in natürlich gelagertem Getreide finden, sollten zum Vergleiche nicht nur Proben aus aufrecht stehendem, unversehrten Getreide sondern auch aus gelagertem Getreide als Sekundärkontrollproben herangezogen werden. Um die Einheitlichkeit zu gewährleisten sollten diese Sekundärkontrollproben im Idealfall auf natürliche Weise von Wind und Wetter gelagert worden sein und zwar zur gleichen Zeit, als auch die Formation entstand, da sonst für das Vergleichsmaterial nicht die gleichen Voraussetzungen gelten. In der Praxis ist das jedoch unmöglich einzuhalten oder auch nur annähernd zu leisten. Die Zeitspanne, die zwischen Entstehung und Entdeckung einer Formation vergeht, variiert von Fall zu Fall. Das gleiche gilt für die Zeit, die zwischen der Entdeckung und der Entnahme der Proben liegt. In einer normalen Saison steht vielleicht kein natürlich gelagertes Getreide für Vergleiche zur Verfügung. Wenn es vorhanden ist, läßt sich unmöglich feststellen, wann es flachgedrückt wurde.

Wenn solche natürlich entstandenen sekundären Kontrollproben mit all ihren Mängeln fehlen, kann jemand eigene Proben machen, indem er Pflanzenbüschel zu Boden drückt und sie anschließend abschneidet oder ausgräbt. Da aber verschiedene Leute unabhängig voneinander an unterschiedlichen Tagen, an unterschiedlichen Orten und sogar in unterschiedlichen Ländern Proben nehmen, und zwar an Pflanzen, die sich in verschiedenen Wachstumsstadien befinden, unterschiedliche Höhe, Knotenschwellung, Halmelastizität und -dicke aufweisen und auf Böden unterschiedlicher Feuchtigkeit wachsen, besteht keine Chance, zuverlässig einheitliche Vergleichsproben zu bekommen, geschweige denn sicherzustellen, daß zur Lagerung die gleichen Verfahren mit dem gleichen Kraftaufwand angewendet werden und zum gleichen Maß physischer Schädigung führen oder zu deren Fehlen.

Damit fangen die Schwierigkeiten aber erst an. Dr. Robert Arnold von der Colgate University, New York, und Mitarbeiter beim Project Argus, machte die Beobachtung, daß eine Pflanze, die vor der Reife flach gelagert wird, mit hoher Wahrscheinlichkeit Samen mit einem anderen Nährstoff/Stoffwechselstatus und daher auch anderen Keimcharakteristika hervorbringt als Pflanzen, die nach der Reifung der Samen flach gelagert werden.[13] Arnold führte selbst Keim- und Wachstumsversuche durch, die offenbar andere Resultate erbrachten als Levengoods Tests, wie es auch bei Proben der Fall war, die das National Institute of Agricultural Botany in Cambridge testete; später stellte sich allerdings heraus, daß Levengoods Methode erheblich von den anderen abwich und somit ein Vergleich nicht möglich war. Das war ein weiteres Beispiel für die Unwägbarkeiten, die sich dem Forscher in den Weg stellen, vor allem, wenn die Forschungsarbeit nicht in einer einzigen Institution konzentriert ist.

Was die Laboruntersuchungen angeht, mag Getreide als einfacherer Untersuchungsgegenstand gelten als Menschen; das gilt jedoch nicht, wenn es um Kornkreise geht. Tatsächlich gibt es so viele verschiedene, ernst zu nehmende Faktoren, die fast jede Schlußfolgerung untergraben können, daß Biologen, die diese Sache anginge und die dafür zuständig wären, sich einer Beteiligung entzogen haben. Ein kontrolliertes Experiment an einer Universität durchzuführen, umgeben von einer ganzen Batterie Versuchsanordnungen, unter Aufsicht arbeitenden Laboranten, die genügend Zeit, eine entsprechende Ausbildung und die Möglichkeiten haben, Versuche zu machen und die Ergebnisse festgelegter Versuchsanordnungen aufgrund bekannter Daten in festgesetzten Intervallen zu analysieren, ist eine Sache. Sich auf die Mitwirkung unterschiedlich vieler Helfer und Helferinnen zu verlassen, die nicht unbedingt die entsprechende Qualifikation, Erfahrung und Sorgfalt mitbringen, die weder Zeit noch Ort für die Entstehung von Formationen vorhersagen, noch die Zeitspanne bestimmen können, die zwischen der Entdeckung einer Formation und der Entnahme der Proben vergeht, die vorher nicht wissen, um welche Getreideart es sich handeln wird und sich nicht sicher sein können, ob nicht andere sich bereits Zugang verschafft haben und über die Proben getrampelt sind, ist eine völlig andere Sache. Die jeweiligen Unterschiede in der Geschwindigkeit, mit der die Pflanzen ihre chemische Zusammensetzung ändern, in den sortenspezifischen Ausprägungen, in der Veränderung ihrer Fähigkeit, sich wieder aufzurichten, in der erhöhten Druckresistenz, geringeren Flexibilität und größeren Trockenheit und so weiter zeigen beispielhaft die Probleme, denen sich alle gegenübersehen, die aus Vergleichen Schlüsse zu ziehen versuchen.

Die naheliegende Annahme, daß Pflanzen, die einer sie flachlagernden Kraft ausgesetzt waren, die gleichen Auswirkungen zeigen, sei es nun in der Schwellung der Halmknoten, der Vergrößerung der Zelltüpfel, der Keimfähigkeit oder der Stärke des Wachstums, ist daher weit von der Wirklichkeit entfernt. Und auf keinem Gebiet wird das deutlicher als bei den Ähren. Ein großer Teil der untersuchten Pflanzenproben – und bei denen der Saison 1992 war es ein beträchtlicher Teil –, darunter alle, die das Argus-Team entnommen hatte, stammten von relativ reifen Pflanzen, die zumindest die Blüte hinter sich hatten. Es wäre unsinnig anzunehmen, eine Pflanze, in der der Fruchtkeim sich gerade erst bildet, reagiere auf eine starke, sie lagernde Kraft auf die gleiche Weise wie eine reife Pflanze, die kurz vor der Ernte steht.

Kornkreisbegeisterte haben kaum auf das Entwicklungsstadium geachtet, in dem sich das Getreide bei Entstehung der Formationen befand; doch ebenso wie die Annahme falsch wäre, daß Pflanzen unterschiedlicher Höhen, Sorten und Reifungsgrade, die zudem noch unterschiedlichen Dünge- und Pflanzenschutzmitteln ausgesetzt waren und unter unterschiedlichen Umweltbedingungen gewachsen sind, in gleicher Weise auf die gleiche Lagerungskraft reagieren, wäre es unklug anzunehmen, daß diese Kraft in Art, Dauer und Intensität jedesmal identisch ist. Es ist sogar kaum vertretbar anzunehmen, daß diese Kraft ein paar Kreise von einem Meter Durchmesser mit der gleichen Stärke erzeugt, die sie für riesige, komplexe Piktogramme braucht, oder eine leicht zerzauste Formation mit gleicher Stärke schafft wie eine stark zu Boden gedrückte. Solche Faktoren können vielleicht die unterschiedlichen Resultate erklären, die Levengood erzielt hat, und seine wachsenden Schwierigkeiten, sie in ein übersichtliches Schema einzuordnen. Nehmen wir nur die Vergrößerung der Zelltüpfel. Er hatte die Schlußfolgerung gezogen, daß sie sich anfangs ausdehnen, wenn sie mit Mikrowellen behandelt werden, und später schrumpfen; doch (wie das oben angeführte Beispiel Avebury zeigt) weisen Pflanzenproben aus Kreisformationen sowohl kleinere als auch größere Zelltüpfel auf als die Kontrollproben. Die Unzuverlässigkeit des Tüpfeldurchmessers als Kriterium veranlaßte Dr. Levengood, den Keimfaktor mit dem Tüpfeldurchmesser zu verbinden, doch er konnte es keineswegs als gesicherte Annahme zugrundelegen (siehe Report Nr. 9), daß ein solcher Zusammenhang ein charakteristisches Merkmal echter Kornkreise sei und in Kontrollproben oder künstlich angelegten Formationen nicht zu finden sei. Allenfalls hätte er vorsichtig einräumen können, daß es ein Charakteristikum der Proben aus Forma-

tionen war. Ob sie nun echt waren oder nicht, war ja gerade die Frage, die es zu untersuchen galt.
Darüber hinaus ist zu sagen: Aus der Verbindung der beiden Datensammlungen andere als äußerst vorsichtige Schlüsse zu ziehen, bietet Ansatzpunkte zur Kritik – wenn auch zu einer, die Dr. Levengood nicht akzeptabel findet –, vor allem, da die Zahl der zuverlässig vergleichbaren Keimversuche bislang unzureichend ist und die Ergebnisse nicht konsistent sind. In einigen Fällen (zum Beispiel bei den Formationen der Berry-Pomeroy-Gruppe in Devon, deren Proben Levengood als unzureichend bezeichnete)[14] gab es offenbar keine Abweichungen im Keimfaktor. Manche Ergebnisse stützen gewiß die Theorie, daß die lagernde Kraft, wenn sie auf ein entsprechendes Wachstumsstadium trifft, die Keimentwicklung und die Keimfähigkeit hemmt oder reduziert; wenn das Korn reift und seine Schutzhülle besser wird, erhöht sich die Immunität. Tatsächlich scheinen manche der Anfang 1992 erzielten Ergebnisse, die in Dr. Levengoods drittem Bericht enthalten sind, sogar auf eine eindeutig positive Wirkung hinzudeuten. Beim gegenwärtigen Stand der Forschungen wäre es jedoch gewagt, bei den Folgerungen weiter zu gehen.
Der wichtigste Schluß, der bei Drucklegung dieses Beitrags mit Sicherheit zu ziehen ist, lautet: Es lassen sich keine gesicherten Schlüsse ziehen. Die Arbeit an der biologischen Front strotzt von praktischen und experimentellen Schwierigkeiten. Sie sind nicht unbedingt die Folge suspekter wissenschaftlicher Arbeit oder auch der verzwickteren Probleme, daß Kornformationen von fragwürdiger Echtheit auftauchen, ohne daß sie vorhersagbar wären, daß häufig unbekannte Gelegenheitsforscher Proben nehmen, die unkontrollierten und unkontrollierbaren Unwägbarkeiten der Handhabung, Verpackung und Versendung ausgesetzt sind und von verschiedenen freiwilligen Wissenschaftlern in weit gestreuten Labors untersucht werden …
Die Schwierigkeiten liegen vielmehr in der Inkonsistenz des wachsenden und sich entwickelnden Rohmaterials begründet.
Alle Kornkreisforscher stehen in der Schuld einer Handvoll Wissenschaftler, die auf diesem Gebiet arbeiten. Viele ziehen es vor, anonym zu bleiben; ein Großteil der Arbeit ist in vollem Gange. Manches wurde bewußt verschoben bis zur ausstehenden Klärung von Verfahrensfragen oder Unsicherheiten der sich wandelnden Methode. Eines ist klar: Wir werden uns auch 1993 vor große Herausforderungen gestellt sehen und wahrscheinlich auch noch länger.

Anmerkungen:

[1] Terence Meaden, Hrsg., *Circles from the Sky*, Souvenir Press, 1991, S. 173.

[2] *The Crop Watcher*, Nr. 10, März/April 1992, 3 Selborne Court, Tavistock Close, Romsey, Hants S051 7TY

[3] *Field Guide*, hrsg. vom Centre for Crop Circle Studies, Frühjahr 1992, erhältlich für Nichtmitglieder zum Preis von 10 Pfund bei P. Palgrave-Moore, 13 West Parade, Norwich, Norfolk NR2 3DN VK, Großbritannien.

[4] Z. B.: John S. Martineau, *The sophistication of Agriglyph Geometry*, 1992, Eigenverlag und -vertrieb des Autors.

[5] Adrian Dexter

[6] Report Nr. 5, 10. 7. 1992.

[7] Eingehend beschrieben in Montague Keen, »1991 – Scientific evidence for the crop circle phenomenon«, 1992, Elvery Dowers Publications for CCCS, 13 West Parade, Norwich NR2 3DN VK; siehe auch: Montague Keen, »Kreise unter dem Mikroskop«, in: *Spuren im Korn*, Herausgegeben von Jürgen Krönig, Frankfurt am Main: Zweitausendeins [2]1992.

[8] Report Nr. 3, 19. 2. 1992, S. 7.

[9] Persönliche Mitteilung anläßlich eines Besuchs des Autors im Pinelandia Biophysical Laboratory, Michigan.

[10] Report Nr. 9, 10. 11. 1992.

[11] Report Nr. 14, 26. 11. 1992.

[12] Report Nr. 5, 10. 7. 1992.

[13] Persönliche Mitteilung vom 3. 11. 1992.

[14] Report Nr. 8, 9. 10. 1992.

Ralph Noyes

KREISE IN DEN FELDERN – UFOS AM HIMMEL

Existiert ein Zusammenhang?

Ob es nun Zufall war oder nicht, die ersten Kornkreise, die wissenschaftlich erfaßt wurden, tauchten in der Nähe von Westbury in Wiltshire auf, einer Gegend, die häufig von Ufologen heimgesucht wird. Im Sommer 1980 erschienen drei große Einzelkreise in nebeneinanderliegenden Getreidefeldern unweit vom White Horse in Westbury. Sie wiesen die charakteristischen Merkmale auf, die uns mittlerweile schon vertraut sind: flache, spiralförmige Lagerung des Getreides zu einem erstaunlich präzisen, annähernd kreisrunden Gebilde, kaum sonstige erkennbare Schäden, unversehrte Ähren, die weiter reiften, eine scharfe Abgrenzung zwischen dem betroffenen Bereich und dem Rest des Feldes.

Die Farm lag etwa acht Kilometer nordöstlich von Warminster entfernt, einer Gegend, die in den Sechzigern und Anfang der Siebziger wegen der Vielzahl angeblicher Beobachtungen von Leuchtobjekten in der unteren Atmosphäre und der Unmengen von Ufologen, die kamen, um sie zu sehen, berühmt – oder berüchtigt – war. Die Beobachtungen nahmen enttäuschenderweise Ende der siebziger Jahre ab, doch ein harter Kern kleiner UFO-Gruppen, die häufig in erbittertem Streit miteinander lagen, beobachtete das Gebiet weiterhin in hoffnungsvoller Erwartung und wurde manchmal auch belohnt.

Die meisten interpretierten die »Lichterscheinungen« (wie ich sie im folgenden nennen möchte) als Fahrzeuge außerirdischer Besucher, eine Sicht, die in der Ufologie vorherrscht, seit Kenneth Arnold 1947 von Flugobjekten berichtete, die mit unwahrscheinlicher Geschwindigkeit in der Umgebung des Mount Rainier im Staat Washington, USA, umherflogen, und ihren Flug leider als den von »Untertassen, die über Wasser hüpfen« beschrieb. Sehr bald vertrat die Presse es als unumstößliche Lehrmeinung, daß »fliegende Untertassen« aus dem All kämen, obwohl eine Fülle von Argumenten und Indizien dagegen sprachen. Nur relativ wenige Beobachter waren je bereit, andere, irdischere Deutungen der ungeklärten Lichterscheinungen zu erwägen, die unseren Planeten ohne Zweifel in beträchtlicher Zahl heimsuchen (und es vielleicht im Laufe der gesamten Menschheitsgeschichte getan haben). Zu jenen, die der Hypothese einer außerirdischen Herkunft nicht völlig verfallen waren, gehörte Ian Mrzyglod, der Herausgeber der außerordentlich aufgeschlossenen Zeitschrift *PROBE* (die leider Ende 1983 ihr Erscheinen eingestellt hat).

Durch Berichte in der Lokalpresse aufmerksam gemacht, war Ian Mrzyglod der erste ernsthafte Beobachter, der die rätselhaften Kreise bei Westbury sah. Ihm stand kein passender Begriff zur Verfügung, der Ausdruck »Kornkreise« war noch nicht erfunden. In seinem ersten Bericht in *PROBE*, im Septemberheft 1980, nannte er sie in Ermangelung eines besseren Wortes »UFO-Nester«. Dieser Ausdruck war seit langem unter Ufologen gebräuchlich, um die vielen ungewöhnlichen Bodenmarkierungen (*unusual ground markings* – UGMs) zu bezeichnen, die in zahlreichen Ländern der Welt seit 1947 beobachtet worden waren, häufig, wenn auch durchaus nicht immer, in Verbindung mit Berichten über die »Landung« einer Lichterscheinung. Vielleicht wäre »UFO-Nester« auch keine schlechte Bezeichnung für die Westbury-Kreise von

1980 gewesen, allerdings gab es zwei Einschränkungen: Erstens machte Mrzyglod – woraus wir ihm in Anbetracht dieses Pionierstadiums durchaus keinen Vorwurf machen können – keinerlei Versuch, die Kornkreise mit der Vielzahl sonstiger UGMs zu vergleichen, die damals aktenkundig waren; hätte er das getan, so hätte er festgestellt, daß sie sich von den meisten anderen deutlich unterschieden. Zweitens war »UFO« für die Presse wie auch für die meisten Ufologen statt zur praktischen Abkürzung für »Unidentifiziertes Flugobjekt« zum eigenständigen Wort geworden, das gleichbedeutend war mit »Außerirdisches Flugobjekt«. Sicher lag es nicht in Mrzyglods Absicht, zu unterstellen, die Kreise seien Landungsspuren unserer Brüder aus dem All; er stand der extraterrestrischen Hypothese im allgemeinen sogar äußerst skeptisch gegenüber. Auch sollten wir ihm nicht das UFO-Fieber anlasten, das sich sehr schnell unter den Gläubigen in Warminster ausbreitete; sie waren bereit, ja sogar begierig, sich anstecken zu lassen. »UFO-Nester« war jedoch eine unglückliche Wortwahl. In späteren Ausgaben von *PROBE* nahm Mrzyglod davon schnell Abstand. Doch der Gedanke war geboren und geisterte während der ganzen achtziger Jahre durch die Kornkreisdiskussion. Für die Anhänger der extraterrestrischen Hypothese lag klar auf der Hand, daß die großen, spiralförmig gewundenen Kreise bei Westbury Spuren rotierender fliegender Untertassen waren, die knapp über dem Boden geschwebt waren. Anscheinend setzten sie voraus, daß eine tatsächliche Landung mehr Schaden angerichtet hätte, wie es Landungen in vielen anderen Fällen ungewöhnlicher Bodenmarkierungen offenbar getan hatten, die seit 1947 weltweit gemeldet wurden. Es waren Fälle, in denen zum Beispiel die Erde tief ausgehöhlt oder Wiesen stark versengt waren. Vielleicht hatten unsere Besucher ja in Westbury freundliche Zurückhaltung geübt, als sie dem Getreide nahe kamen, weil sie erkannten, daß es zum menschlichen Lebensunterhalt angebaut wurde?

1981 tauchte eine Kornkreisformation – die einzige in diesem Jahr gemeldete – in einem landwirtschaftlich genutzten Talkessel bei Cheesefoot Head auf, einer für ihre Schönheit berühmten Gegend gut 15 Kilometer östlich von Winchester in Hampshire. Sie bestand aus drei in einer Linie liegenden Kreisen, von denen die beiden äußeren deutlich kleiner waren als der mittlere. Das hätte die Anhänger der extraterrestrischen Hypothese eigentlich aufrütteln müssen, denn in ihren Berichten kommen keine fliegenden Untertassen vor, die drei in einer Reihe angeordnete Beine hätten. Doch Hampshire ist nicht Wiltshire; Cheesefoot Head liegt achtzig Kilometer südöstlich von Westbury; und aus der Umgebung von Wiltshire gibt es zwar Berichte über UFOs, aber keine Ballung gläubiger ET-Anhänger. Die Warminster-Schar mag von der Formation in Hampshire wohl gehört haben, doch ein Kommentar liegt von ihr offenbar nicht vor.

Erst als 1983 die ersten Fünfergruppen auftauchten – jene Formationen, bei denen ein großer Mittelkreis von vier, meist kleineren Satellitenkreisen umgeben ist –, erhielt die extraterrestrische Hypothese neue Nahrung. Was konnten diese Abdrücke anderes sein als die Spuren landender oder schwebender fliegender Untertassen mit vier Füßen? Diejenigen, die diese Ansicht mit Feuereifer vertraten, übersahen – vielleicht bewußt – die Tatsache, daß sich jede Fünfergruppe von den anderen zumindest geringfügig unterschied und daß jede der sorgfältig vermessenen Fünfergruppen Unregelmäßigkeiten aufwies, zum Beispiel, daß die Satelliten in unterschiedlichem Abstand zum Mittelkreis lagen, in der Größe voneinander abwichen und häufig nicht auf den Diagonalen lagen, die sie hätten verbinden sollen. Diese Absonderlichkeiten außerirdischer Technik scheinen den Enthusiasmus jener nicht gedämpft zu haben, die nach handfesten Fluggeräten von anderen Planeten Ausschau hielten. Dagegen veranlaßten sie Ian Mrzyglod, ein Titelblatt für die Oktoberausgabe von *PROBE* 1983 in Auftrag zu geben, das die Naiveren seiner Ufologenkollegen auf den Arm nahm und vielleicht eine Art Buße für seine übereilte Verwendung des Begriffs »UFO-Nest« im Jahr 1980 darstellte.

Die Entwicklung – die *Verfeinerung* –, die das Phänomen von Jahr zu Jahr erfuhr, hätte zusammen mit dem

Problem der Unregelmäßigkeiten (der Tendenz der Einzelkreise, eine leicht ovale Form aufzuweisen, und der Fünfergruppen, die bereits beschriebenen geringfügigen »Mängel« zu zeigen) genügen sollen, die allzu simple »UFO-Verbindung« bereits 1983 aufzugeben. Spätestens 1985 hätte das aber geschehen müssen, als die ersten Kreise mit Außenringen auftauchten und Berichte über Kreispaare und Vierergruppen bekannt wurden. Konnten die Flotten der Außerirdischen ihre Modelle *wirklich* mit solcher Geschwindigkeit ändern? Und mit einem derart protzigen Konstruktionsaufwand?

Die Vorstellung von »UFO-Nestern« oder »UFO-Landungsspuren« hielt sich jedoch die ganzen achtziger Jahre hindurch und ist in Anzeigen, Zeitungskarikaturen und Sensationsvideos, vor allem in denen der Japaner, noch heute zu finden. Daß sich der Wunsch so beharrlich hält, allen Indizien zum Trotz an fremdartige körperliche Wesen aus dem All zu glauben, die unseren bedrängten Planeten häufig besuchen, ist ein entmutigender Tribut an den Triumph des Glaubens über die Vernunft und Zeugnis des mangelnden Vertrauens in die Fähigkeit unserer eigenen Spezies, ihre Angelegenheiten in Ordnung zu bringen.

Die meisten ernsthaften Beobachter der Kornkreise gaben allerdings bis Mitte der achtziger Jahre den zu simplen UFO-Zusammenhang auf. Einige hielten stattdessen Ausschau nach einer UFO-Verbindung völlig anderer Art, die sich auf die Arbeit des Atmosphärenphysikers Dr. Terence Meaden stützte, des Herausgebers des *Journal of Meteorology* und leitenden Mitglieds der Tornado and Storm Research Organisation mit Sitz in Bradford-on-Avon, Wiltshire.

Einer der ersten Schritte, die Ian Mrzyglod 1980 lobenswerterweise unternahm, war es, sich nach wissenschaftlicher Unterstützung bei der Untersuchung der rätselhaften Kreise umzutun, die bei Westbury entdeckt worden waren. Er sandte Boden- und Getreideproben an die Bristol University (die nichts Ungewöhnliches ergaben) und brachte Dr. Meaden dazu, sich die beiden Kreise anzusehen, die Ende August noch unversehrt waren. Meaden äußerte die durchaus vernünftige Vermutung, es könne sich um Spuren eines außergewöhnlichen stationären Sommerwirbelwindes handeln. Als er diese Ansicht im Frühjahr 1981 im *Journal of Meteorology*, Heft 6/57 veröffentlichte, markierte dies den Beginn der Kornkreisforschung als wissenschaftlicher Disziplin. Die Hypothese des »stationären Wirbelwindes« überlebte – wenn auch mit einiger Mühe – das Auftauchen der aufgereihten Dreierformation bei Winchester im Jahr 1981 und der Fünfergruppen und sonstigen Formationen, die ab 1983 aufkamen; mit großem Geschick gelang es Meaden, diese Entwicklungen entgegen den Einwänden anderer Meteorologen in seine anfängliche Vermutung einzubauen. Das Auftauchen des ersten Kreises mit Außenring im Jahr 1986 und die nachfolgenden Entwicklungen machten es allerdings notwendig, daß Meaden sein Modell radikal überarbeitete. Statt eines einfachen (wenn auch ungewöhnlich stationären) Sommerwirbelwindes postulierte er nun das Auftreten eines bislang unbekannten atmosphärischen Vortex, der von oben kam. Als er 1989 *The Circles Effects and its Mysteries* veröffentlichte, hielt er es für nötig, den neuen Vortex mit elektrischen Eigenschaften und den Merkmalen eines kühlen Plasmas (das heißt einer hochgradigen Ionisation) auszustatten. Das neue Modell nannte er den Plasma-Vortex. Meaden schrieb ihm die Fähigkeit zu, nicht nur Kornkreise zu schaffen, wenn er in den letzten Momenten des – wie er es nannte – »Vortex-Zusammenbruchs« den Boden erreichte, sondern in unteren Atmosphärenschichten auch kurzfristige Lichterscheinungen hervorzurufen, akustische Effeke im menschlichen Hörbereich zu produzieren, elektrische Geräte in der Umgebung zu beeinträchtigen und bei menschlichen Augenzeugen möglicherweise lebhafte Halluzinationen und körperliche Auswirkungen auszulösen.

Die ungewöhnlichen Eigenschaften des Plasma-Vortex erinnerten stark an einige der seit langem von Ufologen geschilderten Phänomene: vorübergehende Lichterscheinungen in der unteren Atmosphärenschicht; »Summen«, »Schwirren« und sonstige Brummgeräusche; abstruse Geschichten, die Zeugen enger UFO-

Begegnungen von »Entitäten« und exotischen »Vehikeln« erzählten; körperliche Veränderungen bei Augenzeugen (zu denen vorübergehende Reizungen der Haut und der Augen und gelegentlich auch ernstere Symptome gehörten); und das Versagen elektrischer Geräte und Anlagen vor allem in Autos, der sogenannte Fahrzeug-Interferenz-Effekt, zu dem die British UFO Research Association eine Liste mit 420 gut dokumentierten Fällen veröffentlicht hatte, zusammengestellt 1979 von Geoffrey Falla für den größten Teil der Nachkriegszeit und zahlreiche Länder.

Es ist durchaus nicht überraschend, daß Meaden selbst die offensichtlichen Parallelen zwischen seinem Plasma-Vortex und vielen angeblichen UFOs zog oder daß Ufologen der nüchterneren Art, die zwar die extraterrestrische Hypothese ablehnten, aber weiterhin überzeugt waren, daß die Ufologie ein ungeklärtes Kernphänomen enthielt, den Plasma-Vortex als möglichen Durchbruch zum Verständnis unidentifizierter Flugobjekte aufgriffen. Zu den Ufologen, die sich sehr bald auf diese Möglichkeit stürzten, gehörten an herausragender Stelle Jenny Randles und Paul Fuller, deren spannendes und gescheites (wenn auch stellenweise kläglich argumentierendes) Buch *Kreise im Kornfeld: Ein Mysterium wird aufgeklärt* 1990 erschien. Durch eine jener Ironien, die die Wissenschaftsgeschichte durchziehen, waren die Kornkreise, die naive UFO-Fans anfangs als Spuren extraterrestrischer Besuche gesehen hatten, plötzlich zum Ausgangspunkt einer äußerst irdischen Erklärung großer, wenn auch nicht aller Teile des UFO-Phänomens geworden.

In der anschließenden Diskussion, die nicht immer in bester Manier verlief, übernahmen sich die Verfechter des »Plasma-UFOs« etwas. In *Circles from the Sky*, herausgegeben 1991 von Dr. Meaden als erweiterter Bericht einer Konferenz, die im vorangegangenen Jahr in Oxford stattgefunden hatte, fanden sich einige erstaunlich naive Äußerungen. Professor Yoshi-Hiko Ohtsuki schildert zum Beispiel in seinem Beitrag unter dem Titel *Creation of the Plasma Vortex* (Entstehung des Plasma-Vortex), wie 1988 »ein riesiges Objekt in einer Entfernung von fünf Kilometern« sich mit einer Geschwindigkeit von 5000 Stundenkilometern fortbewegte und vom Radar eines ozeanographischen Forschungsballons entdeckt wurde; später seien weitere Objekte hinzugekommen, die erstaunliche Manöver rund um das Flugobjekt ausgeführt hätten; die ganze Beobachtung habe (mit Unterbrechungen) über vier Stunden gedauert. Ohtsuki schließt: »Das ist der erste bekannte Fall, daß ein Plasma-Vortex mittels Radar erfaßt wird.« Die Behauptung, bei den georteten Objekten handele es sich um Plasma-Vortices, beruht auf bloßen Vermutungen, für die keinerlei Beweis erbracht wird; die beschriebenen Merkmale der Objekte sind weit davon entfernt, sich mit Meadens Vortexmodell zu decken; und schon ein flüchtiger Blick in ufologische Aufzeichnungen hätte Professor Ohtsuki gezeigt, daß die Ortung unidentifizierter Flugobjekte mit Radar fast so alt ist wie die Ufologie selbst und bereits mehrere Jahrzehnte vor 1988 bekannt war.

Jenny Randles und Paul Fuller beschreiben in ihrem Buch eine Vielzahl von Ereignissen, die aus der Ufologie berichtet wurden und die sie allesamt unter die Plasma-Vortex-Hypothese einordnen, ungeachtet der erstaunlichen Bandbreite unterschiedlicher Phänomene, die sie behandeln, und ihrer offenkundigen Unvereinbarkeit mit Meadens Plasma-Vortex. So führen sie zum Beispiel an: eine vertikale Luftsäule, die Abfall und Staub in ein »weißes Loch im Innern« saugte; etwas, das eine Metallstrebe gewaltsam nach unten bog, Zaunpfähle ausriß und Metallverkleidungen von Straßenlaternen um 90 Grad verbog; eine summende Wolke, aus der ein dicker »schwarzer Strahl« austrat; ein hutförmiges Objekt, aus dem rote Flammen schlugen und das über einer Grasfläche schwebte, in der wesentlich später ein Ring »weitaus frischeren« Grases gefunden wurde; ein silberner Gegenstand, der aus einem Weizenfeld aufstieg und relativ kleine flachgedrückte Kreise hinterließ; eine Explosion unbekannter Ursache, in deren Nähe in einem Weizenfeld ein Kreis gefunden wurde, in dem sich fast *kein* Getreide mehr befand; etwas »wie eine Quecksilberdampflampe«, das *45 Minuten* in der Luft schwebte, anschließend wurden flachgelagerte, gewundene Pflanzen entdeckt; ein Licht, das auf einen Tennisplatz schien, auf dem anschließend, wie sich herausstellte, an mehreren Stellen »der Teerbelag mit ungeheurer Kraft aufgerissen« war; ein Hund, der durch »innere Erhitzung gegart« war (Mikrowellen?) in Verbindung mit einem *versengten* Kreis im Gras. Diese Vorfälle haben wenig Ähnlichkeit mit der sanften Lagerung relativ unversehrten Getreides in einem Kornkreis, und ihre Herleitung aus Dr. Meadens Plasma-Vortex-Modell beruht, gelinde gesagt, auf wilden Spekulationen.

Und dennoch sind die Vergleiche, die sich zu Recht zwischen dem Plasma-Vortex und vielen in der Ufologie berichteten Lichterscheinungen herstellen lassen, hochinteressant. Sie dürften sicher ein wichtiger Hinweis auf die mögliche Natur zumindest eines Teils der UFO-Ereignisse sein. Es ist sehr zu hoffen, daß Dr. Meaden (dessen möglicherweise verwandte Studien zum physikalischen Rätsel des Kugelblitzes im *Journal of Meteorology* eine interessante Lektüre darstellen) seine Forschungen in dieser Richtung in Zusammenarbeit mit vernünftigen Ufologen fortsetzt. Weit weniger sicher scheint es ironischerweise zu sein, ob der Plasma-Vortex, von Meaden als Erklärung für die Entstehung von Kornkreisen eingeführt, sich in der Kornkreisforschung auch nur annähernd so fruchtbar anwenden läßt wie in der Ufologie. Vielen von uns, und darunter befinden sich hochqualifizierte Physiker und Ingenieure, die die »Mechanismen« der Kornkreisentstehung kompetent erörtern können, erscheint es höchst unwahrscheinlich, daß ein atmosphärischer Wirbel, selbst ein mit den exotischen Eigenschaften eines Plasmas versehener, die Stabilität, die Rotationseigenschaften oder den fein »abstimmbaren« *modus operandi* besitzt, die erforderlich wären, um das Getreide in präzisen und sanften Spiralen flach zu lagern. Genau diese beobachten wir aber bei Kornkreisen in allen Wachstumsstadien des Getreides (von »grün« bis spröde), unter allen Witterungsbedingungen und offensichtlich ohne Rücksicht auf den Entwicklungshintergrund des Getreides hinsichtlich Zeitpunkt der Aussaat, chemischer Behandlung und sogar Getreideart. Selbst die einfachsten Kreise (auf die Dr. Meaden seine Aufmerksamkeit in letzter Zeit beschränkt hat) zeugen offenbar vom Wirken einer Kraft, die wesentlich komplexere »konstruktive« Eigenschaften besitzt, als ein Vortex sie aller Wahrscheinlichkeit nach haben dürfte. Hier ist nicht der rechte Ort (und ich bin auch nicht der richtige Autor dafür!) diese »konstruktiven« Argumente weiter auszuführen. Das Centre for Crop Circle Studies (CCCS) hat vor, dieser Diskussion in einem geplanten *Journal of Crop Circle Studies*, das erstmals im Laufe des Jahres 1993 erscheinen soll, Raum zu bieten. Es mag für den Augenblick genügen festzuhalten, daß die »UFO-Verbindung« – also ein möglicher unmittelbarer Zusammenhang zwischen Kornkreisen und unidentifizierten Erscheinungen in der unteren Atmosphäre –, deren Nachweis Meaden, Randles und Fuller noch vor kurzem scheinbar beinahe gelungen war, inzwischen eher nach einer durch nichts belegten Vermutung aussieht.

Die »UFO-Verbindung« tauchte allerdings, zumindest nach Ansicht einiger, noch aus einer dritten Richtung auf – einer anderen als der Plasma-Vortex-Theorie und der Landungsspurenhypothese –, als wir 1990 das erlebten, was sich nur als Großer Ausbruch beschreiben läßt. In diesem Jahr kam ebenso wie 1991 und 1992 zu den relativ schlichten, symmetrischen und weitgehend runden Formationen eine enorme Vielfalt komplexer Muster hinzu, die die Bezeichnung Piktogramme erhalten haben. Für jeden vernünftigen Betrachter (wenn auch nicht für die Massenblätter) verlor der Gedanke, daß die unidentifizierten Bodenmuster in einem möglichen Zusammenhang zur Landung fliegender Festkörper stehen könnten, auch den letzten Funken an kärglicher Plausibilität, den er sich bis Ende 1989 noch erhalten haben mochte. Alle, die die Hoffnung hegten, das Kornkreisphänomen könne das Werk Außerirdischer sein, waren nun gezwungen, nach einem anderen Modell für die »Mechanismen« dieser Vorgänge Ausschau zu halten. Statt von Landungsspuren sprachen sie nun von »einer Art Energiestrahl aus dem All« – keineswegs eine absurde Idee, angesichts der Ende 1991 erzielten vorläufigen Indizien, daß es in Getreide und Boden möglicherweise winzige physikalische Veränderungen gab, die sich auf eine kurzzeitige Energieeinwirkung unbekannter Ursache zurückführen ließen. Diese ersten Untersuchungsergebnisse wurden (unter anderem) in einer kleinen Schrift des Centre for Crop Circle Studies von Montague Keen veröffentlicht, *1991 – Scientific Evidence for the Crop Circles*.* Ein internationales Team befaßte sich im Spätsommer 1992 unter dem Namen Project Argus mit dem Versuch, diesen möglichen Spuren einer exotischen Energieeinwirkung nachzugehen. Bislang steht die Veröffentlichung des Argus-Berichts noch aus; ob er die vorläufigen Untersuchungsergebnisse in ihrer ursprünglichen Form bestätigt oder nicht, bleibt abzuwarten; in jedem Fall dürfte der »Energiestrahl« ein potentiell fruchtbarer Ansatz sein, der 1993 weiter erforscht werden soll, sofern sich Finanzierungsmittel auftreiben lassen.

Daraus folgt natürlich nicht, daß ein solcher »Strahl«, falls seine Existenz sich nachweisen läßt, von außerirdischen Wesen aus Flugobjekten im All gesteuert wird: Eine solche Idee muß fürs erste reine Spekulation bleiben, für die es keine unmittelbaren Beweise gibt – also eher eine Frage des Geschmacks als der Fakten, obwohl das vielleicht ein Trost für all jene ist, die weiterhin an einer außerirdischen Erklärung für das UFO-Phänomen im allgemeinen festhalten.

Irdische Erklärungen für UFOs wie auch für Kornkreise bleiben allerdings ganz bestimmt im Gespräch. Unter Ufologen mehren sich die Forscher, die aufgrund der Fakten geneigt sind, sich mit der Vielzahl der in den unteren Atmosphärenschichten auftauchenden Lichterscheinungen zu befassen, von denen Mythen, Legenden und Naturwissenschaften ebenso wie die Ufologie seit Jahrzehnten, wenn nicht gar seit Jahrhunderten berichten. Über diese Lichterscheinungen sind verschiedene ernsthafte und gut dokumentierte Studien erschienen, namentlich von Hilary Evans, Harley Rutledge, Paul Devereux und Greg Long; und William R. Corliss' unverzichtbares Buch *Catalogs of Anomalies* enthält eine beschreibende Liste vieler dieser Erscheinungen. Über Wesen und Ursprung solcher Lichterscheinungen gehen die Meinungen auseinander, doch ernsthafte Beobachter, unter ihnen auch der anfangs skeptische Dr. Rutledge vom Department of Physics der Southest Missouri State University, berichten von diversen seltsamen Eigenschaften, zu denen unter anderem der Anschein intelligenten Verhaltens und ein Reagieren auf menschliche Augenzeugen gehören (das erinnert an Berichte über das Verhalten von Kugelblitzen). Gewöhnlich beobachten Zeugen eine große, verschwommene Lichtkugel, die erheblich größer ist als ein Kugelblitz, meist weiß oder orange (obwohl sie auch andere Farben des sichtbaren Spektrums annehmen kann), sich etwas sprunghaft in der unteren Atmosphäre bewegt, manchmal mit »unmöglicher« Geschwindigkeit, und gelegentlich auf Leuchtsignale oder sogar auf unausgesprochene menschliche Gedanken reagiert, wenn man den seltsameren Berichten Glauben schenken darf. Es gibt auch Berichte über mit ihnen einhergehende elektrische Effekte und Auswirkungen auf menschliche Zeugen, die unter anderem anscheinend lebhafte Halluzinationen hatten. Diese Lichterscheinungen tauchen tendenziell in besonderen Gegenden der Welt auf, zum Beispiel in den Ozarks in Amerika, im Hessdalen in Norwegen und in den Pennines in Großbritannien; sie beschränken sich allerdings durchaus nicht auf diese »Fenstergebiete« (wie manche Forscher die Regionen nennen, in denen sich solche Beobachtungen häufen).

Diese Lichterscheinungen weisen manche der charakteristischen Merkmale auf, die in der Ufologie im weiteren Sinne von UFOs berichtet werden, und möglicherweise ist ein Teil der UFO-Beobachtungen auf sie zurückzuführen. Allerdings würden jene, die sich mit ihnen befassen, gegenwärtig nicht behaupten, daß sie zwangsläufig für das gesamte UFO-Phänomen verantwortlich seien, wenn wir dazu solche Erscheinungen zählen wie enge Begegnungen zwischen Zeugen und angeblich *klar umrissenen* »Fluggeräten« (zum Bei-

* Eine Zusammenfassung dieser Ergebnisse liegt in deutscher Sprache vor in Montague Keens Beitrag zu dem Buch *Spuren im Korn*, herausgegeben von Jürgen Krönig, Frankfurt am Main: Zweitausendeins 1992. Anm. d. Übers.

spiel des Typs fliegende Untertasse); Begegnungen mit angeblichen Wesen, die aus diesen Flugobjekten aussteigen; und in einigen Extremfällen die Entführung von Augenzeugen. Ehe die Lichterscheinungen jedoch als umfassende Erklärung für die Beobachtungen der Ufologen herhalten könnten, müßten sie noch einige zusätzliche Eigenschaften besitzen, zum Beispiel die Fähigkeit die »Gestalt zu ändern« und/oder eine entsprechende Halluzination hervorzurufen. Die mit den vorläufigen Untersuchungen der Lichterscheinungen eingeschlagene Forschungsrichtung scheint sich mittlerweile jedoch fest etabliert zu haben und potentiell fruchtbar zu sein; und es ist denkbar, daß sie mit Dr. Meadens Bemühungen Hand in Hand geht, einen Plasma-Vortex mit exotischen Eigenschaften auszumachen.

Es steht hier jedoch nicht zur Debatte, ob die Ufologie Fortschritte macht, sondern ob ein Zusammenhang zwischen Kornkreisen und UFOs besteht. Die Landungsspurenhypothese haben wir bereits als naive Absurdität abgetan. Die Idee eines »Energiestrahls« bietet, sollte sie weiterer Überprüfung standhalten, alles andere als einen direkten Zusammenhang zu unidentifizierten Flugobjekten, ob nun von dieser oder von einer anderen Welt. (Nach Auffassung mancher Beobachter könnte ein solcher »Strahl« durchaus auf die Tätigkeit unidentifizierter menschlicher Stellen zurückgehen – das Militär, die britische Telecomm, die zivilen Luftfahrtbehörden – statt auf das Treiben irdischer oder außerirdischer UFOs!) Und der Plasma-Vortex mag zwar ein fruchtbarer Beitrag zur Ufologie sein, scheint aber für die meisten von uns zumindest einstweilen als Erklärung für die »Mechanismen« der Kornkreisbildung versagt zu haben. Bleibt noch etwas übrig, das einen vertretbaren Zusammenhang zwischen Ufologie und Kornkreisforschung begründen könnte?

Seit mehreren Jahren tauchen sporadisch Berichte über Lichterscheinungen in der unteren Atmosphäre in Gebieten auf, die von Kornkreisen heimgesucht werden. Einige sind auf Fotografien festgehalten und zumindest eine auf einem kurzen Videofilm, den John Holman, ein Mitglied des Centre for Crop Circle Studies, in der Umgebung von Marlborough in Wiltshire aufgenommen hat. Wir haben die Erklärung der Firma Pains-Wessex, die Leuchtbomben für die Armee herstellt, daß es sich bei Holmans »Objekt« um keines von ihren handelt. Es liegen auch Berichte über andere besondere Beobachtungen vor, unter anderem über eine Reihe von Lichterscheinungen, die Brian Grist mit Freunden in den Marlborough Downs an jenem Abend im Juli 1991 sah, an dem die berühmte Kornkreisformation bei Barbury Castle entstand; und es gibt einen Bericht von Augenzeugen (die sich als Kevin und Kate bezeichnen) über eine Lichterscheinung, die sie zusammen mit anderen in der Nähe von Alton Barnes, Wiltshire, im Spätsommer 1992 beobachteten und mit einem hochwertigen Nachtfeldstecher verfolgten, bis sie schließlich »von einem Augenblick zum nächsten verschwand«.

In diesen Berichten ist meist von einer verschwommenen, orangefarbenen oder weißen Kugel die Rede (die nach Kevins und Kates Beobachtung mit dem Nachtfeldstecher ein schärfer umrissenes, pulsierendes Zentrum hatte); diese Beschreibung erinnert stark an Lichterscheinungen, wie sie auch an anderen Orten der Welt beobachtet und bereits oben erwähnt wurden. Neben diesen »UFOs«, die alle bei Nacht gesichtet wurden, liegen Berichte über andere ungewöhnliche Himmelsphänomene in der Umgebung von Kornkreisen vor. In dem von Jürgen Krönig 1992 herausgegebenen Buch *Spuren im Korn* sind auf den Seiten 168 und 169 Fotos zu sehen, die bei Tageslicht Objekte einer offenbar anomalen Art in der Nähe von Alton Barnes in Wiltshire und Callington in Cornwall zeigen. Und das hervorragende Video *Crop Circle Communiqué* von Circlevision enthält Amateurfilmszenen, die zwei deutsche Touristen 1991 in Großbritannien aufgenommen haben und die eine kleine, weiße Kugel zeigen, die sich in Bodenhöhe offenbar gezielt um eine Kornkreisformation in Wiltshire bewegt; es ist ein Objekt, das sich deutlich von den nächtlichen Lichterscheinungen abhebt, sowohl durch seine geringe Größe als auch durch das offensichtliche Fehlen eigener Leuchtkraft, und das mit Sicherheit ein UFO im buchstäblichen Sinne dieser überfrachteten Abkürzung ist.* Es existiert noch sehr viel mehr Material in Form von Berichten oder Fotos, die auf ein nicht eben seltenes Auftauchen ungeklärter Objekte in Kornkreisgebieten hindeuten, manche sind Lichterscheinungen, andere sind nur durch das Licht zu erkennen, das sie reflektieren, manche sind klein, andere groß, manche tauchen bei Tage auf, die meisten jedoch bei Nacht.

Im Sommer 1992 erhielt das bereits erwähnte Argus-Team, das in Alton Barnes stationiert war, eine überraschende Anzahl von Berichten über nächtliche Lichterscheinungen, die in einem Umkreis von drei bis fünf Kilometern in einer Gegend auftauchten, die in diesem Jahr die höchste Konzentration von Kornkreisen in ganz Großbritannien aufwies. Die Beobachtungen setzten sich in diesem Gebiet den ganzen Herbst hindurch fort, als das Getreide dort schon lange abgeerntet war. Das Centre for Crop Circle Studies führt eine systematische Untersuchung dieser und früherer Berichte durch, deren Ergebnisse es im Laufe des Jahres 1993 veröffentlichen wird.

Das Material von Alton Barnes wird mit Vorsicht zu interpretieren sein, und sei es auch nur, weil das Eintreffen eines amerikanischen Ufologenteams, das Ende Juli in der erklärten Absicht gekommen war, mit Leuchtsignalen, Meditation und Channeling-Versuchen den Besuch Außerirdischer »heraufzubeschwören«, in dieser Gegend die Erwartungshaltung stark geschürt hatte, solche Himmelserscheinungen zu sehen. Im Juli versammelten sich zahlreiche Menschen mehrere Nächte lang auf Woodborough Hill, viele in gespannter Erwartung. Nüchternen Beobachtern in dieser Schar war klar, daß viele ganz gewöhnliche Erscheinungen am Himmel – kleinere Flugzeuge, militärische Leuchtsignale aus Richtung Salisbury Plain, Erdsatelliten, Meteore und sogar Autoscheinwerfer, die sich in einer niedrigen Wolke widerspiegelten – bei manchen die Überzeugung wecken konnten, sie hätten UFOs gesehen. Die vorherrschende Stimmung und das Maß der harmlosen Sinnestäuschungen erinnerte stark an die Atmosphäre, die sich in den sechziger und siebziger Jahren in der Umgebung von Warminster allgemein eingestellt hatte, als alle, die wundersame Dinge am Himmel sehen wollten, kaum je enttäuscht wurden.

Es ist noch zu erwähnen, daß die amerikanischen Ufologen unter Leitung eines Dr. Steven Greer einen Erfolg in der Nacht vom 26. auf den 27. Juli vermeldeten, als er und einige wenige Mitglieder seines Teams angaben, in einer Entfernung von etwa 800 Metern von Woodborough Hill ein klar umrissenes »Fluggerät« in der Form und Größe einer recht klassischen fliegenden Untertasse gesehen zu haben. Chris Mansell, einer der Augenzeugen, schilderte seine Beobachtungen eindringlich im Oktoberheft 1992 der CCCS-Zeitschrift, *The Circular*. Nach seiner Darstellung wies das Objekt bunte Lichter auf, die anscheinend um seinen Rand rotierten; es schwebte einige Minuten lang über einem nicht allzu weit entfernten Feld, reagierte auf Leuchtsignale der Augenzeugen und vollführte eine »Lightshow«, wie sie aus der UFO-Literatur bekannt ist, ehe es in geringer Höhe das Avontal hinuntersauste. Obwohl das Team mit Kameras und Videorecordern ausgerüstet war, machte es keine Aufnahmen. Und obwohl viele andere Menschen in der Umgebung oder auf erhöhten Punkten entlang des Pewsey-Tales postiert waren, meldete außer diesen zwei oder drei privilegierten Augenzeugen niemand, dieses Objekt gesehen zu haben. In dem Feld, über dem das Objekt angeblich geschwebt hatte, fanden sich keinerlei Spuren. Auch aus der Umgebung von Alton Barnes trafen keine weiteren Meldungen ein, obwohl die Gegend recht dicht besiedelt ist und einige Häuser günstig zur Position der gemeldeten Erscheinung liegen. Wie schon so oft stehen wir mit der Geschichte einer bemerkenswerten Erscheinung da, die Augenzeugen berichten, deren Ernsthaftigkeit außer Frage steht; doch die Belege bleiben insgesamt anekdotisch.

Wenn wir diese eine spektakuläre Beobachtung bei-

* Diese Aufnahmen der Brüder von Dürckheim ist auch auf der Videocassette »Rätsel im Korn«, Frankfurt am Main: Zweitausendeins 1991, enthalten.

seite lassen und bei dem übrigen Material, das das Argus-Team im Juli 1992 (und danach) gesammelt hat, versuchen, die Spreu vom Weizen zu trennen, so bleibt uns ein harter Kern überzeugender Berichte über ein vorübergehendes Auftauchen einer orangefarbenen Lichterscheinung im Pewsey-Tal. Ähnliche Erscheinungen wurden auch aus anderen von Kornkreisen heimgesuchten Gegenden sowie aus Gebieten rund um die Welt, in denen von Kornkreisen noch nichts zu hören war, berichtet und manchmal auch fotografiert.

Zu den Kornkreisen besteht kaum ein Zusammenhang. Zur Zeit können wir allenfalls sagen, daß in manchen (wenn auch längst nicht in allen) Gegenden, aus denen Kornkreise gemeldet wurden, auch gelegentlich (wenn auch keineswegs häufig) Lichterscheinungen in der Luft beobachtet wurden. Zudem sind die Kornkreise eine Form unidentifizierter Bodenmarkierungen, die sich offenbar deutlich von den aus der Ufologie berichteten Bodenmarkierungen unterscheiden, und das gleiche gilt für das Verhältnis (wenn es denn eines gibt) zwischen den Kornkreisen und den möglicherweise mit ihnen verbundenen Lichterscheinungen. In der Ufologie handelt es sich in der Regel um Geschichten, in denen die Lichterscheinung, gewöhnlich ein klar umrissenes Fluggerät, bis in Bodenhöhe an eine Stelle hinabsteigt, an der sich anschließend die unidentifizierte Bodenmarkierung findet; der zeitliche und räumliche Zusammenhang ist eng genug, den Schluß zu rechtfertigen, daß das UFO die Bodenmarkierung *verursacht* hat. Bis auf zwei mögliche Ausnahmen kennen wir aus der Kornkreisforschung offenbar keine ähnlichen Berichte: Meist heißt es, daß irgendwo in der Umgebung eines Ortes, an dem (oft Tage später) ein Kornkreis entdeckt wird, eine Lichterscheinung gesichtet wurde; und nie ist die Rede von einer »Landung« einer Lichterscheinung an genau dem Ort, an dem der Kreis auftaucht.

»Nie« ist vielleicht ein zu starkes Wort. Das Centre for Crop Circle Studies würde sich über zuverlässige Berichte freuen, die die oben gemachte Verallgemeinerung widerlegten. Und es ist zu erwähnen, daß Dr. Meaden im *Journal of Meteorology*, Jg. 15/Nr. 145 von Januar 1990 von zwei Fällen berichtet hat, in denen offenbar ein unmittelbarer Zusammenhang zwischen Lichterscheinungen und Kornkreisen bestanden hat. Im ersten Fall handelte es sich um eine Meldung aus Kent vom August 1989: Zwei junge Männer behaupteten, den Abstieg eines »Lichtvortex« in ein Feld beobachtet zu haben, in dem sie kurze Zeit später, im Morgengrauen, nicht einen, sondern *zwei* Kreise *unmittelbar unter Überlandleitungen* entdeckten. Über die Zuverlässigkeit dieses Berichts hat es einige Kontroversen gegeben. Im zweiten Fall handelt es sich um eine Meldung vom Juni 1989, nach der »eine große Lichtkugel« von orangeroter Färbung nachts in ein Weizenfeld bei Silbury Hill hinabgestiegen sei. Der Zeuge gibt an, die Kugel sei »leicht aufgeprallt« und nach weiteren sieben oder acht Sekunden vom Fleck weg verschwunden. Am nächsten Morgen »konnte der Zeuge durch eine Lücke in der Hecke [ob er näher heranging, erfahren wir nicht] einen großen Kreis an dem Ort sehen, der der Position der Lichtquelle in der vorangegangenen Nacht entsprach, *und mehrere kleinere Kreise waren ebenfalls zu sehen*« (Hervorh. d. Autors). Dr. Meaden fügt hinzu, als er am zweiten Tag nach der Beobachtung der Lichterscheinung vor Ort erschien, »waren zu den ersten Kreisen noch ein weiteres halbes Dutzend hinzugekommen.« In diesem Bericht haben wir es anscheinend nicht mit einem Zusammenhang im Verhältnis eins zu eins zwischen der Landung einer Lichterscheinung und der Entstehung eines Kornkreises zu tun, sondern mit dem Auftauchen von nicht weniger als *neun* Kreisen (nach Dr. Meadens Foto zu urteilen) innerhalb von 48 Stunden nach einer einzigen Lichterscheinung in nur einer der fraglichen Nächte. Dr. Meaden sah in diesen Berichten einen gewissen Beleg (der sich seither nicht wiederholt hat) für das sichtbare Wirken seines Plasma-Vortex. Andere finden diese beiden Erzählungen eher verwirrend als erhellend.

Der UFO-Zusammenhang bleibt also nach wie vor dürftig, wie auch immer wir den Begriff »UFO« definieren mögen. Es gibt Hinweise, daß Kornkreisgebiete manchmal, wenn auch keineswegs regelmäßig oder vorhersagbar, von Lichterscheinungen heimgesucht werden. Und wir wissen, daß anscheinend ähnliche Lichterscheinungen häufig gesichtet werden, wo bislang noch keine Kornkreise aufgetaucht sind (und vielleicht aufgrund der örtlichen Gegebenheiten nie auftauchen werden). Uns fehlt es allerdings an zuverlässigen Berichten über einen zeitlichen und räumlichen Zusammenhang im Verhältnis eins zu eins zwischen einer Lichterscheinung und dem Auftauchen eines Kornkreises. Wir können zur Zeit lediglich erklären, daß es ein sporadisches Zusammentreffen gibt, und auch das mag ein durch die Beobachtung hervorgerufenes Ergebnis sein. In einem persönlichen Gespräch meinte Paul Devereux, der wie kaum ein anderer dazu beigetragen hat, Lichterscheinungen in der unteren Atmosphäre einer ernsthaften Betrachtung zuzuführen, Kornkreisbeobachter sähen nicht deshalb Lichterscheinungen, weil ein Zusammenhang zu den Kornkreisen bestünde, sondern weil sie nachts auf den Beinen seien!

Manche mögen diese Schlußfolgerung enttäuschend finden – sie ist jedoch lediglich vorläufig. Das Hauptanliegen dieses Beitrags war es, jede übereilte Schlußfolgerung zu entkräften, daß Kornkreise sich in einen direkten Zusammenhang zu den Aktivitäten außerirdischer Entitäten oder auch nur nüchtern betrachteter unidentifizierter Flugobjekte bringen ließen; Spekulationen in dieser Richtung machen vielleicht Spaß, sie entbehren jedoch jeglicher Grundlage durch die Fakten, die uns bislang vorliegen.

Wenn ich allerdings meine persönlichen Vermutungen äußern darf (und zur Zeit kann niemand von uns sich an mehr als Vermutungen halten), dann folgendes: in den von Kornkreisen heimgesuchten Gebieten geht etwas »Energetisches« vor, es manifestiert sich gelegentlich im sichtbaren Spektrum und weist zudem andere elektromagnetische Eigenschaften auf und es wäre überraschend, wenn die an der Bildung der Kornformationen beteiligten Kräfte nichts damit zu tun hätten. Es sind weitere Forschungen notwendig, nicht nur vom Centre for Crop Circle Studies und den anderen Organisationen, zu denen es freundschaftliche Beziehungen unterhält, sondern auch von Dr. Meaden. Der Plasma-Vortex mag sich, trotz der Zweifel, die wir in der gegenwärtigen Form an ihm hegen, in einem entwickelteren Modell durchaus als wichtiger Beitrag zu einem künftigen Verständnis des Phänomens erweisen.

Anmerkungen:

Die inzwischen zahlreichen Veröffentlichungen, die sich ausschließlich mit dem Kornkreisphänomen befassen, dürften Lesern und Leserinnen dieses Buches bereits bekannt sein und sind hier nicht eigens aufgeführt. Die folgenden Bücher und Zeitschriftenartikel, die unter Kornkreisforschern vielleicht nicht so bekannt sind, befassen sich mit der allgemeinen Frage der Lichterscheinungen in der unteren Atmosphäre und ihren möglichen elektromagnetischen und sonstigen Auswirkungen.

Hilary Evans, »BOLs« [Balls of Light], in: *The PROBE Report*, Jg. 3/Nr. 1, Juli 1982.

Dr. Harley Rutledge, *Project Identification*, Prentice-Hall, 1981.

Paul Devereux, *Earthlights Revelation*, Blandford, 1989.

Greg Long, *Examining The Earthlight Theory*, CUFOS, 1990.

William R. Corliss, *Lightning, Auroras, Nocturnal Lights and Related Luminous Phenomena*, The Sourcebook Project, 1982.

Geoffrey Falla, *The Vehicle Interference Project*, BUFORA, 1979.

Gary Hardwick

LICHTER ÜBER BECKHAMPTON

Nächtliche Beobachtungen in Wiltshire

Dieser Bericht schildert die Beobachtung einiger blinkender Lichter, die in der Nacht vom 16. auf den 17. Juli 1991 am Himmel über Wiltshire aufgetaucht sind. Ich kann keine Erklärung für das anbieten, was in dieser Nacht vorgefallen ist. Die folgende Schilderung gibt lediglich wieder, was ich beobachtet habe.

Es war gegen 23.50 Uhr auf der A4 westlich vom Kreisverkehr Beckhampton in der Nähe von Avebury. Ich saß in einem Wagen, den meine Freundin Alison fuhr, auf dem Rücksitz hinter der Fahrerin saß Brian Grist. In diesem Moment rief Brian, wir sollten anhalten, und Alison bog in eine Parkbucht, die gerade im Scheinwerferlicht auftauchte. Brian hatte durch das linke Seitenfenster ein blinkendes Licht gesehen. Es war grünlich und wirkte auf Anhieb ungewöhnlich. Es war größer als die umliegenden Sterne und wirkte seltsam abgesondert.

Brian und ich sprangen aus dem Wagen, vielmehr Brian sprang hinaus und ich folgte ihm, während Alison im Wagen blieb, da sie sich nicht sicher war, was wir vorhatten. Wir standen im Freien und beobachteten, wie dieses Licht links von der Parkbucht, südlich der Straße, grün und rot aufblinkte. Es bewegte sich in westliche Richtung nach Calne. Kein Geräusch war zu hören. Alison stieg aus und kam zu uns, und wir standen ein paar Minuten in der Kälte und sahen zu, wie es langsam seine Bahn am Himmel zog. Plötzlich wurde die Parkbucht hell erleuchtet, und ein Wagen am anderen Ende der Bucht fuhr auf die Fahrbahn, an uns vorbei.

Ich hatte einen Feldstecher dabei und versuchte, ihn auf das blinkende Licht zu richten. Als ich ihn Brian reichte, bemerkte ich ein weiteres Licht, das sich hinter uns, auf der anderen Seite der A4, ebenfalls in westliche Richtung bewegte. Ich machte Brian darauf aufmerksam und geriet etwas in Verwirrung, da ich noch nie zuvor etwas Derartiges erlebt hatte. Aus irgendeinem Grund schaute ich senkrecht nach oben in den sternklaren Nachthimmel. Einen Augenblick lang – vermutlich nicht länger als zwei oder drei Sekunden – sah ich über mir einen schwarzen Umriß, vorne schmal und hinten breit, der die Sterne verdeckte und sich mit unglaublicher Geschwindigkeit völlig geräuschlos in östlicher Richtung auf den Horizont zubewegte. All das geschah so schnell, daß es mir normalerweise entgangen wäre. Ich konnte gar nicht glauben, daß Alison das gleiche gesehen hatte wie ich. Bis heute würde ich es nicht glauben, wenn sie es nicht bestätigt hätte. Ich habe sie nachher eingehend befragt und selbst intensiv über diesen Augenblick nachgedacht. Sie bleibt dabei, daß sie das gleiche gesehen hat, was ich beschrieben habe.

Ich habe versucht, es mit einer Form in Übereinstimmung zu bringen, und kann lediglich sagen, daß es einem Dreieck ähnelte. Es war sehr hoch und so groß, daß mir auffiel, wie es einen beträchtlichen Teil des Himmels verdeckte. Es schien die kurze Wegstrecke über unsere Köpfe hinweg völlig mühelos zurückzulegen. Es bewegte sich mit einer solchen Geschwindigkeit, daß es wohl kaum einem Menschen aufgefallen wäre, der nicht gerade in diesem Moment in den klaren Himmel schaute. Brian hat es tatsächlich nicht bemerkt. Hinterher hatte ich das überwältigende Gefühl – und habe es noch –, etwas so Eindrucksvolles gesehen zu haben, daß jeder Versuch, seine mögliche Bedeutung zu entschlüsseln, vergebens wäre. Ich habe den Eindruck, daß es die sicherste Flugbahn gewählt hat, die direkt über unsere Köpfe hinwegführte, während wir alle den Horizont beobachteten.

Inzwischen war Licht 1 verschwunden und Licht 2 hatte – mit bloßem Auge besehen – aufgehört, sich zu bewegen, und stand etwa in Richtung Windmill Hill reglos am Himmel. Durch den Feldstecher war zu erkennen, daß es weiß, grün und blaugrün blinkte. Es hatte allerdings keine erkennbare Form.

Als nächstes bemerkten wir die Lichter 3 und 4 auf der anderen Straßenseite in nördlicher Richtung. Sie schienen wesentlich weiter entfernt zu sein und bewegten sich in Abwärtskurven aufeinander zu. Von unserem Standpunkt aus wirkte es, als würden sie kollidieren. Sie pulsierten wie das unkoordinierte Blinken zweier Blaulichter auf Rettungsfahrzeugen, wie bei einem Krankenwagen – im Takt und dann allmählich nicht mehr im Takt. Sie flogen aneinander vorbei, setzten ihre abwärts gerichteten Bögen fort und verschwanden unterhalb des Horizonts.

Wir hatten das Gefühl, es sei an der Zeit zu gehen, da wir genug gesehen hatten. Um diese Zeit wurde es *sehr* kalt. Wir gingen zurück zum Wagen und wollten gerade wieder auf die A4 einbiegen, als Brian erneut rief, wir sollten anhalten. Wir stiegen alle aus dem Wagen, der mit laufendem Motor und eingeschalteten Scheinwerfern stehenblieb. Was Brian gesehen hatte, und was wir nun alle gemeinsam sahen, war ein wesentlich größeres rot blinkendes Licht, das sich jedoch vertikal bewegte. Wieder war es nördlich der A4 und bewegte sich langsam nach Westen. Seine Bewegungen wirkten zudem recht sprunghaft, was eventuell mit seiner Entfernung von uns zu tun haben mochte. Es wirkte allerdings auch recht groß im Vergleich zu den früheren Lichterscheinungen. Ich mußte den Feldstecher auf dem Wagendach abstützen und den Atem anhalten. Nach diesen Maßnahmen sah ich eine Säule aus rot, grün und weiß aufblitzenden Lichtern, die von unten nach oben und umgekehrt liefen.

Noch während sich Licht 5 westlich bewegte, bemerkten wir Licht 6. Es überquerte östlich von uns die Straße von Norden nach Süden. Es schien sich relativ langsam fortzubewegen, wurde plötzlich schneller und ebenso plötzlich wieder langsamer. Das könnte natürlich auch auf die Entfernung zurückzuführen sein: Das Licht könnte sich in der Nachtluft gebrochen haben, so daß es sprunghaft wirkte. Allerdings würde das bedeuten, daß es tatsächlich sehr groß war, wesentlich größer als die Lichter 1 bis 4.

Als ich es durch den Feldstecher beobachtete, sah ich, daß es vorwärts und rückwärts pulsierte, in Grün-, Pink-, Weiß- und Blautönen, die jedoch horizontal angeordnet waren. Wie Licht 4 hatte es deutlichere Umrisse, während die Vorläufer wie ein Gemisch aus blinkenden Farbtönen wirkten. Auch das warf für mich die Frage auf, ob es entweder wesentlich näher oder wesentlich größer war.

Licht 5, die Vertikalsäule, war inzwischen sehr tief am Himmel. Plötzlich sahen wir einen sehr dünnen, weißen Lichtstrahl, der Licht 5 mit dem Boden verband. Dieser Strahl war gebogen, nicht gerade oder gezackt, und blieb etwa ein oder zwei Sekunden bestehen. Dann verschwand Licht 5, vielmehr es verblaßte, recht schnell.

Zu dieser Zeit verschwand Licht 6 in Richtung Süden, und wir beschlossen, nach Hause zu fahren. Wir hatten das Geschehen etwa eine Stunde lang beobachtet. Es war fast ein Uhr morgens. Licht 2 blieb stationär am Himmel und war durchs Wagenfenster zu sehen, bis wir Calne erreichten und es in den Lichtern der Stadt unterging. Wir sagten nichts, bis wir Bristol erreicht hatten.

Während unserer einstündigen Beobachtung hörte keiner von uns auch nur ein Geräusch. Im Gegenteil, uns fiel auf, daß die Nacht völlig still war, abgesehen vom Motorengeräusch einzelner Fahrzeuge auf der A4. Wir sind alle der Ansicht, daß das, was wir gesehen haben, sich nicht wie sechs herkömmliche Flugzeuge benahm. Ich kenne nichts, das sich an eine Position im Himmel bewegen und reglos in der Luft stehenbleiben kann, ohne ein Motorengeräusch zu verursachen.

Der Parkplatz, an dem wir in der Nacht vom 16. zum 17. gehalten haben, heißt Needles Point. Zunächst wußten wir nicht, daß wir an dieser Stelle gehalten hatten – es war sehr dunkel, und wir hatten ganz plötzlich beschlossen zu halten. Es war dieselbe Stelle, an der Brian Grist und ich im Sommer 1991 an einem strahlenden Morgen gehalten und durch den Feldstecher die beiden »Schnörkel« und das Dreieck in einem Feld entdeckt hatten, das von Steven Horton bewirtschaftet wird. Wie sich herausstellte, waren wir damals mit bei den ersten, die das Feld betraten und die Formation untersuchten.

Am 17. Juli 1991, dem Tag nach den oben beschriebenen Geschehnissen, wurde die Formation von Barbury Castle entdeckt. Mit dieser Formation befaßt sich ein anderes Kapitel dieses Buches, ich möchte jedoch zum Abschluß einige Bemerkungen zu einem Treffen machen, das Brian, Alison und ich etwa eine Woche später mit dem Aufseher von Barbury Castle hatten. Er wohnt in einem Bungalow an der Ostseite von Barbury Castle, in dem er während der Sommermonate einen Laden betreibt und Erfrischungen an Wanderer verkauft. Er hält auch Schafe, die auf den Hängen rund um die Erdbauten grasen. Wir fragten ihn nach der Nacht vom 16. auf den 17. Juli, und er erzählte, daß ihn gegen 3 Uhr morgens ein Geräusch geweckt habe, das er als »tiefes Klopfgeräusch« am Himmel beschrieb. Er sagte, es habe geklungen wie hundert Flugzeuge, die in Formation über seinen Kopf hinwegflögen. Am nächsten Morgen sah er wie gewöhnlich nach seinen beiden Schafherden. Eine ist normalerweise am Südhang eingepfercht, während die andere unterhalb des Nordhangs steht. Er stellte fest, daß die Herde vom Nordhang sich nach Süden zerstreut hatte. Da sie dazu über einen steilen Abhang und über die Wälle geklettert sein mußten, schloß er, daß sie sehr verängstigt waren. Hatte sie derselbe Lärm erschreckt, der ihn geweckt hatte? Wir versuchten herauszufinden, wie lang der Lärm seiner Ansicht nach gedauert hatte, doch er konnte sich nicht daran erinnern. Allerdings erwähnte er, daß das Geräusch »plötzlich aufhörte«.

Der Aufseher erfuhr von der Formation bei Barbury Castle erst, als er seine Schafe hütete und eine Gruppe deutscher Touristen ihn ansprach und wissen wollte, wo die Kornkreise seien. Das war am 17. Juli gegen Mittag.

DIE GETREIDEFORMATION VON BARBURY CASTLE (17.7.91)

AMTLICHE LANDVERMESSUNG NETZKARTEN-NR. SU 152 768 GETREIDEART WEIZEN

Vermessen (20.7.91) und gezeichnet von J.F. Langrish

STRECKE	PEILUNG	LÄNGE
XD	0°	105' 10"
XA	120°	106' 0"
XB	234°	104' 0"
AB	268°	177' 0"
BC	24°	91' 0"
CD	30°	93' 5"
DE	148°	65' 10"
EA	150°	116' 0"
DQ	0°	38' 0"
AY	108°	46' 6"
BZ	234°	36' 8"

Beachte: A, B & D sind die Schnittpunkte der Mittellinien aller Dreieckseiten und wurden durch Markierungspflöcke festgelegt; sie sind nicht die äußersten Ecken der Dreieckpunkte. C & E sind die Krümmungspunkte an den Seiten BD & DA. Sie wurden ebenfalls markiert.

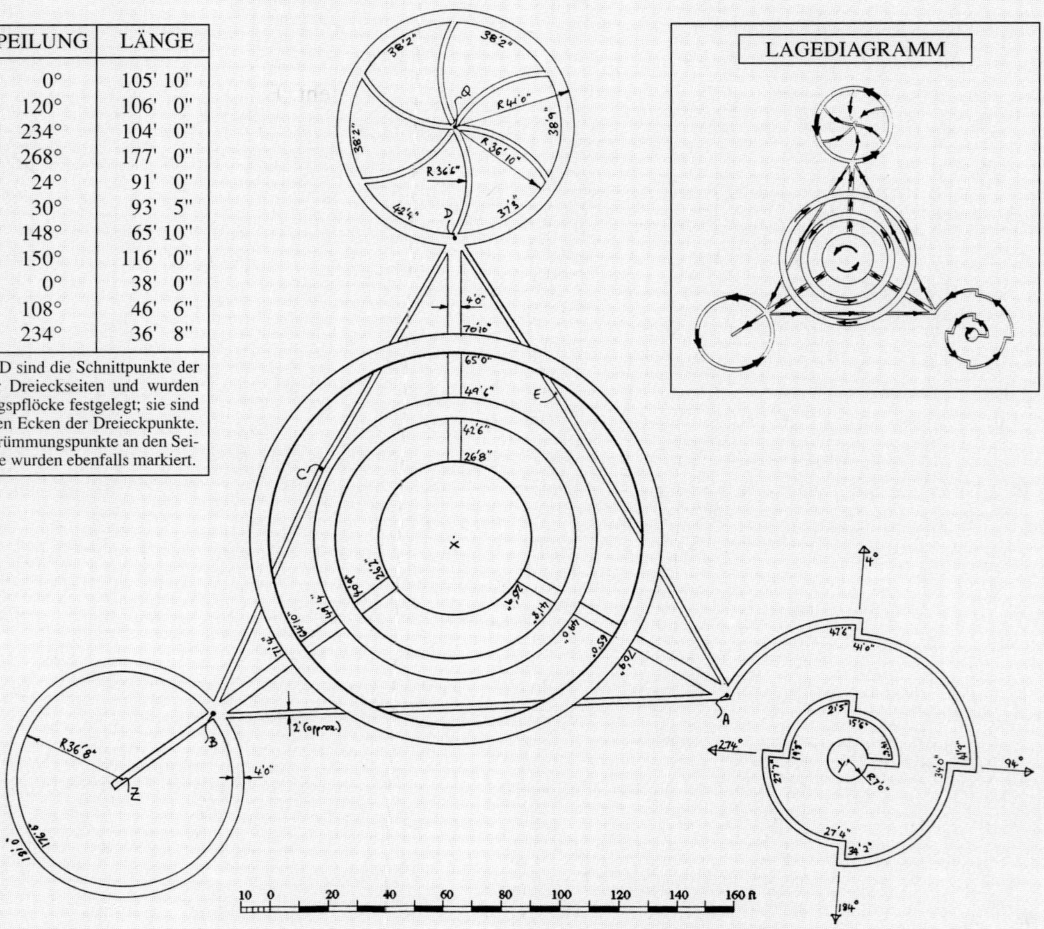

Alle Längenmessungen wurden mit einem 100 Fuß-Stahlband vorgenommen. Zahlenangaben in Fuß ohne Richtungspfeile beziehen sich auf Messungen ausgehend von X oder von Y in der Spiralmitte.

Brian Grist

Alchimie und Chaos

Zur Symbolik von Barbury Castle

Mysterium oder Fälschung

Gut, nun erklären Sie das mal...« lautete die Überschrift eines Zeitungsartikels[1] über die Entdeckung einer der erstaunlichsten und zutiefst Ehrfurcht gebietenden Kornformationen, die sich je in den Feldern Großbritanniens gebildet haben. Die Formation von Barbury Castle entstand in der Nacht vom 16. auf den 17. Juli 1991 unterhalb der steilen Hänge einer Hügelfestung aus der Eisenzeit neben dem alten Ridgeway am Nordrand der Marlborough Downs in Wiltshire; da sie so gut wie ohne Vorläufer in der Geschichte dieses Phänomens war, kam sie für fast alle, die sich mit diesem »Rätsel« befassen, völlig überraschend.

Der optische Eindruck dieses ungewöhnlichen Komplexes aus geraden Linien und Kreisen (die Presse beschrieb ihn als »Mutter aller Kornkreise«) war so stark, daß manche Forscher auf die Herausforderung der Zeitungsmeldung reagierten, indem sie die Formation als »offensichtliche« Fälschung »wegerklärten«. Als spontaner Reflex auf ein Gebilde, das sich eindeutig nicht in eine konventionelle Hypothese einfügte, war diese Reaktion verständlich. Einige waren überzeugt, daß es sich »offensichtlich« *nicht* um eine Fälschung handelte, und schienen dennoch unsicher, wer oder was wohl seine Entstehung bewirkt haben mochte. Andere wiederum entschlossen sich zu größerer Vorsicht und warteten mit ihrem Urteil ab.

Es war schließlich in jener Nacht nicht das einzige Vorkommnis dieser Art in der Gegend. Unter anderem entstanden ein Kreis in Wootton Hill, ein weiterer, makelloser Kreis in der bereits bestehenden Formation von Hackpen Hill, das gewaltige Piktogramm in Preshute Down, und von einem Punkt westlich von Beckhampton wurden erstaunliche, bislang ungeklärte Lichterscheinungen beobachtet – ich selbst gehörte zu den Augenzeugen. Es ist bezeichnend, daß die meisten, die so prompt die Formation in Barbury Castle als Fälschung abstempelten, kaum oder gar nicht erkennen ließen, auch nur eines dieser Phänomene ernsthaft untersucht zu haben. Tatsache ist: Bis zum Zeitpunkt der Entstehung dieses Beitrags liegt keine Spur eines schlüssigen Beweises vor, der die Annahme erhärten könnte, daß es sich bei der Formation von Barbury Castle um eine von Menschen gemachte handelt.

Es ist den Schöpfern der Formation in Barbury Castle gelungen, aus dem Rohstoff eines gewöhnlichen Kornfelds ein äußerst kunstvolles Bild zu schaffen, das leider dazu bestimmt war, daß Schaulustige und widrige Wetterbedingungen ihm mit vereinten Kräften arg zusetzten. Wie die Dinge lagen, blieb die Formation von Barbury Castle nur für eine beklagenswert kurze Zeit in ihrer ursprünglichen Form erhalten: allenfalls vierundzwanzig Stunden lang.

Das Zeichen deuten

Bis heute beschränkt sich die Zahl der Forscher, die sich die Mühe machen, die Formation von Barbury Castle als absichtsvolles Konstrukt zu betrachten, auf einige wenige. Eine erwähnenswerte Ausnahme bildet John Michell, der schon bald nach Entstehung dieser Formation in einem prägnanten Artikel erklärte, sie enthalte »eine Welt voller Symbole; einige davon sind schon erkannt, andere warten noch darauf, entdeckt zu werden.«[2] Dieser Beitrag will nicht erkunden, wie die Formation entstanden ist, sondern was sie möglicherweise unter dem Aspekt ihrer Affinitäten zur Alchimie bedeuten könnte – denn die meisten, wenn nicht alle ihrer einzelnen Elemente finden wir im alchimistischen Wissen wieder. Es geht hier also um einen individuellen Versuch, dieses Symbol zu deuten, und ich muß betonen, daß die folgende Lesart sowohl persönlich als auch spekulativ ist und keinerlei Anspruch auf Korrektheit oder Endgültigkeit erhebt. Ich stelle sie hier vor in der Hoffnung, daß sie weitere Analysen anregen möge.

Beginnen möchte ich mit dem dreigeteilten Dreieck, dessen Mittelpunkt durch den zentralen Kreis überlagert war. Alle, die mit der Geschichte der magischen Symbole vertraut sind, dürften darin sofort das Grundmuster des Davidsterns erkennen, wie ihn Pythagoräer und Okkultisten verwendeten und der bekanntermaßen der »Bannung« diente. In dem hier abgebildeten Beispiel (Abb. A) befindet sich auf dem Kreisrand außerdem eine Inschrift, ein Zitat aus Psalm 18, 8, aus der hervorgeht, daß das Diagramm dazu diente, ein Erdbeben hervorzurufen. Die Verwendung solcher Zeichen gründete sich auf den Glauben an die göttlichen Eigenschaften geometrischer Symbole, mittels derer die Magier Verbindung mit übernatürlichen Kräften aufzunehmen suchten. Als Embleme an sich waren Davidsterne wirkungslos. In erster Linie sollten sie den Benutzern helfen, ihre Sinne auf die gewünschten Resultate zu konzentrieren.

Die gleiche Dreiecksform nimmt auch in der Alchimie eine herausragende Stellung ein als Symbol für die dreifaltige Gottheit oder Trinität (Abb. B). In beiden Illustrationen ist das unterteilte Dreieck von einem zweiten Dreieck umgeben. Wie passen sie also zu der Figur in Barbury Castle, wo nur das eine Dreieck gefunden wurde? Eine genaue Untersuchung der Formation hat ergeben, daß die Mittelpunkte der drei äußeren Kreisgebilde die Eckpunkte eines Außendreiecks bilden, das zwar nicht als Muster im Korn sichtbar war,

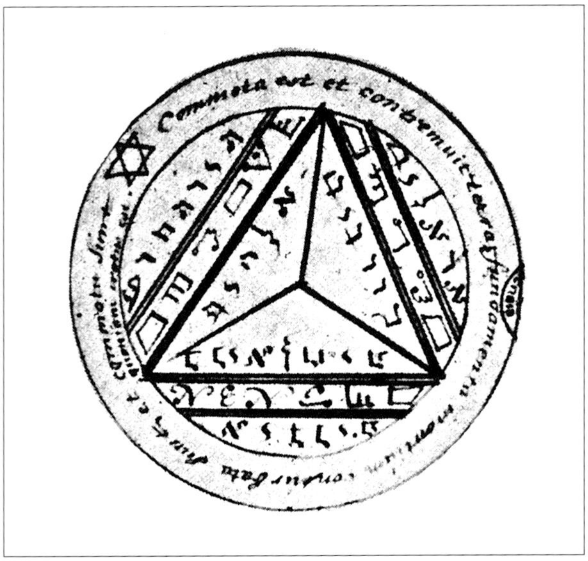

Abbildung A: Der Davidstern, den Pythagoräer wie Okkultisten zur Bannung verwandten. Das Zitat aus Psalm 18 zeigt, daß dieses Diagramm ein Erdbeben heraufbeschwören sollte.

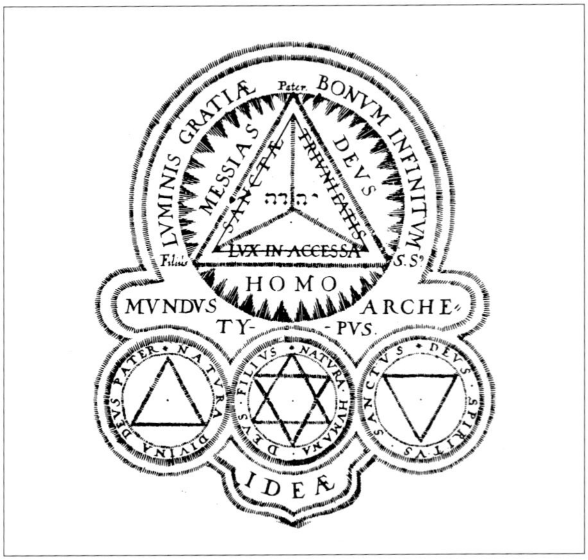

Abbildung B: Die Dreifaltigkeit oder Trinität.

aber dennoch einen integralen Bestandteil der Gesamtkonstruktion darstellte.
An anderer Stelle hat John Haddington auf die Abbildung einiger von einem gleichseitigen Dreieck eingeschlossener Kreise in einem Basilius Valentinus zugeschriebenen Werk (Abb. C) hingewiesen.[3] Valentinus war ein legendärer Benediktinermönch des 15. Jahrhunderts, von dem nicht erwiesen ist, ob er tatsächlich gelebt hat (da niemals Originalhandschriften gefunden wurden), dem jedoch die Urheberschaft für die Theorie der *Tria Prima* zugeschrieben wird. Diese enthielt den fundamentalen Satz der Alchimie, demzufolge Salz, Schwefel und Quecksilber die drei Grundelemente bilden, die der Universalmaterie zugrunde liegen. Auf die einfachste Form reduziert galt als Ziel der Alchimie die Verwandlung unedler Metalle in Gold. Folglich lieferte sich jeder, der zu wissen vorgab, wie diese wunderbare Tat zu vollbringen sei, den Nachstellungen jener aus, die die Definition nicht allegorisch, sondern ganz wörtlich nahmen.
Einer der Hauptgründe, weshalb die Alchimie in Verruf geriet, waren das Treiben der Scharlatane und Bauernfänger, die sie skrupellos ausbeuteten und als Gelegenheit nutzten, all jenen, die leichtgläubig genug waren, ihnen auf den Leim zu gehen, das Geld aus der Tasche zu locken. Zwei Meisterwerke der englischen Literatur, Chaucers »Erzählung des Dienstmannes des Stiftsherrn« in den *Canterbury Erzählungen* und Ben Jonsons *Der Alchemist*, illustrieren diese Praktiken. Ernsthafte Alchimisten betrieben ihr Metier bedachtsamer und bedienten sich für ihre Schriften gelegentlich eines fiktiven Autors. So gibt es auch die Theorie, daß Basilius Valentinus eventuell das Pseudonym eines Frankenhausener Salzbergwerkbesitzers namens Johannes Thölde gewesen sein könnte, der in einer Zeit, als in Deutschland das Interesse an der medizinischen Alchimie des Paracelsus auf dem Höhepunkt war, nach den angeblich von Valentinus verfaßten Büchern arbeitete. Thölde hatte Verbindung zur Rosenkreuzerbewegung, die ihn wohl auch inspiriert haben mag, eine »historische« Gestalt von ungewisser Geburt zu erfinden.
Valentinus' Schriften fanden einst eine breite Leserschaft, zu der auch Isaac Newton zählte, der fasziniert war von Valentinus' Übersicht über die Eigenschaften von Antimon. Das populärste der Werke Valentinus', *Vom großen Stein der uhralten [!] Weisen* mit seinen zwölf »Schlüsseln«, erschien erstmals 1599 und in einer Neuauflage 1602. Die erste illustrierte Auflage erschien 1618 und wurde im 17. und 18. Jahrhundert mehrfach nachgedruckt. Die zwölf »Schlüssel« stehen für die zwölf Stufen des alchimistischen Prozesses, interessieren soll uns hier die zehnte.
Der zehnte Schlüssel (Abb. C) war anders als die übrigen dieser Folge in einem Diagramm illustriert und sollte den »himmlischen Stein der dritten Konjunktion« darstellen, der »Sol und Luna im trinitarischen Zeichen des Mercurius philosophorum oder Gott« in sich verschmolz.
Einfach ausgedrückt war dies das alchimistische »Ei« oder der »Stein« im Werden vor der Vollendung (d. h. der »Schöpfung« in Form von Materie). Im Zentrum des Kreises steht der Name der Gottheit, und in den Winkeln des Dreiecks befinden sich die Symbole für

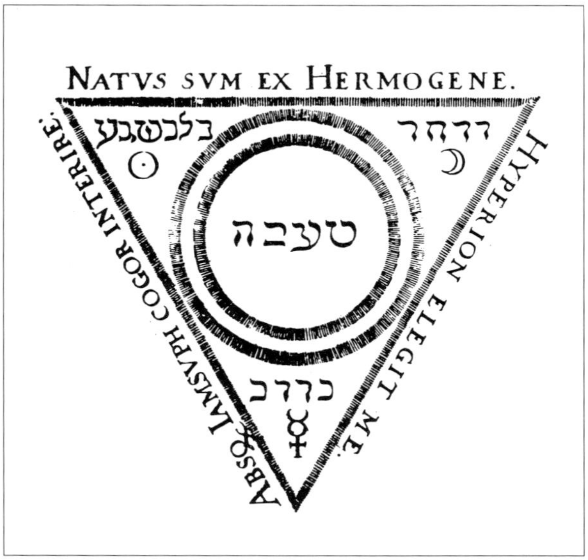

Abbildung C: Doppelkreis, eingeschrieben in ein gleichseitiges Dreieck, aus dem Basilius Valentinus zugeschriebenen »zehnten Schlüssel«, 15. Jahrhundert.

Sonne, Mond und Merkur. Die drei Schriftzüge bedeuten übersetzt: *Ich bin geboren aus Hermogenes* (der Name bezieht sich auf einen gnostischen Philosophen, der bekannt ist für seine häretische Behauptung, »Gott schuf alle Dinge aus bestehender und nicht regenerierter Materie«); *Hyperion erwählte mich* (ein Hinweis auf die Wiedergeburt der Sonne: in der griechischen Mythologie war Hyperion der Vater der Sonne); und *Ohne Jamsuph muß ich vergehen* (Jamsuph ist eine unbekannte Substanz oder ein Element, das den Prozeß der Wiedergeburt nährte und ohne das keine Regeneration stattfinden konnte). Hier finden wir nun die drei wesentlichen Bestandteile der alchimistischen Philosophie – Grundmaterie, Reproduktion und jene Komponente mit rätselhaftem Namen, die die Materie mittels der Reproduktion in eine andere Form umwandelt – in einem einzigen Bild verschmolzen.

Als nächstes wenden wir uns der *Sylva Philosophorum* von Cornelius Petraeus zu, der sich selbst im 16. Jahrhundert als Erforscher der hermetischen Philosophie aus Hamburg bezeichnete. Sein Werk enthält acht »kosmische« Diagramme, von denen nicht weniger als sechs eine Form aufweisen, die die Merkmale des Schlüssels Valentinus' mit dem dreigeteilten, trinitarischen Dreieck verband (Abb. D).[4] Zudem befindet sich an jedem Eckpunkt ein Kreis. Das hier abgebildete Symbol steht für verschiedene Aspekte des alchimistischen Umwandlungsprozesses von »unedlem Metall in Gold« aus transzendentaler Sicht. SEMEN kann die »Saat« des »Großen Werks« bedeuten, doch das gleiche, zellartige Gebilde mag auch für GOTT, MENSCH, NATUR, SEELE und STEIN DER WEISEN stehen. Zwei weitere Diagramme, das des Universums (*Quinta essentia*) und das der vier Elemente, dürften Kornkreisforschern wegen ihrer unverkennbaren Ähnlichkeit mit den Fünferformationen vertraut sein. Durch Petraeus erfahren wir also, daß unser Symbol für das göttliche Funktionsprinzip des schöpferischen Universums stehen soll.

Abbildung D: Die *Silva Philosophorum* des Cornelius Petraeus, ein Symbol der göttlichen Funktionsweise des schöpferischen Universums.

Doch was hat nun die Alchimie mit der Formation von Barbury Castle zu tun? Eine Antwort auf diese Frage mag uns ein Blick auf eine Illustration zu Steffan Michelspachers Schrift *Cabala, speculum artis et naturae in alchymia* geben, die erstmals 1654 in Augsburg erschien; die Abbildung zeigt das Rad der Tierkreiszeichen der Exaltation (Abb. E). Wir sehen uns hier mit einem Bild konfrontiert, das zwar keine exakte Replik der Formation von Barbury Castle ist, ihr jedoch sehr nahekommt.

Was ist aus dieser faszinierenden, etwas erschreckenden Darstellung zu schließen, die interessanterweise kürzlich in einem Buch über Alchimie abgebildet war?[5] Beginnen wir mit dem Fabelwesen, jener furchterregenden Kreatur, die auf dem gehörnten Kopf eine Tiara trägt und Feuer speit und die manche als Darstellung des Papstes als Antichrist ausgelegt haben, doch diese Deutung ist äußerst umstritten. Wahrscheinlicher ist die Sicht, daß es sich um eine kombinierte Darstellung der universellen Kuh-Mutter und des Teufels-Drachens handelt, der *Anima mundi* (Weltseele). Unter dem Namen Adam Kadmon ist es der hermaphroditische Urmensch der Kabbala: nichts weniger als die verborgene Substanz oder die undifferenzierte Materie. Darüber sehen wir ein Dreieck mit einem überlagernden Kreis, etwa in der gleichen Position wie der äußere Ring der Formation von Barbury Castle, und an jedem Eckpunkt des Dreiecks drei »Satellitenkugeln«.

Der röhrenförmige Schaft, der sich vom Mittelkreis nordwärts bis zu einem Sechsstern erstreckt, kam in der Formation von Barbury Castle nicht vor, mit gutem Grund: er führt zum »himmlischen« Stern, aus dem wiederum sechs Sterne hervorgehen; auch der Stern auf der Tiara repräsentiert diesen »himmlischen« Stern; die ihm angemessene Position liegt *über* dem Mittelkreis, mit dem er über den röhrenförmigen Hals dieses hermetischen Gefäßes verbunden ist. Die Darstellung ist als dreidimensional zu verstehen, da der Himmelsstern oben am Himmelsgewölbe steht. Der

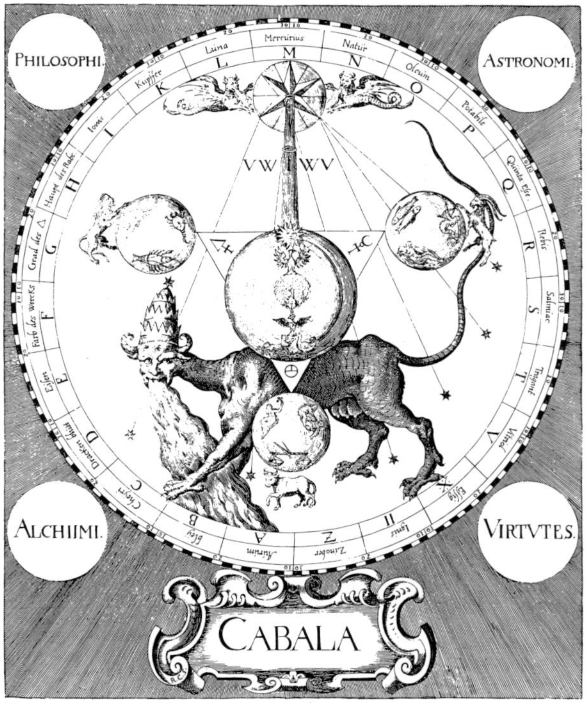

Abbildung E: »Exaltation« aus: Steffan Michelspacher, *Cabala, Speculum Artis et Naturae in Alchymia*, 1654. Ein Rad guter und schlechter Tierkreiszeichen umgibt das Bild einer Kreatur, in der sich die Universalmutter in Gestalt einer Kuh mit dem teuflischen Drachen vereint.

eigentliche Tierkreis ist umgeben von vier Kreisen, die das Symbol der *Quinta essentia* (das Universum) bilden, während die Tierkreiszeichen in und um die drei Satellitenkugeln gruppiert sind.

Mit Hilfe dieser Illustration läßt sich ein unmittelbarer symbolischer Zusammenhang zwischen der Formation in Barbury Castle und dem Lebensbaum der Kabbala herstellen. Aus Platzgründen kann ich dieses mystische Glaubensgebäude hier nicht eingehend erörtern. Was allerdings unsere Aufmerksamkeit verdient, ist eine gewisse Ähnlichkeit zwischen der Formation von Barbury Castle und den Beziehungen zwischen den unteren Sephiroth des Lebensbaums, auf den der Zeichner unten auf dem Blatt deutlich hinweist. Die unteren Sephiroth oder »Kreise« sind die aktivierenden Agentien, durch die das Göttliche in einer Beziehung manifest wird, die kabbalistischem Denken zufolge alle lebenden Dinge und Objekte ohne Ausnahme durchdringt.

Die Welt der Materie bezieht ihre Energie aus der Erdung eines »Blitzschlags« von oben und dem Energiefluß zwischen den Kreisen; die Schöpfung ist abhängig von ihrem Zusammenspiel als »Ganzheit«. Jede Kugel oder jede Sephirah hat eine andere Komplementärfunktion: eine dient als Punkt der »Energieübertragung«; eine als »Verstärker«; eine als »aufnehmendes Element« (das Äquivalent der »Erde« im Elektrobereich); und wieder eine andere als Zentrum, als Stabilisator und Konvergenzpunkt, der die Energien des »Himmelssterns« ausbalanciert, der der Menschheit lediglich als »himmlisches« Licht erscheint (der Himmelsstern ist die Kontaktstelle zwischen Himmel und Erde).[6]

Sollte das oben Dargelegte obskur erscheinen, so liegt der Fehler ausschließlich in meinem Versuch, etwas bekanntermaßen äußerst Subtiles in so wenigen Worten wie möglich zu verdeutlichen. Gleichwie, der entscheidende Punkt ist, daß die Zeichen im Korn in Barbury Castle merkwürdigerweise *symbolisch mit den Funktionen übereinzustimmen scheinen, die ich oben skizziert habe*. Der teilweise von einer Gerade durchschnittene Ring ist dem aufnehmenden Element oder der

»Erde« vergleichbar; das sogenannte »Sonnenrad« entspricht dem Verstärker oder »Radiator«; die gezackte Spirale läßt sich dem »Geber« vergleichen. Interessant ist vielleicht auch der Hinweis, daß die »untere« Welt der Kabbala die Welt der Muscheln ist und daß sich die Formation von Barbury Castle auf einem Untergrund wasserhaltigen Kalks befand (wie übrigens die Mehrzahl der Kornformationen): ein Material, das aus fast reinem Kalziumkarbonat besteht und unzählige kleinste Fossilienfragmente uralter mariner Schalentiere enthält.

Ich möchte hier vorschlagen, daß sich angesichts von Vorläufern wie den hier im einzelnen aufgeführten, die Formation von Barbury Castle als graphische Darstellung des »Steins der Weisen« (oder des kosmischen »Eis«, aus dem alles Leben entspringt) in jenem Transmutationsstadium der Materie deuten läßt, das der Vollendung vorausgeht. Die letzte Stufe ist die des *Falls in die Schöpfung*; um diesen Fall zu verstehen, sollten wir uns in Erinnerung rufen, daß in der »Exaltation« unsere Form in ein sich drehendes Rad der Tierkreiszeichen eingeschlossen ist. Das große Werk wird vollendet in der Drehung des Rades. Ist es erst einmal in Bewegung, so »verschmelzen« die einzelnen Bestandteile und werden durch die Rotation wieder unsichtbar.

Nach vollzogener Umwandlung stehen wir wieder am Anfang des Prozesses. Die zerbrochene und wieder hergestellte Form gibt ihr »Geheimnis« in jenem Augenblick preis, in dem sie sich anschickt, wieder Form anzunehmen. In der Alchimie ist dieser Prozeß symbolisiert durch eine Schlange – beziehungsweise einen Drachen, den Uroboros –, die sich zu einem Kreis windet, um sich in den Schwanz zu beißen, wo Anfang (Alpha) und Ende (Omega) verschmelzen. Es ist jener Punkt, an dem der Alchimist, um es mit den Worten von W. E. Butler zu sagen, die »Mächte und Kräfte« entdeckt, »die in der Natur bereits existieren und walten«.[7] Demnach wäre die Formation von Barbury Castle eine Symbolfigur der göttlichen Ordnung, die im Übergang zwischen einer Stufe von Materie und einer anderen von anscheinend unendlichen Möglichkeiten existiert.

John Michell sagt sehr zu Recht, daß »der Verstand ... vor der Folgerung zurück[schreckt], daß diese Anordnung eine göttliche Offenbarung darstellt«.[8] Der rationale Verstand schreckt tatsächlich vor dieser Vorstellung zurück, und doch bedeutet es *gerade* eine göttliche Offenbarung. Lassen wir jedoch die Göttlichkeit für einen Moment beiseite und wenden wir uns einer anderen Überlegung zu: wenn uns die Struktur der Formation von Barbury Castle einen symbolischen Blick auf den Grenzbereich zwischen einer Stufe von Materie und einer anderen gewährt, dann ließe sich argumentieren, daß diese »göttliche Offenbarung« ein rationales Äquivalent in den heutigen Naturwissenschaften habe. Denn setzen wir für die *massa confusa* der alchimistischen und hermetischen Überlieferung CHAOS-THEORIE ein, und stellen wir uns vor, wie die Mandelbrotmenge als Darstellung eines Fraktals funktioniert, das ebenfalls an der Grenze zwischen einer Realitätsebene und einer anderen liegt und gleichermaßen veränderliche Eigenschaften besitzt, dann repräsentieren beide Muster den Nexus zwischen Chaos und Ordnung, an dem eine Welt alle erforderlichen Potentiale enthält, zu einer anderen zu werden.

Ich habe hier bewußt darauf verzichtet, auf die geometrischen Prinzipien der Formation von Barbury Castle näher einzugehen, und zwar aus dem einfachen Grund, weil dieses Thema eine eigene eingehende Untersuchung erfordert. Allerdings möchte ich ein Detail hier nicht unerwähnt lassen, das sich auf die gezackte Spirale bezieht, die von einem kleinen Kreis im Mittelpunkt *auswärts* verlief, ehe sie in einem Eckpunkt des Dreiecks mündete. Das war nicht nur eine schwer durchführbare Leistung, sondern auch eine, die die Vorstellung stützt, daß es sich bei der gezackten Spirale um einen Transmissionspunkt handelt. War der kleine Kreis im Mittelpunkt der Spirale somit das Überbleibsel eines »Blitzschlages« von oben? Das ist gewiß ein interessanter Gedanke, der sich zudem auf faszinierende Weise mit der symbolischen Bedeutung der Gesamtfigur deckt.

Diese Deutung des Symbols behauptet also, daß sich die *Formation von Barbury Castle als alchimistische*

Version der Mandelbrot-Menge auslegen läßt, die beide als Diagramme von Chaos und Ordnung existieren. Natürlich hat sie als »Offenbarung« durchaus nichts Neues, denn sie ist im Laufe der menschlichen Geschichte bereits auf unterschiedliche Arten Mystikern und Weisen »offenbart« worden. Die alten Babylonier glaubten zum Beispiel, das »Chaos« habe viele Gesichter, und es ließe sich vertreten, daß die Formation von Barbury Castle eines dieser Gesichter darstellt, das die Möglichkeit birgt, zahllose andere – wenn nicht gar alle – Gesichter zu zeigen.

Als solches steht diese Darstellung auch für die Dreifaltige Gottheit und läßt sich somit als Mutter, Vater und Kind aller Kornkreise einstufen. Die Qualität, die dies möglich macht, das alchimistische Geheimnis des Lebens, kennt viele Namen, doch im Kern ist es das unbenennbare und unaussprechliche Wort Gottes. Dieses Wort läßt sich jedoch auf unendlich vielfältige Weise andeuten, und was in Barbury Castle ins Getreide geprägt wurde, war – ganz gleich, ob es sich um eine Fälschung handelte oder nicht – nichts weniger als ein würdiger Ausdruck des manifestierten Absoluten.

Ein Nachsatz zur Fälschungsfrage

Das Bild zu deuten, heißt natürlich nicht unbedingt zu erklären, wie es sich in der Nacht vom 16. auf den 17. Juli in einem Kornfeld materialisiert hat, und doch scheint es auf eine mögliche Ursache hinzuweisen: die einer »göttlichen« oder, wenn Sie wollen, »übernatürlichen« Kraft, die durch einen »Blitzschlag« wirkte. Enthüllt somit das Symbol selbst das Geheimnis seiner Entstehung? Oder wollten bislang Unbekannte bewußt eine solche Reaktion hervorrufen, indem sie gerade diesen Eindruck in Barbury Castle schufen?

An einer anderen Stelle dieses Buches berichtet Beth Davis über die Abbildung der Mandelbrot-Menge in Ickleton bei Cambridge. War es reiner Zufall, daß nicht eine, sondern zwei graphische Symbole der Transmutation – eine archaische und eine moderne – innerhalb weniger Wochen in den Feldern aufgetaucht sind? Macht es Sinn anzunehmen, daß sie das Werk unabhängiger Gruppen sind, die sich der symbolischen Kompatibilität der von ihnen gewählten Figuren gar nicht bewußt waren? Ich bezweifle es. Sie könnten allerdings auch von ein und derselben Gruppe stammen. Doch welchen Zweck sollte sie verfolgt haben? Den hier umrissenen Zusammenhang als eine Art groben kosmischen Schabernack graphisch aufzuzeigen? Wenn ja, dann zeugen ihre Bemühungen von einem scharfsinnigen Abstraktionsvermögen: dem eines anonymen Architekten-Magiers vielleicht? Zumindest sind einige von jenen, die die Fälschungshypothese derzeit untersuchen, dieser Ansicht und hegen den starken Verdacht, daß hier eine oder mehrere Personen mit im Spiel sind, die mit magischen Ritualen und heiliger Geometrie wohlvertraut sind. Wenn sich etwas davon als wahr erweisen sollte, sind Fälschungen auf diesem Niveau als Graffiti-Kunst von zunehmend beeindruckender Qualität einzustufen. Es könnte sich durchaus um mehrere Gruppen handeln, die miteinander konkurrieren. In diesem Fall dürften wir erwarten, daß das Niveau in dem Maße steigt, wie eine Gruppe sich den anderen als überlegen zu erweisen sucht, indem sie immer fantastischere Formen hervorbringt.

Meiner Ansicht nach waren jene, die die Formation von Barbury Castle hervorgebracht haben, allen anderen um Längen voraus, zumindest für einige Wochen. Doch heißt das nicht, unseren Glauben etwas zu sehr zu strapazieren? Es gibt noch einige andere Probleme bezüglich der Nacht, in der die Formation aufgetaucht ist, die möglicherweise etwas mit der Sache zu tun haben, und Gary Hardwicks Bericht über die Lichterscheinungen enthält ein möglicherweise wesentliches Detail, über das ich abschließend ein paar Worte sagen möchte.

Besonders interessant in diesem Zusammenhang war ein dünner, weißer Strahl, den wir als Bogen zur Erde niedergehen sahen. Er war nur ein paar Sekunden lang sichtbar, ehe er sich vor unseren Augen auflöste; der Strahl gab verdächtigerweise keinerlei Helligkeit an den umgebenden Himmel ab und erschien völlig in sich geschlossen. Er tauchte gegen ein Uhr morgens auf und erreichte den Boden genau nördlich von unserem Standort auf dem Parkplatz Needles Point. Als ich in dieser Nacht nach Hause kam, studierte ich einige Landkarten und schätzte ab, daß der Strahl den Boden irgendwo zwischen Clyffe Pypard und Wootton Bassett erreicht haben mußte.

Was ich zu diesem Zeitpunkt natürlich noch nicht wußte, war, daß im Laufe dieser Nacht in Wootton Bassett ein Kornkreis entstand, den manche als Fälschung einschätzen, was ich allerdings aufgrund dieses Strahls bezweifle. Es gibt keinerlei Hinweise, die belegen würden, daß dieser Lichtstrahl etwas mit dem Auftauchen dieses Kornkreises zu tun hatte, doch ein zufälliges Zusammentreffen dieser beiden, offensichtlich anomalen Ereignisse erscheint mir ebenso unwahrscheinlich wie jede andere vorgeschlagene Erklärung.

Obwohl uns dieser Lichtstrahl nicht hohl erschien, mag er gewisse Ähnlichkeiten mit dem Strahl haben, den Mary Freeman im Juli 1988 in Avebury gesehen hat, und bei meinen Versuchen, eine Deutung der Formation von Barbury Castle zu finden, hat sich mir die Frage aufgedrängt, ob der »Blitzschlag«, von dem ich oben gesprochen habe, mit einer Emission einhergehen könnte, wie Gary, Alison und ich sie beobachtet haben.

Das würde die faszinierende Möglichkeit eröffnen, daß etwas dieser Art zwei oder drei Stunden später auch in Barbury Castle Bodenkontakt gehabt hat. Das sind natürlich bloße Vermutungen, die sich nicht erhärten lassen. Sollten sie sich bestätigen, dann könnte das Symbol von einer Entität oberhalb der Erde gezeichnet worden sein, die ebenso unbekannt ist wie jene, die den Lichtstrahl in der Umgebung von Wooton Bassett zu Boden gesandt hat.

Der Aufseher von Barbury Castle wurde etwa gegen drei Uhr morgens von einem lauten Dröhnen geweckt, und eine ganze Schafherde wurde so aufgeschreckt, daß sie von jenem Hang flüchtete, unter dem die Formation aufgetaucht ist – zwischen sieben und acht Uhr morgens wurden sie verstreut auf der anderen Seite des Hügels gefunden. Interessant ist, daß sich ein ähnlicher Fall verschreckter Schafe einige Tage später in Lapworth, Warwickshire, zugetragen hat, als in der Nacht zum 19. Juli ein Einzelkreis in einem nahegelegenen Feld entstand.

Ich vermute, daß sich in der fraglichen Nacht etwas Außergewöhnliches in Barbury Castle zugetragen hat. Ob es einen Zusammenhang mit einem der anderen ungewöhnlichen Vorkommnisse gab, zu denen es in der Umgebung kam, kann ich nicht mit Gewißheit sagen, doch in einem Punkt bin ich mir sicher: daß die Nacht vom 16. zum 17. Juli sehr viel mehr Aufmerksamkeit verdient, als sie bislang erfahren hat, und daß sich – wie dieser Beitrag zu zeigen versucht – die Formation von Barbury Castle durchaus nicht so einfach wegerklären läßt; jene, die so schnell bei der Hand waren, sie zur Fälschung zu erklären, taten dies, ohne den Fall so gründlich zu untersuchen, wie es dieses Zeichen verdient.

Anmerkungen:

[1] *Western Daily Press*, 18. 7. 1991.

[2] Michell, John, »Geometry and Symbolism at Barbury Castle«, in: *The Cerealogist*, Nr. 4, Sommer 1991, S. 24f. Dieser Aufsatz liegt in einer deutschen Übersetzung vor in: *Spuren im Korn*. Herausgegeben von Jürgen Krönig. Frankfurt am Main: Zweitausendeins [2]1992, S. 171.

[3] *Global Link-Up*, Nr. 49, Okt./Nov. 1991.

[4] De Rola, Stanislas Klossowski, *Alchemy: The Secret Art*, Thames & Hudson, London, 1973, S. 120ff; dort finden sich alle acht kosmischen Diagramme und das Originaltitelblatt mit dem Zitat aus Deuteronomium 33, 13–16, es beginnt: »Gesegnet vom Herrn ist sein Land mit dem Köstlichsten vom Himmel droben, dem Tau, und mit der Flut, die drunten liegt...«. Der letzte Teil dieses Satzes ist deshalb interessant, weil im Falle von Barbury Castle »drunten« wässriger Kalk lag, seine »Erde« also sowohl fest als auch wässrig war.

[5] Fabricius, Johannes, *Alchemy*, Aquarian Press, London, 1989, S. 53.

[6] Halevi, Z'ev ben Shimon, *The Tree of Life*, Rider, 1972, Repr. Gateway Books, 1991; dt.: *Der kabbalistische Weg zur Bewußtseinserweckung: Der Baum des Lebens in der Schau unserer Zeit*, Freiburg i. Br., 1975; enthält eine nützliche und überaus erhellende Einführung in die Kabbala.

[7] Butler, W.E., *Lords of Light*, Destiny Books, 1990, S. 102.

[8] Michell, J., a. a. O. (s. Anm. 2).

BETH DAVIS

EIN APFELMÄNNCHEN IM KORN

Zur Mandelbrotformation von Ickleton

Wenn es gleich wahr ist, [...] daß Gott in die Kräfte der Natur eine geheime Kunst gelegt hat, sich aus dem Chaos [...] zu einer vollkommenen Weltverfassung auszubilden, wird der Verstand des Menschen [...] in so großem Vorwurfe die verborgenen Eigenschaften zu erforschen vermögend sein?

Immanuel Kant, *Allgemeine Naturgeschichte und Theorie des Himmels*

Diese wunderschöne Formation war die erste mit einer erkennbar modernen Form. Sie wurde am 12. August 1991 in der Nähe des Dorfes Ickleton in Cambridgeshire entdeckt, gut 15 Kilometer südlich der Universitätsstadt Cambridge. Nur zwei Felder weiter verläuft der Icknield Way, ein prähistorischer Handelspfad. Die Formation lag genau auf einer Linie mit einem einfachen, rechtsläufig gewundenen Kreis, der im Juni im Kirchspiel Fowlmere weiter nordwestlich aufgetaucht war.

Die Bauern ringsum hatten in dieser Woche ihre Felder abgeerntet und nichts von der Formation bemerkt, bis sie die Neuigkeit am Dienstag erfuhren. Hugh Rayborne, auf dessen Land sie auftauchte, erklärte, er habe keine Ahnung, wie sie entstanden sei. Chris Bates, ein Landwirt und ehemaliger Hubschrauberpilot, überflog die Formation mit einem Freund und machte eine Filmaufnahme, die John Macnish später für seinen Videofilm über diese Saison, *Crop Circle Communique*,[1] verwendete. Seiner Ansicht nach kann sie nicht von herkömmlichen Landmaschinen stammen.

An eine Herzform (eine sogenannte Kardioide) schlossen sich wie Anhänger zwei Kreise an, und der Herzrand war mit Kreisen wie mit Juwelen besetzt. Zwischen den größeren Kreisen am Rand der Kardioide lagen winzige Kreise, die aus der Luft kaum zu erkennen waren. Eine Traktorspur verband die Formation in der Verlängerung der anhängenden Kreise mit einem separaten, kleinen Kreis. Die Formation war präzise ausgeführt und fast vollkommen in ihrer Achsensymmetrie, bis auf eine leichte Verzerrung nach Osten.

Dick und Mary Wombwell, die die umliegenden Felder bewirtschaften, haben die Formation mehrmals mit ihrer Familie besucht. Dick Wombwell erzählte mir später, wie überwältigt er war, als er sie zum erstenmal betrat. »Das Korn war im Uhrzeigersinn flach gelagert, alle Halme waren im gleichen Abstand über dem Boden gebogen, in gut einem Zentimeter Höhe, die Halme waren nicht geknickt, und die Ähren waren unversehrt. Die Körner waren noch in der Spelze, obwohl es nur noch zehn Tage bis zur Ernte war«. Mary Wombwell und ihre Schwiegertochter bemerkten die einzelnen Halme stehenden Weizens zwischen den Kreiselementen. »Niemand hätte das im Dunkeln machen können, und wenn sie Lichter zu Hilfe genommen hätten, müßten wir sie vom Haus aus gesehen haben.«

Gelegentlich gibt es in der Umgebung von Cambridge Meldungen über Lichterscheinungen. Mrs. Urwin fuhr am 11. August mit ihrem Sohn auf der B1102 Richtung Swaffham Bulbeck nach Hause. Es war 1.15 Uhr morgens. Sie bemerkte eine silbrigblaue Lichtkugel, die in knapp zehn Metern Abstand neben ihrem Wagen herflog. Das Licht folgte dem Wagen etwa zehn Sekunden lang, und als es mit dem Wagen zusammenzustoßen schien, verschwand es plötzlich. Am Abend zuvor war ein ähnliches Licht in Great Wilbraham gesichtet worden. Das war einen Tag vor Entstehung der Mandelbrotformation, und die *Cambridge Evening News* berichteten über diese Vorfälle.[2]

Kontroverse in Cambridge

Erst am Donnerstag, den 15. August, wurde die Nachricht durch die Lokalpresse in Cambridge bekannt. Ein Fotograf von der überregionalen Zeitung *The Daily Mail* hatte auf die Einladung von Cherrey-Downes, ihn auf einem Flug zu begleiten, Aufnahmen der Formation gemacht, die allerdings nicht veröffentlicht wurden; in der Lokalpresse erschienen jedoch Fotos.[3] Die zunächst als herzförmig bezeichnete Formation wurde in Cambridge bald als Darstellung einer Mandelbrot-Menge aus der fraktalen Geometrie erkannt. Es hätte kaum eine geeignetere Chiffre für Cambridge geben können.

Eine Mandelbrot-Menge ist ein äußerst faszinierendes Gebilde unendlicher Dimension, das sich mit Hilfe eines Computers mathematisch konstruieren läßt. Die Figur in Ickleton war keine perfekte Abbildung dieser Menge und besaß auch keine »Solarflares«. »Solarflares lassen sich in der computererzeugten Figur von der Formel her nicht eliminieren, es sei denn, daß sie künstlich getrimmt würde«, soll Dr. David Battison, ein Computerfachmann aus Cambridge, erklärt haben.

Entdeckt hat die Mandelbrot-Menge, die als komplexestes Gebilde der Mathematik gilt, Dr. Benoit Mandelbrot, als er in den sechziger Jahren Hochleistungscomputer zur graphischen Darstellung von Fraktalen einzusetzen begann (siehe James Gleick, *Chaos*[4]). Als Dr. Mandelbrot von der Formation erfuhr, war er angenehm berührt, zu hören, daß seine Theorie Fuß faßt. »Es ist sicher erfreulich, auf diese Weise in Erinnerung zu bleiben. Aber ich kann Ihnen sagen, daß ich dafür nicht verantwortlich bin. War es ein Studentenulk? Ich glaube nicht, daß es das Werk Außerirdischer ist, ich bin gespannt, wie die nächste [Formation] aussieht.« So berichtete es der *Sunday Telegraph* am 25. 8. 1991.

Die Debatte war eröffnet: Es konnte sich nur um eine Fälschung handeln! In den Tageszeitungen von Cambridge häuften sich die Leserbriefe, und die Gerüchteküche brodelte. »War es das Werk von Ingenieurstudenten? Der Fachbereich Mathematik? – Ein Mathematikstudent!« verlautete es vernehmlich eines Abends am Dozententisch der Mensa. Ja, das war bestimmt die Antwort. Dieser Hinweis wurde weitergeleitet an Montague Keen, ein Agronom und Forschungsmitglied des Centre for Crop Circle Studies. Als die Studenten nach den Sommerferien wieder nach Cambridge kamen, kursierten weitere Gerüchte. Das Centre for Crop Circle Studies beschloß, sich mit den Fälschern zu treffen, mit dem einen Mathematikstudenten oder den sechs Ingenieurstudenten. Montague Keen erhielt vom stellvertretenden Rektor der Universität die Zusage, daß ein »geständiger« Student nicht mit Disziplinarmaßnahmen zu rechnen hätte, und forderte in der Unizeitung, die in einer Auflage von über 10 000 Exemplaren an Collegeangehörige verteilt wird, die Fälscher auf, sich zu melden.

Die einzige Reaktion bestand in einem Brief, den ich Anfang 1992 erhielt und in dem der Schreiber erklärte, er sei der Mathematiker, der im Verdacht stehe, die Formation angelegt zu haben. Er habe sie nicht gemacht, hätte allerdings gerne Informationen über die Formation für alle im Fachbereich Theoretische Mathematik, die sich sehr dafür interessierten. Als wir uns trafen, kommentierte er die Abbildung der Formation mit den Worten: »Das ist nicht perfekt, kein Mathematiker hätte das so gemacht – vielleicht waren es ein paar Ingenieurstudenten«. Von den Fotos war er jedoch fasziniert. Stephen Hawking zufolge, einer der führenden Kosmologen unserer Tage und Autor des Bestsellers *Eine kurze Geschichte der Zeit*, war es »mit ziemlicher Sicherheit ein Ulk«.

Die Mandelbrot-Menge im Getreide

Ich habe die Formation am Freitag, den 16. August, nach Feierabend gemeinsam mit Freunden besucht. Wir folgten der Wegbeschreibung des Bauern und überquerten einige Stoppelfelder mit dem Wagen. In Augenhöhe war nichts weiter zu sehen als ein reifes Kornfeld in der Nähe von Welches Wood, einem Wäldchen, das sich von der Straße aus sichtbar auf der Hügelkuppe erstreckt, die sich neben dem flachen Tal mit dem Icknield Way erhebt. Die Sonne stand bereits tief am Horizont, als wir von der Hecke am südlichen Feldrand aus durch die Traktorspuren auf das Wäldchen zugingen und in eine der herrlichsten Formationen stolperten. Wir betraten die Herzform von der Spalte her. Die Sonne sank schnell und ließ das flach gelagerte Getreide in intensivem Licht aufleuchten. Wie ein Spitzenvorhang erhob sich die Silhouette des stehenden Weizens am Rand. Einzelne stehende Halme grenzten die verschiedenen Elemente der Formation fein säuberlich voneinander ab – ein äußerst filigraner Zug.

Auf meine Nachricht hin – »Da ist eine herrliche Formation, herzförmig, aber unregelmäßig« – kam George Wingfield mit seiner Familie nach Cambridge. Ich zeichnete die Formation auf den Küchentisch und erfuhr von George, daß es eine Mandelbrot-Menge war. Bis dahin hatte ich mich damit zufrieden gegeben, sie als Mandala oder Labyrinth mit Parallelen in der Vorzeit zu sehen, wie sie in alten Kultstätten der ganzen Welt zu finden sind, und ihre Ähnlichkeit mit einem Symbol in Tintagel, Cornwall, festzustellen. Es handelt sich dabei um Symbole der spirituellen Entwicklung und der Initiation.[5] Die Windung des gelagerten Getreides betonte den Pfad, wie er entstanden sein könnte, wenn jemand den Linien eines Labyrinthes folgte.
Wir fuhren nachmittags hinaus und saßen auf dem spiralförmig gewundenen Getreide der Formation. Um uns stand eine Wand aus reifem Korn, durchbrochen

von kleinen Kreisen aus Kornspiralen. Winzige Kräuter hatten sich einen Weg zwischen den gelagerten Weizenhalmen hindurch gebahnt und blühten, wilde Stiefmütterchen, Rote Miere und Erdrauch. Auch in anderen Kreisen war mir dieses Grün schon aufgefallen, die Pflänzchen nutzten das Licht, als sei das Feld abgeerntet. Am Sonntag hatte George Wingfield Gelegenheit, die Formation zu überfliegen; auch andere Bekannte überflogen sie mit Ultraleichtfliegern. Währenddessen kehrte ich zu der Formation zurück, um sie zu fotografieren und die Vermessung zu vervollständigen. Keiner von uns wußte damals, wie kostbar diese Zeit noch werden sollte!

Merkmale und Meßdaten der Formation

Kernstück der Formation war eine Herzform oder eine Kardioide mit exakt verteilten Kreisen am Außenrand, die symmetrisch zur Mittelachse lagen. Zwischen und auf drei seitlichen Kreisen waren weitere winzige Kreise.

Die inzwischen vertrauten Merkmale der Kornkreise fanden sich auch im Inneren dieser Formation: die um einen Mittelwirbel rechts- oder linksläufig spiralförmigen Bodenmuster und ein scharf abgegrenzter Rand mit einer Wand aufrecht stehenden Getreides; die Ausrichtung entlang einer Traktorspur, die die Verbindung zwischen Hauptfigur und Aus- oder Ableger der Mandelbrot-Menge herstellte, und die Nähe zu einem Wäldchen und zu frühzeitlichen Grabstätten, die auf früher entstandenen Luftaufnahmen im östlich angrenzenden Feld zu erkennen waren.

Auf der Luftaufnahme ist die Kardioidform deutlich zu sehen. Vom Mittelwirbel aus verliefen die Spiralwindungen im Uhrzeigersinn in konzentrischen Kreisen, leicht oval, um auf die Länge der Kardioide zu kommen, und verengten und weiteten sich entsprechend der Form der Herzhälften und des Spaltes. Die Hälften waren ungleichmäßig. Dieses Merkmal ist in großen

DAS LABYRINTH. Die Mandelbrot-Menge enthält innerhalb der Kardioide die Form eines Labyrinths, das seit alters her als Symbol der Seelenwanderung gilt. Bei der Geburt tritt der Mensch in das Labyrinth ein und folgt einem Weg geistiger Erleuchtung. Der Weg beschreibt klar umrissene Kehrtwenden, die den Namen »Große Wende« und »Kleine Wende« tragen; es sind Punkte der Initiation auf dem Weg zur Erfüllung. Ziel ist der Mittelpunkt des Labyrinths, an dem die Seele das Licht der völligen Erleuchtung erlangt und wiedergeboren wird.

Die Spirale mit den deutlich erkennbaren Wendeschleifen, die auf vorzeitlichen Grabstätten zu finden ist, mag ein Symbol für den Tod und die Rückkehr in den Schoß der Erde symbolisieren, wo die Seele wiedergeboren wird. Das Labyrinth kann auch symbolisch für den kosmischen Tanz stehen und die Planeten und Atome darstellen, wie sie im Schöpfungsprozeß der Materie aus dem Chaos um eine zentrale Kraft herumwirbeln – das göttliche Licht.

Kreisformationen häufig anzutreffen, ganz so, als sei eine Schablone verwendet worden, die jedoch nicht plan auf dem Untergrund gelegen hat. Die östliche Hälfte war größer als die westliche. Alle Kreise wiesen die gleiche Unregelmäßigkeit auf: eine exzentrische Lage des Mittelwirbels. Die Wände und die kleineren Außenkreise waren präzise geschnitten; der Übergang zwischen flach gelagerten und aufrecht stehenden Halmen wirkte fast mechanisch genau. Am Rand der Kardioide reichten ein paar rechtsläufig gewirbelte Halme in die linksläufig gewundenen Lagen der angrenzenden Kreise hinein. Das auffallendste Merkmal waren die filigranen Ränder stehenden Getreides zwischen den Außenkreisen und der Kardioide. Diese Kreise waren so exakt eingeprägt, daß sich das Band stehenden Getreides an den Berührungspunkten zweier Kreiselemente allmählich von mehreren Pflanzen zu einer einzigen verjüngte und schließlich nur noch aus einem Halm bestand. Entlang der Traktorspuren und vor allem in den kleinsten Kreisanhängseln sind einzelne Halme bei Entstehung der Formation aufrecht stehen geblieben.

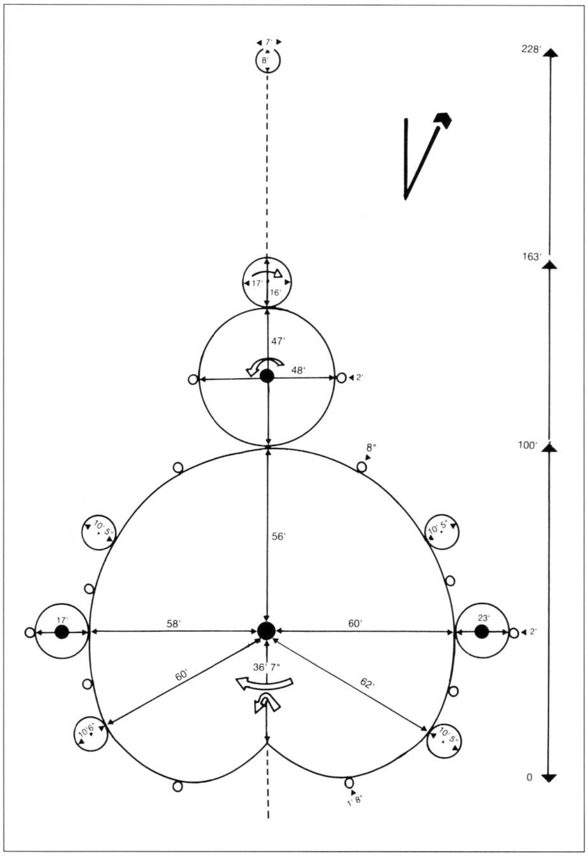

Jeder der größeren Kreise wirkte wie eine umgestülpte Untertasse, so dick waren die Getreidelagen. Die Mittelwirbel waren jeweils frei von Halmen und leicht konkav in den Boden gewölbt. Die kleinsten Kreise hatten einen Durchmesser von sechzig Zentimetern. Die Halme waren knapp über dem Boden zu kleinen, rechtsläufigen Nestern gebogen, wiesen aber offensichtlich keinerlei Beschädigungen oder Knicke auf.

In Cambridge wird Winterweizen gewöhnlich Mitte August geerntet. Ein Bauer aus der Nachbarschaft, der in der Nähe Erbsen erntete, erklärte, seiner Ansicht nach wäre der Weizen auf diesem Feld in etwa zehn Tagen erntereif gewesen. Als die Formation entstand, war das Getreide goldgelb und wies keinerlei Windschäden auf. Es bot also ideale Bedingungen, eine Formation einzuprägen. Die Halme waren dicht über dem Boden flach gelagert, ohne offensichtliche Knicke oder Brüche an den kritischen Punkten nahe der Herzspalte, wo die Traktorspuren den Richtungswechsel der Randlinie markierten. Das Kreismuster begann 4,90 Meter von der Herzspalte entfernt. Der Übergang, der vom Boden aus gesehen etwas unordentlich wirkte, ist auf der Luftaufnahme deutlicher zu erkennen.

Nach der Kompaßpeilung wies die Mittelachse der Formation auf 334° Nord. Der Abstand zwischen den Randelementen betrug, gemessen vom Mittelpunkt, jeweils etwa 30°. Die Kreise am Rand teilten die Formation in zwölf gleich große Segmente, die zwischen

DIE MANDELBROT-FORMATION, die am 10. August 1991 in Ickleton, gut 15 Kilomter südlich von Cambridge auftauchte, kaum anderthalb Kilometer von der St. Michaels-Leylinie und dem prähistorischen Icknield Way entfernt. Maßstabsgetreue Skizze mit Angabe der Nordrichtung von Beth Davis. (*O. S. Ref. TL 467414*) den größeren Randkreisen jeweils durch winzige Kreise halbiert wurden. Diese Radiallinien habe ich auch mit der Wünschelrute aufgespürt.

Das Ende der Formation

Am Montag, den 19. August, begann die Ernte; der Mähdrescher schnitt zuerst eine Bahn durch die Mittelachse der Mandelbrotformation. John Haddington, ein Förderer des Centre for Crop Circle Studies, machte Luftaufnahmen wie später auch Dr. David Wilson. Das Bodenmuster der Mandelbrotformation blieb erhalten. Im Laufe der Woche kamen die Pressen, um das Stroh zu Ballen zu pressen, die anschließend auf dem Feld liegen blieben, bis sie abgeholt wurden.

Am folgenden Samstag bemerkte der Sohn eines benachbarten Bauern Rauch von einem Feuer auf diesem Feld. Er rief die Feuerwehr an und ließ den Pflüger, der für den Besitzer arbeitete, eine Schneise um die Mandelbrotformation pflügen, um das Feuer einzudämmen. Die nicht abgeernteten Getreidehalme brannten wie Zunder. Niemand konnte sich erklären, wie das Feuer entstanden war; die Hecke am Südrand des Feldes und das Wäldchen waren unversehrt. Der Wind hatte die Flammen offenbar über das Feld in die Mandelbrotformation getrieben. In den Gasthäusern des Ortes kursierten Gerüchte, es sei das Werk des Militärs oder anderer Eindringlinge gewesen. Wer weiß? Nach dem Brand war die Mandelbrotformation aus der Luft noch gut zu erkennen, auch am Boden ließ sie sich noch gut genug ausmachen, so daß Chris Phillips, John Sayes, Mathew Gregory und Michael Inns sie in Augenschein nehmen konnten. Der kleinste Kreis blieb von den Flammen verschont, und Michael Inns konnte noch einige Weizenhalme fotografieren. Im September fand ich allerdings in dem tiefgepflügten Feld keinerlei Anzeichen des Brandes mehr.

Anmerkungen:

[1] Mcnish, John, *Crop Circle Communique*, (Video) 1991.
[2] *Cambridge Evening News*, 15./16./22. 8. 1991.
[3] Ebenda.
[4] Gleick, James, *Chaos*, Cardinal Books, 1988; dt.: *Chaos – Die Ordnung des Universums*, München, Drömer/Knaur, 1988.
[5] Purse, Jill, *The Mystic Spiral*, Thames & Hudson, London, 1974.

John Michell

EIN VORGANG JENSEITS UNSERER KONTROLLE

Menschen und Anomalien

1992 war ein Jahr der Betrügereien und Verdächtigungen. Fälscherteams waren nachts in Kornfeldern aktiv. Formationen erschienen in denselben Feldern wie in den vorhergehenden Jahren, unter den Augen der Forscherinnen und Forscher, die diese Felder bewachten. Es entwickelte sich der Verdacht – fast die Gewißheit –, daß einige der Forscher selbst Fälscher waren. Freundschaften und Beziehungen zerbrachen, und viele der Gruppen, die sich der Erforschung der Kornkreise widmeten, lösten sich entweder auf oder waren von inneren Meinungsverschiedenheiten gelähmt.

Nahezu alle leitenden Forscherinnen und Forscher erlebten eine Art emotionaler oder psychologischer Krise. Die entscheidenden Dinge, die sich ereignen, finden unmittelbar in der Zeit statt, in der wir leben, und wir haben noch nicht den Vorteil, sie aus einer historischen Perspektive betrachten zu können. Es wäre deshalb vermessen, die Auswirkungen dieser Ereignisse auf Individuen zu analysieren. Offensichtlich ist jedoch, daß etliche der Personen, die am stärksten in die Untersuchung der Kornkreise verwickelt sind, von verschiedenen Psychosen geplagt werden. Sie reichen von Paranoia und ausgeprägter Verschwörungstheorie (der Glaube, daß dunkle, internationale Mächte daran arbeiten, das Phänomen und den eigenen Ruf in Mißkredit zu bringen) bis zu dem Glauben, daß eine bösartige oder dämonische Form von Arglist bestimmte Forscher dazu veranlaßt, andere zu täuschen und Fallen für sie auszulegen.

Im Zentrum der psychischen Wirren befand sich ein Team aufrichtiger, engagierter Wissenschaftlerinnen und Wissenschaftler, das »Project Argus«. Mitglieder dieser Gruppe hatten 1991 eine erste Studie angefertigt, für die sie Proben von Körnern, Halmen und Erde aus Kornkreisen entnommen und zur Analyse an amerikanische Laboratorien geschickt hatten. Die Ergebnisse dieser Tests ergaben bestimmte auffällige Anomalien, die weitere Untersuchungen rechtfertigten. Das Argus-Team hatte während der Saison 1992 seine Basis in Alton Barnes in Wiltshire, wo in den beiden vorangegangenen Jahre eindrucksvolle Ringe und Piktogramme erschienen waren. Als sie an die Arbeit gingen, tauchten um sie herum neue Piktogramme auf, aber bei allen gab es den mehr oder weniger begründeten Verdacht, daß sie von Menschen gemacht worden waren. Selbst die Besonnensten im Argus-Team hatten das Gefühl, sie würden aus dunklen Gründen von unbekannten Peinigern verfolgt. Dieser Eindruck wurde durch gehässige anonyme Briefe, die sie erhielten, und andere feindselige Äußerungen verstärkt (und scheinbar bewiesen).

All diese Vorfälle konnten als das Werk einer Gegengruppe erklärt werden, die sich aus irgendwelchen Gründen damit befaßte, das Project Argus zu sabotieren und ihre Mitglieder zu demoralisieren. Eine solche Erklärung bedarf allerdings selbst einer Erklärung. Wer war in dieser Gegengruppe und warum? Was motivierte sie? Es ist schließlich nicht normal, seine Sommernächte damit zu verbringen, die relativ unauffällige Untersuchungsarbeit an einer Randerscheinung in Mißkredit zu bringen – und das bei jedem Wetter und immer in der Gefahr, entdeckt zu werden. Konnte es tatsächlich eine solche organisierte Gegengruppe geben?

Ein weiteres Hindernis für das Project Argus waren einige der wohlmeinenden Besucher, die durch sie angezogen wurden. Unter den harmlosen, aber ihre Zeit verschwendenden Exzentrikern waren Seherinnen und Seher, »channellers« und Erfinder von Energiesuchgeräten. Spirituelle Führerinnen und Führer und ihre New Age-Anhänger fühlten sich veranlaßt, die Kornkreisfelder zu besuchen. Einer von ihnen, ein charismatischer Amerikaner mit einer langen Erfahrung in der Kommunikation mit UFOs, gewann einen Ortsansässigen für sein Unternehmen, Lichter in den Himmel zu senden und Antworten abzuwarten. Die Berichte über das, was folgte, sind widersprüchlich. Einige Enthusiasten behaupteten, daß sie antwortende UFO-Lichter gesehen hätten, während andere nichts Ungewöhnliches bemerkten.

Menschen, die fälschen, lügen, auf Sensationen aus sind, möglicherweise eine verschworene Gegengruppe – diese realen oder eingebildeten Charaktere prägten 1992 die Gespräche der Kornkreisforscher. Die vorgeblichen Aktivitäten solcher Personen lenkten die Aufmerksamkeit von den rätselhaften Zeichen ab, die weiterhin in den Kornfeldern von Wiltshire, Devon, Gloucestershire, Sussex, Norfolk und anderen Counties Englands erschienen, ebenso wie in neuen Ländern, z. B. in Belgien und Ungarn. Die erfahrenen Expertinnen und Experten, die in früheren Jahren nicht gezögert hatten, die meisten Kreise und Piktogramme als nicht menschlichen Ursprungs zu identifizieren, verloren ihre Selbstsicherheit und mußten sich darauf beschränken zu raten. Die Schätzungen über den Anteil gefälschter Formationen gingen bis zu 99 Prozent, und niemand unter den Experten war in der Lage, sicher zu sagen, ob ein bestimmter Kornkreis »echt« oder von Menschen angefertigt war. Selbst George Wingfield, einer der aktivsten und scharfsinnigsten von ihnen, der der Überzeugung war, daß Kornkreise auf nicht menschliche Ursachen zurückzuführen sind, lehnte es ab, irgendeine positive Identifizierung vorzunehmen. Mir fallen als Vergleich dazu die Kuratoren einer Kunstgalerie ein, die wissen, daß einige Bilder in ihrer Kollektion Fälschungen sind, aber nicht entscheiden können, welche.

Als Folge dieser sowohl physischen als auch psychologischen Vorfälle und Entwicklungen entstand eine Atmosphäre völliger Verwirrung. Etliche der Veteranen und viele der weniger festgelegten Kornkreisenthusiasten gaben die Sache verärgert oder desillusioniert auf. Diejenigen, die übrigblieben, sind desorientiert und voll gegenseitigen Mißtrauens. Dieser desolate Zustand könnte gleichwohl etwas Wertvolles enthalten, einen Hinweis oder einen Schlüssel für die grundlegende Natur des Phänomens.

Die Kornkreise haben sich am offensichtlichsten auf die Gedanken und das Leben der Menschen ausgewirkt, die sie studieren und die sich am engsten mit ihnen beschäftigen. Kornkreise sind ein packendes Phänomen, das die Aufmerksamkeit derjenigen fesselt, die es erforschen. Das geht teilweise bis zur Besessenheit. Einige Forscher haben sich von ihrer Arbeit zurückgezogen, um sich rund um die Uhr mit Kornkreisen befassen zu können. Andere verbringen den ganzen Sommer in Zelten oder Wohnwagen, besuchen am Tag neue Formationen und bewachen in der Nacht Felder. Die Kornkreise beherrschen ihre Gedanken und Gespräche, sogar während der acht Monate, die zwischen der Ernte und dem neuerlichen Wachsen des Getreides liegen.

Viele dieser Menschen sagen, daß ihr Leben bereichert wurde und sich ihre Interessengebiete im Zuge ihrer Beschäftigung mit dem Gegenstand ausgeweitet haben. Das ist im allgemeinen bei den Personen der Fall, die sich dem Phänomen ohne große Ansprüche und Forderungen näherten. Alle selbsternannten Experten und Expertinnen dagegen, alle dogmatischen Theoretikerinnen und Theoretiker, alle, die behaupteten, irgend etwas zu wissen oder Beweise für etwas zu haben, ernteten unweigerlich den Lohn, den eine solche Hybris normalerweise heraufbeschwört. Einige der lautstärksten »Experten« wurden öffentlich gedemütigt, weil sie Formationen als echte Produkte nicht menschlicher »Kornkreismacher« identifizierten, von denen sich herausstellte, daß Skeptiker sie mit dem Ziel angefertigt hatten, ihnen eine Falle zu stellen. In anderen Fällen gerieten bestimmte Glaubensvorstellungen und Theorien durch die nachfolgende Entwicklung des Phänomens in Mißkredit. Wurden in der ersten Zeit alle möglichen Arten von Theorien willig übernommen und verteidigt, so herrscht jetzt eine völlige Leere. Niemand hat eine gute Erklärung für Kornkreise, und fast jeder hat sich damit abgefunden, seine Unwissenheit einzugestehen.

Die Auswirkungen des unbekannten Kornkreisproduzenten zeigen sich auf zwei Ebenen. Zum einen gibt es Zeichen in den Getreidefeldern. Es sind organisierte, wiederkehrende Symbole und deshalb ist anzunehmen, daß sie planmäßig und absichtsvoll geschaffen werden. Auf der zweiten Ebene gibt es die Auswirkungen des Phänomens auf die Gedanken und das Verhalten von Menschen. Wenn die einen Effekte geplant und mit einer Absicht verbunden sind, so könnte das auch für die anderen zutreffen. Diese Annahme führt zu der Erkenntnis, daß wir nicht in der Lage waren, das Phänomen zu kontrollieren, es vorherzusagen oder zu verstehen. Es hat sich völlig selbständig entwickelt, ohne Rücksicht auf das, was Menschen wünschten oder hofften. Es hat die Sitution völlig unter Kontrolle, es kontrolliert selbst die Art und Weise, wie wir auf es antworten oder reagieren.

Der Gedanke, daß wir die Sache nicht unter Kontrolle haben, daß wir das Objekt einer nicht menschlichen Form von Einfluß sind, durch die wir geleitet und bestimmt werden, ist ein schmerzhafter Schlag für unser modernes Selbstbild. Theoretisch mögen wir einräumen, daß es höchste Zeit für diese neue Entwicklung ist, weil wir uns zu sicher geworden sind, in einem uns weitgehend unbekannten Universum die überlegene Intelligenz zu sein. Aber die plötzlich auftauchende Möglichkeit, daß ein fremder Wille unsere Gedanken und Aktionen beherrscht, ist alarmierend. Diese Möglichkeit bringt uns umgehend davon ab, die Ursache des Phänomens zu erforschen und lenkt unsere Aufmerksamkeit auf die wichtigere Frage: welcher Art ist dieser Geist, Wille oder diese Absicht, die ihre Macht über uns demonstriert?

Die bisherigen Vorkommnisse können uns eigentlich beruhigen. Über Nacht sind in Getreidefeldern Kreise und Symbole erschienen. Sie waren harmlos, schön, kunstvoll und geistig anregend. Sie haben mit einem geringstmöglichen Schaden eine größtmögliche Wirkung erreicht. Niemand hat durch sie irgendeinen Verlust erlitten, und sie haben niemandem Angst eingejagt oder eine Panik ausgelöst. Gleichzeitig haben sie Entschlossenheit erkennen lassen, denn sie haben jede Theorie, die auf sie angewandt wurde, entkräftet. Jeder, der vorgab, etwas über sie zu wissen oder sie erklären zu können, wurde unmißverständlich zurechtgewiesen. Selbst in dieser Hinsicht war das Phänomen bemerkenswert gerecht und freundlich. Überhebliche Forscher wurden verletzt, aber nur in ihrem Stolz und in ihrer Eitelkeit, und das könnte sich für sie als eine Lektion herausstellen, die ihnen noch großen Nutzen zu bringen vermag. Das Phänomen hat alle Ideen und Vorurteile über es so wirkungsvoll zum Schweigen gebracht, daß in der Welt der Kornkreisstudien die Stimmen der Erklärerinnen und Erklärer fast vollständig verstummt sind. Es hat schnell und effektiv sein Ziel erreicht, unsere stille, ehrfürchtige Aufmerksamkeit.

Nach dem, was wir bis jetzt gesehen haben, ist eindeutig eine respektvolle Annäherung an das Kornkreisphänomen gefragt. Es steht etwas sehr Mächtiges hinter den Kornkreisen. Wie wir oben schon festgestellt haben, wurden etliche der aktivsten und hingebungsvollsten Forscherinnen und Forscher von Formen der Paranoia geplagt und sind zeitweise verunsichert (möglicherweise aus gutem Grund und mit heilsamen Auswirkungen). Wenn wir das Phänomen nach seinem bisherigen Auftreten beurteilen, korrigiert es konsequent, aber ökonomisch die halsstarrigen, ichbezogenen Elemente seiner Anhänger.

Was auch immer die unmittelbaren Ursachen für Kornkreise sein mögen – und das Ausmaß einer menschlichen Beteiligung an ihnen ist eine völlig ungelöste Frage –, das Phänomen als Ganzes kann als ein psychischer Angriff auf die irdische Ordnung der Dinge betrachtet werden. Der Esoteriklehrer Joscelyn Godwin verglich es in einem weitsichtigen Artikel in dem Journal *The Cerealogist* mit anderen psychologischen Ausbrüchen während der letzten hundert Jahre. In der Geschichte des Spiritismus, der Theosophie, der Ufologie und ähnlicher Episoden ist ein bestimmtes Muster zu erkennen. Eine Reihe seltsamer Geschehnisse zieht stark die Aufmerksamkeit auf sich und regt die Vorstellungskraft an. Die Gedanken der Menschen sind auf neue Denkweisen eingestellt, Hoffnungen auf das tausendjährige Reich Christi entwickeln sich, Offenbarungen werden erwartet.

Ein solches Phänomen zieht nicht nur ehrliche Menschen an, sondern auch alle Arten von Fälschern und Verrückten. Betrügereien, Schwindel und Desinformation überschwemmen das Phänomen, bringen es in Mißkredit und schrecken vorsichtigere Forscherinnen und Forscher ab. Die Rätsel schwinden dahin, und sensationslüsterne Menschen sorgen für immer neue Aufregungen. Aber bislang wurde nichts wirklich erklärt. Das Phänomen bleibt in seinem Kern so mysteriös, wie es am Anfang war. Die aktuelle Bedeutung von Vorgängen, wie Godwin sie beschrieben hat, liegt darin, daß sie im Geist derjenigen, die ihren Einfluß verspürt haben, ihr Zeichen hinterlassen. Sie verändern so das Weltbild gegenwärtiger und zukünftiger Generationen.

Die Kornkreise und frühere geistesverändernde Vorgänge, wie sie Godwin erwähnte, unterscheiden sich allerdings insofern voneinander, als das gegenwärtige Phänomen andauernder, dringlicher und in seiner Absicht direkter zu sein scheint als alle seine Vorgänger. Die auf der Hand liegende Erklärung dafür ist, daß die Krise der heutigen Zeit verzweifelter ist als jede bisher bekannte und drastische Situationen drastische Mittel erfordern. Carl Gustav Jung hätte Kornkreise zweifellos in derselben Weise betrachtet, wie er UFOs sah. Sie waren für ihn gleichermaßen Träger wie Handelnde radikaler und notwendiger Veränderungen der vorherrschenden Weltsicht. Solche Veränderungen sind offensichtlich notwendig. Menschen, die sich der Kornkreisforschung gewidmet haben, sehen diese Notwendigkeit besonders stark, und es ist unrealistisch zu erwarten, daß ein derartiger Umwandlungsprozeß immer sanft und leicht vor sich geht. Mentaler Streß und zeitweise Unausgeglichenheit sind mit ihm verbunden. Sie treten je nach den unterschiedlichen Eigenschaften des betroffenen Geistes in unterschiedlichem Ausmaß auf. Der brauchbarste Rat, der Menschen gegeben werden kann, die das Gefühl haben, von diesem Prozeß betroffen zu sein, ist sicherlich: Abwarten und Schauen.

»Abwarten und Schauen«, sagt auch Jocelyn Godwin am Schluß seines Artikels. Das ist die einzige klare Botschaft, die er nach seinem Nachdenken über Kornkreise erkennen kann. »Diese Botschaft könnte die wertvollste Lektion von allen sein, da sie zu einer offenen Geisteshaltung ermutigt und dazu, Unsicheres und Paradoxes zu akzeptieren, sowie den Sinn dafür weckt, Wunder zu erwarten.«

ANHANG

Weiterführende Literatur

Appleyard, Bryan: *Understanding the Present – Science and the Soul of Modern Man*. London: Picador 1992.

Ash, David und Peter Hewitt: *Wissenschaft der Götter. Zur Physik des Übernatürlichen*. Frankfurt am Main: Zweitausendeins 1991.

Benz, Ernst: *Kosmische Bruderschaft – Die Pluralität der Welten*. Freiburg im Breisgau: Aurum 1978.

Betz, Hans-Dieter: *Geheimnis Wünschelrute. Aberglaube und Wahrheit über Rutengänger und Erdstrahlen*. Frankfurt am Main: Umschau 1990.

Capra, Fritjof: *Uncommon Wisdom*. London: Century Hutchinson Ltd. 1988.

Capra, Fritjof: *Wendezeit*. München: Scherz 1983.

Collins, Andrew: *The Circlemakers*. Leigh-on-Sea: ABC Books 1992.

Davies, Paul: *Gott und die moderne Physik*. Gütersloh: Bertelsmann 1986.

Davis, Beth: *Ciphers in the Crops*. Bath: Gateway 1992.

Delgado, Pat: *Crop Circles. Conclusive Evidence?* London: Bloomsbury 1992.

Delgado, Pat und Colin Andrews: *Kreisrunde Zeichen. Die Zeichen mehren sich*. Frankfurt am Main: Zweitausendeins 1990, erweiterte Auflagen 1990 und 1991.

Devereux, Paul: *Symbolic Landscape*. Glastonbury, Somerset: Gothic Image 1992.

Dürr, Hans Peter: *Physik und Transzendenz – Ordnung der Wirklichkeit*. München: Knaur.

Fort, Charles: *Witzenschaftlische Weltbetrachtungen: Das verdammte Universum des Charles Fort*. Berlin: Verlag Mathias Gatza 1991.

Fox, Matthew: *Vision vom Kosmischen Christus*. Stuttgart: Kreuz 1991.

Gleick, James: *Chaos – Die Ordnung des Universums*. München: Knaur 1987.

Good, Timothy: *UFO Report 1990 / UFO Report 1991 / UFO Report 1992*. London: Sidgewick & Jackson.

Holroyd, Stuart: *Wörterbuch der neuen Perspektiven*. Frankfurt am Main: Zweitausendeins 1991.

Hoyle, Fred: *Das intelligente Universum*. Frankfurt am Main: Umschau 1984.

Icke, David: *Love Changes Everything*. London: The Aquarian Press 1992.

Icke, David: *The Truth Vibrations*. London: The Aquarian Press 1991.

Joseph, Lawrence E.: *Gaia – The Growth of an Idea*. London: Arkana / Penguin 1991.

Jung, Carl Gustav: *Ein moderner Mythus – Von Dingen, die am Himmel gesehen werden*. In: Gesammelte Werke, Band 10. Olten und Freiburg im Breisgau: Walter 1974.

Koestler, Arthur: *Der Mensch – Irrläufer der Evolution*. Bern, München: Scherz 1978.

Krönig, Jürgen (Hrsg.): *Spuren im Korn*. Frankfurt am Main: Zweitausendeins 1992.

Kuhn, Thomas S.: *Die Struktur wissenschaftlicher Revolutionen*. Frankfurt am Main: Suhrkamp 1973.

Lethbridge, T. C.: *The Power of the Pendulum*. London: Arkana / Penguin 1984.

Lorimer, David: *Whole in One*. London: Arkana 1990.

Lovelock, James E.: *Unsere Erde wird überleben*. München: Piper 1982.

Magin, Ulrich: *Von UFOs entführt*. München: C.H.Beck 1991.

Meaden, Terence und D. Elsom (Hrsg.): *Circles Research 1. Proceedings of the First International Conference on the Circles Effect*. TORO-CERES 1990.

Meaden, Terence: *Circles from the Sky*. London: Souvenir Press 1991.

Meaden, Terence: *The Circles Effect and it's Mysteries*. Bradford-on-Avon: Artetech Publishing Co.

Meaden, Terence: *The Godess of the Stones*. London: Souvenir Press 1991.

Michell, John: *The View over Atlantis*. London: Abacus 1973.

Michell, John (Hrsg.): *Dowsing the Crop Circles*. Glastonbury, Somerset: Gothic Image Publications.

Moser, Franz: *Bewußtsein in Raum und Zeit*. Graz: Leykam 1989.

Noyes, Ralph (Hrsg.): *Kreise im Korn*. München: Heyne 1991.

Palgrave-Moore, Pat: *Crop Circle Classification*. Norwich: Elvery Dowers 1991.

Randles, Jenny und Paul Fuller: *Kreise im Kornfeld*. München: Goldmann 1991.

Rees-Mogg, William: *The Great Reckoning*. London: Sidwick & Jackson 1991.

Roberts, Jane: *Gespräche mit Seth*. München: Goldmann 1972.

Roney-Dougal, Serena: *Wissenschaft und Magie*. Frankfurt am Main: Zweitausendeins 1993.

Russel, Peter: *Die erwachende Natur*. München: Heyne 1984.

Sheldrake, Rupert: *Das schöpferische Universum*. München: Goldmann 1985.

Sheldrake, Rupert: *Rebirth of Nature*. London: Century 1990.

Sheldrake, Rupert: *Das Gedächtnis der Natur*. München: Scherz 1991.

Steiger, Brad und Sherry Hansen-Steiger: *Die Gemeinschaft. Spirituelle Kontakte zwischen Menschen und Außerirdischen*. Frankfurt am Main: Zweitausendeins 1991.

Talbot, Michael: *Jenseits der Quanten*. München: Heyne 1986.

Thompson, Keith: *Engel und andere Außerirdische*. München: Droemer Knaur 1993.

Vallée, Jaques: *Dimensions – A Casebook of Alien Contact*. London: Sphere Books Ltd. 1988.

White, John (Hrsg.): *Psychic Warfare – Fact or Fiction?* Wellingborough: The Aquarian Press 1988.

Williams, Margo und Carolyn Morgan: *The Answer*. Shanklin, Isle of Wight: Grosvenor Press 1991.

Wilson, Colin und Damon: *World Famous Strange Tales & Weird Mysteries*. London: Magpie 1992.

Wilson, Robert Anton: *Cosmic Trigger*. Reinbek bei Hamburg: Rowohlt 1985.

Zeitschriften

Es handelt sich im folgenden um Magazine, Zeitschriften und Newsletter, die sich ausschließlich oder häufig mit dem Kornkreisthema befassen.

The Cerealogist	John Michell 11 Powis Gardens, London, W11 1JG
The Circular	(Journal des CCCS) Bob Kingsley 58 Kings Road, West End, Woking, Surrey, GU24 9LW
The CPR Newsletter	Pat Delgado & Colin Andrews CPR, 4 Arle Close, Alresford, Hampshire (Erscheinen vorläufig eingestellt)
The Crop Watcher	Paul Fuller 3 Selbourne Court, Tavistock Close, Romsey, Hampshire, SO51 7TY
Earthquest News	ABC Books, PO Box 189, Leigh-on-Sea, Essex, SS9 1NF
Esotera	Verlag Hermann Bauer, Postfach 167, 79001 Freiburg
FGK-Report	Forschungsgesellschaft Kornkreise und ArcKos-Verlag Michael Haase, Lepsiusstr. 1, 12163 Berlin
Fortean Times	20 Paul Street, Frome, Somerset, BA11 1DX
Global Link Up	51 Northwick Business Centre, Blockley, GLs, GL54 9RF
The Journal of Meteorology	CERES, 54 Frome Road, Bradford-on-Avon, Wiltshire, BA15 1LD
Kindred Spirit	Richard Beaumont KS, Foxhole, Dartington, Totnes, Devon, TR9 6EB
Magazin 2000	Myrddin-Verlag GmbH & Co.KG, Krefelder Str. 81, 40549 Düsseldorf
Northern UFO News	Hrsg. Jenny Randles, 37 Heathbank Road, Cheadle Heth, Stockport, Cheshire, SK3 0UP

Über die Autoren

MICHAEL CHOROST: Studiert Linguistik und Naturwissenschaft an der Universität Rochester, USA, wo er zur Zeit an seiner Doktorarbeit schreibt. Er ist Gründer der nordamerikanischen Kreisforschungsgesellschaft.

DIANA CLIFT: Bio- und Neurochemikerin; sie lehrt »Umweltwissenschaft« am College for Technology in Guildford. Mitglied des CCCS-Councils.

ANDREW COLLINS: Forscher in »Earth Mysteries« und Parapsychologie. Autor verschiedener Bücher (*The Circlemakers*, *The Seventh Sword*, *The Black Alchemist* u.a.). Lebt in Essex.

BETH DAVIS: Arbeitet im Denkmalschutz und ist zuständig für historische Bauten in Cambridgeshire. Sie gehört zu den Gründungsmitgliedern des Centre for Crop Circle Studies.

BRIAN GRIST: Buchhändler in Bristol; studierte am Bath College of Higher Education Geschichte und Literatur.

GARY HARDWICK: Hat an der N.E. London Polytechnic in Jura graduiert und arbeitet bei einer Lebensversicherung in Bristol.

MONTAGUE KEEN: Farmer, langjähriger Leiter der parlamentarischen und juristischen Abteilung des britischen Bauernverbandes (National Farmers Union NFU). Arbeitet heute als freier Autor und Landwirtschaftsjournalist.

JÜRGEN KRÖNIG: Politikwissenschaftler und langjähriger Großbritannienkorrespondent von ARD-Rundfunkanstalten und der *Zeit*. Herausgeber von *Spuren im Korn* bei Zweitausendeins, lebt in der südenglischen Grafschaft Wiltshire.

JOHN MACNISH: Freier Filmemacher und Produzent. Er hat für die BBC eine Reihe von Filmen über die Kornkreise gedreht. Er lebt in der mittelenglischen Grafschaft Shropshire.

JOHN MICHELL: Schriftsteller, Autor von mehr als 20 Büchern, unter anderem *Die Geomantie von Atlantis*, *Exzentrische Leben und merkwürdige Angewohnheiten* bei Zweitausendeins, *Die Welt steckt voller Wunder* und *Die vergessene Kraft der Erde*. Seit mehr als 30 Jahren gilt sein Interesse Anomalien und Phänomenen, die von der Wissenschaft ignoriert wurden, wie Earth Mysteries, Leylines, prähistorischen Monumenten, symbolischer Geometrie und UFOs. Herausgeber des Kornkreismagazins *Cerealogist*. John Michell lebt in London.

RALPH NOYES: Ehemaliger Beamter (Undersecretary of State) im britischen Verteidigungsministerium; Herausgeber des Buches *Kreise im Korn*, Autor und Gründungsmitglied des CCCS.

LUCY PRINGLE: Mitglied der »British Society of Dowsers« und der »Theosophischen Gesellschaft«. Sie lebt in Hampshire und ist Gründungsmitglied des CCCS.

Bildnachweise

Andrew Collins Seite 86 unten links und oben rechts;
Chad Deetken 117;
Jürgen Krönig 32 oben, 33–36, 74 unten, 76, 77 oben und unten links, 78, 79 oben links, 81 unten, 82, 83 unten, 84, 86 Mitte links und unten rechts, 87–89, 90 oben und unten links, 91, 92 oben, 93 unten, 97;
John Macnish 31;
Kenneth Oldroyd FRPS 81 oben;
David Russel 79 unten, 80 oben;
Busty Taylor 73, 74 oben, 75, 77 unten rechts, 79 oben rechts, 80 unten, 83 oben, 85, 86 oben links und Mitte rechts, 90 unten rechts, 92 unten, 93 oben, 94–96, 98–100;
Grant Wakefield 20 und 21;
Ute Weyer 32 unten;
George Wingfield 161.

Die Fotos auf dem Umschlag machten Jürgen Krönig (Vorderseite) und Busty Taylor.